DON BOSCO
VERLAG

Konferenz der bayerischen
Pastoraltheologen (Hrsg.)

Das Handeln der Kirche in der Welt von heute

Ein pastoraltheologischer Grundriß

Don Bosco Verlag

Die Deutsche Bibliothek - CIP-Einheitsaufnahme

Das **Handeln der Kirche in der Welt von heute** :
ein pastoraltheologischer Grundriß /
Konferenz der Bayerischen Pastoraltheologen (Hrsg.).
– 1. Aufl. – München : Don-Bosco-Verl., 1994
ISBN 3-7698-0785-5
NE: Konferenz der Bayerischen Pastoraltheologen

verlags gruppe engagement

1. Auflage 1994 / ISBN 3-7698-0785-5

Umschlaggestaltung: Alex E. Schmid
Gesetzt in der Garamond Book
Gesamtherstellung: Salesianer Druck, Ensdorf

Gedruckt auf chlorfrei gebleichtem, umweltfreundlichem Papier.

Inhaltsverzeichnis

Vorwort

Dieses Buch verdankt sich mehrjähriger Zusammenarbeit der zur Konferenz der bayerischen Pastoraltheologen gehörenden Fachvertreter aus den Katholisch-Theologischen Fakultäten der Universitäten Augsburg (Hanspeter Heinz), Bamberg (Ottmar Fuchs), Eichstätt (Anton Zottl), München (Hans Schilling), Passau (Ehrenfried Schulz - bis März 1992), Regensburg (Konrad Baumgartner) und Würzburg (Rolf Zerfaß).

Als Arbeitsziel schwebte uns - der Münchner Fachvertreter darf hier für alle sprechen - ursprünglich nicht mehr vor als eine Lernhilfe für diejenigen unserer Hörerinnen und Hörer, die das Fach Katholische Religionslehre studieren und im Rahmen der Bayerischen Lehramtsprüfungsordnung I (LPO I) u.a. auch mit (zentral gestellten) pastoraltheologischen Prüfungsfragen rechnen müssen, die nicht der Professor vorschlug, den sie selbst gehört haben.

Um diesen Nachteil auszugleichen, vereinbarten wir die Herausgabe eines „Skriptums", das jedem von uns jeweils ein Kapitel einräumen und den gesamten pastoraltheologisch in Frage kommenden Prüfungsstoff wenigstens im Grundriß enthalten sollte. Entgegen unserer anfangs gehegten Hoffnung, dieses Vorhaben rasch, vielleicht sogar binnen Jahresfrist realisieren zu können, zeigte sich bald, daß wir die Absicht, unseren Studierenden in den Lehramtsstudiengängen an allen sieben bayerischen Universitäten ungefähr gleiche Prüfungschancen zu verschaffen, nicht einfach durch bloßes Zusammenbinden von sieben unabhängig voneinander entstandenen Einzelbeiträgen verwirklichen konnten.

Intensivere Zusammenarbeit war nötig, sozusagen eine „konzertierte Aktion", in der wir - quot capita, tot mentes - erst einmal lernen mußten, von unseren unterschiedlichen Ausgangs-, Stand- und Schwerpunkten her einander zuzuhören und aufeinander einzugehen - ein mehrjähriger, gelegentlich konfliktreicher, aber letztlich für alle Beteiligten heilsamer, der Sache dienlicher Prozeß der Einübung in faires Streiten und in die Kunst, einen (praktisch-) theologischen Diskurs so zu führen, daß am Ende keine „Besiegten" übrigbleiben.

Ein Blick auf den Werdegang dieses Grundrisses dürfte am besten erklären, warum er erst jetzt - mehrere Jahre nach den von Konrad Baumgartner (Regensburg) angeregten Vorarbeiten - das Licht der Welt erblickt: Das meiste Kopfzerbrechen machte uns von Anfang an bis zuletzt die (auf sieben Autoren zu verteilende) Gliederung einer Thematik, die in der momentan noch gültigen Fassung der LPO I folgendermaßen umschrieben wird: „Der Selbstvollzug der Kirche in Wort, Sakrament und sozialem Dienst unter besonderer Berücksichtigung der religionspädagogischen Handlungsfelder" (59 u.ö.). Die Tatsache, daß wir hier im Vorgriff auf eine demnächst anstehende Revision der LPO

I den Titel „Das Handeln der Kirche in der Welt von heute“ wählten, ändert natürlich nichts an der Schwierigkeit, die komplexe Materie angemessen zu disponieren. Trotz einiger bis heute nicht restlos ausgeräumter Meinungsverschiedenheiten einigten wir uns schließlich auf folgende *Gliederung:* Die insgesamt neun durchgezählten Kapitel verteilen sich auf die *Einführung* (erstes Kapitel), auf einen generellen *Teil I* (zweites bis viertes Kapitel), einen speziellen *Teil II* (fünftes bis achtes Kapitel) sowie auf eine *Schlußreflexion* (neuntes Kapitel).
In gewisser Weise kann man von allen *Kapiteln* des Buches sagen, sie seien – unbeschadet der Eigenleistung und -verantwortung ihrer Autoren – Ergebnis gemeinsamer Bemühung: Um die Zustimmung aller Beteiligten zu allen Beiträgen zu erreichen, brachten die sieben Autoren in das jährlich zweimal tagende Plenum zunächst Erstfassungen ihrer Texte ein, die dann – nachdem sie die Hürde einer „ersten Lesung“ hinter sich hatten – bei der nächsten oder übernächsten Sitzung u.U. modifiziert in „zweiter Lesung“ verabschiedet wurden. Dieses Verfahren kostete zwar viel Zeit, hat sich aber dennoch gelohnt, weil es regen Gedanken- und Meinungsaustausch förmlich erzwang, Übereinstimmung im Grundsätzlichen ermöglichte und nicht wenig dazu beitrug, daß das vorliegende „Endprodukt unserer Projektarbeit nicht nur quantitativ, sondern vor allem auch qualitativ mehr geworden ist als ein bloßes „Skriptum“.
Was wir hiermit als Resultat langjährigen Zusammenwirkens veröffentlichen, dürfte über die Grenzen Bayerns hinaus im gesamten deutschen Sprachraum alle interessieren, die Religionslehrer(in) werden wollen oder diesen Beruf bereits ausüben. Außerdem sind wir davon überzeugt, daß auch Seelsorger(innen) und Sozialarbeiter(innen) im kirchlichen Dienst, die mit der Schule direkt nichts oder nur wenig zu tun haben, von einem Grundriß profitieren können, der – pastoraltheologischer Fachtradition folgend – das faktische und gesollte kirchliche Handeln ohnehin nicht *nur* unter religionspädagogischen Aspekten, sondern in allen seinen Dimensionen und Regionen reflektiert.
Von außen bedrängt und im Inneren verunsichert, geht die Kirche als pilgerndes Gottesvolk dem dritten Jahrtausend entgegen. Wer sie trotz aller ihrer „Flecken und Runzeln“ (vgl. Eph 5,27) wirklich liebt, muß darauf gefaßt sein, in ihr und an ihr auf irgendeine Weise zu leiden. Sollte dieses Buch die Schlagschatten gegenwärtig grassierender „Kirchenverdrossenheit“ aufhellen und ein Kirchenbild vermitteln können, das mehr von der „Güte und Menschenliebe“ Gottes (vgl. Tit 3,4) als von der kleinkarierten Ängstlichkeit mancher seiner Diener geprägt ist, hätte es sein Ziel erreicht.

Die Herausgeber

EINFÜHRUNG

Erstes Kapitel

Theologie - Kirche - Religionsunterricht

KONRAD BAUMGARTNER - HANS SCHILLING

Inhaltsverzeichnis

1.1 Theologie im Spannungsfeld zwischen Anspruch und Wirklichkeit der Kirche (Konrad Baumgartner)

Es gibt viele Motive für eine junge Frau, einen jungen Mann, sich mit Theologie zu beschäftigen: etwa die Überzeugung, daß Religion und Glaube lebensnotwendig sind für das Menschsein in dieser Welt; oder es kann die Frage nach dem Sinn sein, die dazu bewegt, sich auf Antwortsuche zu begeben; es kann eine Art „Sendungsbewußtsein" dahinterstehen, daß „die Sache Jesu Begeisterte braucht", die diesen Impuls an andere weitergeben. Nicht wenige der späteren Kapläne, Pastoral- bzw. Gemeindeassistenten/innen oder Religionslehrer/innen kommen aus der kirchlichen Jugendarbeit und haben dabei „Geschmack an der Sache" bekommen, oder sie sind einem überzeugenden Menschen begegnet, der seinen Glauben in einem kirchlichen Beruf angemessen lebt. Für den, der heute Christsein zu seinem Beruf erwählt, ist es wichtig, sich über solche und ähnliche Motive selbst Rechenschaft zu geben; vielleicht auch bei sich Nebenmotive zu klären, die wie „blinde Passagiere" auf diesem „Curriculum" mitfahren: z.B. das Bedürfnis nach Anerkennung, nach gesichertem Einkommen, nach sozialer Absicherung, oder das eigene Geltungsstreben, vielleicht sogar Herrschaftsmechanismen - Motive, die durchaus ambivalent verstanden werden können.
Auch über das eigene „Curriculum vitae", also die eigene (religiöse/kirchlich geprägte) Biographie nachzudenken und mit anderen darüber ins Gespräch zu kommen, ist eine wichtige Voraussetzung für das Interesse an Theologie, besonders auch für die Beschäftigung mit der Praktischen Theologie. Oft hilft dabei eine qualifizierte Berufsberatung, ein gutes Gespräch mit Fachleuten oder ganz einfach mit vertrauenswürdigen Mitmenschen. Es ist letztendlich wichtig, bei solchen Lebensentscheidungen Berater oder Begleiter zu haben, die im Sinne des sachlichen, besser noch, des „personalen Angebotes" (vgl. Gemeinsame Synode, Jugendarbeit) den Berufswunsch klären helfen.
Eine solche Entscheidung könnte in Zusammenhang gebracht werden mit dem, was die Würzburger Synode als das oberste Ziel des katechetischen Wirkens bezeichnet hat: „Dem Menschen zu helfen, daß sein Leben gelingt, indem er auf den Zuspruch und den Anspruch Gottes eingeht" (Gemeinsame Synode, Arbeitspapier: das katechetische Wirken der Kirche, A.3). Das ist es, was wir für uns selbst wünschen und was wir anderen vermitteln möchten - auch durch den Religionsunterricht an der öffentlichen Schule: ein sinnerfülltes, gelungenes Leben, zu dem auch das Bestehen von Leid und Scheitern gehört, wie die Synode betont: „Denn wir Christen bekennen den Weg des Gekreuzigten als den Weg des Lebens" (ebd.) - und zwar aus dem

bezeugten und gelebten Evangelium, aus der Begegnung mit Menschen, welche dem Lebensweg und dem Lebensgrund Jesu verpflichtet sind, also eine Beziehung des Glaubens zu diesem Jesus von Nazaret haben, den die Christen als ihren Herrn und Christus bekennen.
Mit einem Satz: Christen verstehen sich als Medium der Verheißung Jesu: „Ich bin gekommen, damit sie das Leben haben und es in Fülle haben" (Joh 10,10); oder als Mitarbeiter/innen am Kommen des Reiches Gottes, das jetzt schon mitten unter uns wirksam ist (vgl. Lk 17,21); als Menschen, die sich zur Jüngerschaft Jesu bekennen und die seinen Appell im Alltag von Kirche und Welt zur Geltung zu bringen suchen: „Habt Salz in euch, und haltet Frieden untereinander!" (Mk 9,50).
Alle Glieder der Kirche haben diese Aufgabe, Medium des Reiches Gottes zu sein. Ein Medium kann hilfreich sein zum besseren Verstehen und Handeln, es kann aber auch die Vermittlung einer Botschaft blockieren. Das visionäre Ziel des Zweiten Vatikanischen Konzils, „Die Kirche ist in Christus gleichsam das Sakrament, d.h. Zeichen und Werkzeug für die innigste Vereinigung mit Gott wie für die Einheit der ganzen Menschheit" (LG 1), ist wie ein Tausendmarkschein: Man muß ihn umtauschen in das Kleingeld, das im Alltag benötigt wird; nur dann ist er praktisch etwas wert. Das Leben der Christen, jeder Gemeinde, einer theologischen Fakultät und der Kirche als ganzer ist immer wieder an diesem großen Ziel zu überprüfen - so wie ein Globalziel im Unterricht in Teilziele und Lernschritte zerlegt wird, aber auch mit einer, der konkreten Situation des Unterrichts angemessenen „Realitäts- und Erfolgskontrolle" zu verbinden ist.
Daß dabei Spannungen und Konflikte, Differenzen und Defizite zwischen Anspruch und Wirklichkeit von Kirche und von Gemeinde, aber auch bei jedem einzelnen Christen auftauchen, ist nur natürlich. Vielleicht erleben wir sie heute deutlicher und schärfer als die Generationen vor uns. Mit solchen Spannungen und Konflikten im Leben der Kirche und bei uns selbst zurechtzukommen, ist eine wichtige Aufgabe. Die Frage danach darf, ja muß jeder, der sich für Theologie interessiert, zulassen und durcharbeiten. Sonst besteht die Gefahr, daß man entweder in solchen Spannungen steckenbleibt und sich enttäuscht von der Theologie, vielleicht sogar von der Kirche überhaupt abwendet; oder daß man sich naivgläubig und idealistisch verhält, über kurz oder lang dabei frustriert wird und womöglich auch persönlich bzw. beruflich enttäuscht wird oder - Kirche und Reich Gottes verwechselnd - sich selbst ins Abseits des Lebens von Welt und Kirche begibt. Folgende Fragen sind wichtig zur eigenen Standortbestimmung:

Was erwarte, was erhoffe, was erträume ich von Kirche und Theologie?
Wo stehe ich selbst?

Die Wirklichkeit der Kirche und jeder Gemeinde ist, das können wir täglich beobachten, nicht homogen. Es gibt darin die unterschiedlichsten Gruppierungen.

Es gibt z.B. Menschen, die sich eher den Christen zurechnen,

- denen die Bewahrung des Überlieferten, die Ordnung des Bestehenden, der Bestand der Kirche als ganzer am Herzen liegt;
- oder denen, die nach neuen Wegen für ein Christsein heute und morgen suchen; welche die Zukunft in personal-existentiellen Gemeinschaften sehen; die auf Austausch von Glaubenserfahrung, auf gemeinsame Aktionen und Basisveränderung setzen;
- oder zu den mehr „Spirituellen", die in der persönlichen oder gemeinsamen Nachfolge Jesu das Ziel des Christseins oder der Kirche sehen - mit Konsequenzen für die Ökumene; mit der Perspektive: Förderung des „Geistlichen" in der Kirche;
- oder zu den „Veränderern", die Gemeinde und Kirche als gesellschaftlich-politisches Potential ansehen, als Räume zur Realisierung der Gottesherrschaft heute, die gegen alle Privatisierung des Evangeliums, gegen Reduktion auf Anpassung und Sicherung des Bestehenden eintreten.

Solche unterschiedlichen „Positionen" hängen auch vor allem mit dem Zweiten Vatikanischen Konzil und mit der Entwicklung der Kirche danach zusammen. Das Konzil war wirklich ein Ereignis des Aufbruchs; im Bild von der Kirche als „Volk Gottes unterwegs" ist das bleibend deutlich geworden. Zunächst war das Konzil ein religiös-spirituelles Ereignis: Es löste eine Bewegung aus, die zum Umdenken, zur Erneuerung, zum kirchlichen Engagement und auch zur Öffnung nach außen führte. Andererseits wurde das Konzil zum Ereignis einer umfassenden Kritik. Schon während des Konzils war dies zu spüren, als die Konzilsväter gegen die fertigen Textentwürfe protestierten; nach dem Konzil entstand eine Bewegung innerkirchlicher Kritik, die von vielen nicht nur als befreiend, sondern auch als auflösend empfunden wurde.

Im Zusammenhang der 68er Jahre setzte sich der kritische Erneuerungsimpuls stärker durch als der religiös-spirituelle. Die Gegenreaktion blieb nicht aus: Viele warnen heute vor Auflösungserscheinungen der Kirche, vor einer „Protestantisierung" und einer „sozial-revolutionären Verflachung", vor einer „Verdemokratisierung" der Kirche. Freilich, das Bekenntnis zur Geschichtlichkeit des Glaubensausdrucks und der Theologie - wie es das Konzil formuliert hatte - und die Orientierung an der „Welt von heute", am Erkennen der „Zeichen der Zeit" und am Umsetzen des Evangeliums im Blick auf diese, und schließlich die Perspektive der Einheit der Christen und der gesamten Menschheit - all diese Akzente müßten zu Veränderungen führen. Die nachkonziliare Entwicklung förderte die Communio-Ekklesiologie,

auch in der Praxis der Gemeinden und der Ortskirchen; andere sahen die genannten Gefahren heraufkommen und beschworen deshalb wieder das hierarchische Kirchenmodell. Letztere verwiesen darauf, daß das II. Vatikanum nur pastoralen Charakter gehabt habe und die dogmatischen Aussagen nach wie vor vom Tridentinum und vom Ersten Vatikanischen Konzil her zu sehen seien.
Wie bei jeder Erneuerungsbewegung war unmittelbar nach dem Konzil eine Phase überstarker Hoffnungen festzustellen: Das Konzil erschien vielen als ein völliger Neubeginn. Sie sahen nicht mehr die Kontinuität, in der jedes Konzil steht und die auch das II. Vatikanum gewollt hatte. So kam es zu einer Zeit der Enttäuschung - oder der Wahrheit, wie die anderen sagen. Nach dieser zweiten Phase geht es nun darum, auf der Grundlage der neuen Sicht von Kirche als Communio zur vorkonziliaren Theologie hin zu vermitteln und auf der Basis einer christlichen Anthropologie für die Würde des Menschen in Kirche und Gesellschaft entschieden einzutreten.
Solche Perspektiven wahrzunehmen, sie in ihren Zusammenhängen zu durchschauen und darüber ins Gespräch zu kommen, ist eine wichtige Aufgabe für jeden theologisch Interessierten und kirchlich Engagierten. Nur dann können wir Kirche, Theologie und Christsein heute verstehen, mit der modernen Welt in Dialog treten und in diesem Umfeld leben und handeln.

1.2 Kirche - ein Reizwort im Kontext des schulischen Religionsunterrichts (Hans Schilling)

Wer Theologie studiert, um Religionslehrer(in) an öffentlichen Schulen werden zu können, kommt um die abgewandelte Gretchenfrage: „Wie hast du's mit der *Kirche?*" allerspätestens dann nicht mehr herum, wenn er oder sie nach bestandener staatlicher Lehramtsprüfung beim zuständigen (Erz-) Bischöflichen Ordinariat die sog. *Missio canonica*[1] beantragen will und auf dem dafür vorgesehenen Antragsformular folgende Erklärung abgeben soll: „Ich bin bereit, Religionsunterricht in Übereinstimmung mit der Lehre und den Grundsätzen der Katholischen Kirche glaubwürdig zu erteilen (Bayer. Verf. Art 136) und diese in meiner persönlichen Lebensführung zu beachten." Wer das unterschreibt, sollte u.a. wissen, daß diese Kirche, auf deren Lehre und Grundsätze er oder sie sich verpflichtet, derzeit im Religionsunterricht mittlerer und höherer Klassen teilweise massive Kritik auslöst und Widerstände hervorruft. Es dürfte im Interesse der Leser(innen) dieser

[1] Vgl. Codex Iuris Canonici (1983), Can. 805; Näheres dazu in: Rees 1986.

Handreichung liegen, wenn ich im folgenden auf einige Aspekte der auch in Schulhäusern grassierenden „Kirchenverdrossenheit" etwas näher eingehe.

1.2.1 Religion ja - Kirche nein?

Der scharfe Wind öffentlicher und veröffentlichter Kritik an der sog. „Amtskirche"[2], der seit den späten sechziger Jahren (nicht nur) hierzulande um so kräftiger auffrischt, je häufiger die römische Zentralinstanz des kirchlichen Lehramts Entscheidungen fällt bzw. Maßnahmen trifft, die von der Mehrheit des Kirchenvolks nicht mehr voll mitgetragen werden,[3] bläst Religionslehrer(inne)n - sofern sie an höheren Klassen unterrichten - oft noch um einige Grade kälter ins Gesicht als Pfarrern und ihren gemeindlichen Mitarbeiter(inne)n.
Zwar leben auch letztere längst nicht mehr idyllisch „hinter den Bergen bei den sieben Zwergen"; auch sie müssen sich fast überall von Gemeindemitgliedern, die nicht mehr brave „Pfarrkinder", sondern mündige Christen sein wollen, amtskritisch hinterfragen lassen - sei es traditionalistisch von „rechts", sei es progressistisch von „links". Aber sie haben doch trotz der kritischen Zugluft, die auch durch Gemeinde- und Gotteshäuser weht, immerhin noch ein pastorales Wirkungsfeld, auf dem sie sich in aller Regel spirituell zu Hause und sozial akzeptiert fühlen dürfen.
Die Situation der hauptberuflichen Religionslehrer(innen) sieht anders aus: Obwohl viele von ihnen in der Pfarrgemeinde verwurzelt und in kirchlichen Vereinen bzw. Verbänden aktiv sind (vgl. Institut für Demoskopie Allensbach 1988a), arbeiten sie professionell eben nicht in der kirchlichen *Gemeinde,* sondern in der (zumeist) staatlichen *Schule,* also in einer Bildungseinrichtung, in der die Kirche zwar gewisse verbriefte Rechte besitzt (vgl. Rees 1986), die sich aber faktisch der Kirche immer mehr entfremdet und in der sich die auf die Missio canonica (s.o.) verpflichteten Religionslehrer(innen) immer häufiger als kirchliche Außenposten auf „säkularisiertem" Terrain fühlen: Sehen sie sich doch besonders in großstädtischen Ballungsräumen mit einer rasch wachsenden Zahl von Schülern konfrontiert, die - obwohl noch getauft - distanziert-kirchlich oder völlig unkirchlich aufwachsen und vom gemeindlichen Innenleben der Kirche keine Ahnung haben.

---

[2] *Amtskirche:* Ein seit den sechziger Jahren geläufiges, v.a. durch K. Rahner (1972) verbreitetes Schlagwort, dessen Benutzer damit ausdrücken und kritisieren wollen, daß die *Kirche* über Gebühr vom *Amt* dominiert sei.

[3] Man denke z.B. an päpstliche Entscheidungen in Fragen der Geburtenkontrolle (HV, 1968), an Maßregelungen von Theologen(innen) und an gewisse Bischofsernennungen.

Das soll nicht heißen, *Religion* käme bei älteren Schülern heutzutage nicht gut an. Im Gegenteil: Sie ist sogar neuerdings wieder besonders gefragt - vor allem dann, wenn sie beispielsweise unter dem Stichwort „New Age" fernöstlich-mystisch, gnostisch-esoterisch, astrologisch-symbolisch dem Sinn- und Selbstfindungsbedürfnis junger Menschen entgegenkommt oder wenn sie sich gesellschafts- und systemkritisch als transzendentale Legitimation politischer Befreiungs-, Friedens- und Umweltbewegungen anbietet.
Tritt sie hingegen in ihrer institutionalisierten, konfessionell geprägten, dogmatisch gebundenen, hierarchisch strukturierten Sozialgestalt als *Kirche* auf, erweckt sie vielfach eher unangenehme Assoziationen, vor allem solche, die sich mit dem Negativbild der sog. *Amtskirche* (s.o.) verknüpfen. Und dann endet das religiöse Schülerinteresse häufig dort, wo - im wörtlichen wie im übertragenen Sinn - der Katechismus anfängt, wo sich also das kirchliche Lehramt mit den zentralen Inhalten katholischer Glaubens-, Sakramenten- und Sittenlehre zu Wort meldet. Demnach scheint eine Hauptschwierigkeit des heutigen Religionsunterrichts an höheren Klassen nicht darin zu liegen, den Schülern *Religion*, sondern Religion ***kirchlich*** zu vermitteln.
Religion ja - Kirche nein? Der grobkörnige Slogan erfaßt zwar nicht das volle Spektrum der Schülerinteressen am Religionsunterricht, trifft aber doch ziemlich genau die unter älteren Schülern (und jüngeren Religionslehrern) vorherrschende kirchenkritische Grundeinstellung und -stimmung.

1.2.2 Kirchenkritik im Religionsunterricht: empirische Daten

Nach der jüngsten repräsentativen Schülerbefragung zum Religionsunterricht (vgl. Institut für Demoskopie Allensbach 1988b) hat durchschnittlich jede(r) zweite der 14- bis 20jährigen Teilnehmer(innen) ein gestörtes Verhältnis zur Kirche: „51 Prozent der Schüler sind mit der Kirche in der heutigen Form unzufrieden, nur 21 Prozent zufrieden; auch unter Schülern, die noch nie an eine Abmeldung vom Religionsunterricht gedacht haben, ist der Anteil der mit der Institution Unzufriedenen größer als der Kreis der Zufriedenen. Je älter die Schüler sind, desto kritischer stehen sie der Kirche gegenüber: Von den 14- bis 15jährigen sind 41 Prozent mit der Kirche unzufrieden, von den 16- bis 17jährigen 48 Prozent, von den 18- bis 20jährigen 60 Prozent" (a.a.O., 58).
Unter diesen Bedingungen wird verständlich, daß sich nicht wenige der ebenfalls repräsentativ befragten Religionslehrer(innen) (vgl. Institut für Demoskopie Allensbach 1988a) sich mit ihrem Fach immer dann ganz besonders schwertun, wenn sie kirchenspezifische Themen zu behan-

deln und kirchenamtliche Positionen zu vertreten bzw. zu verteidigen haben.

Dazu einige wenige, aber bezeichnende Äußerungen: „Frustrationen sind nicht selten. Es sind hauptsächlich Stunden, wo es um die Kirche geht und wo man der Ablehnung der Schüler der Institution Kirche gegenüber besonders begegnet. Vor allem wenn es um die Strukturen des kirchlichen Amts geht, das Verhalten des Papstes etwa, da erlebt man doch weithin eine Aversion der Schüler gegen bestimmte Formen der Amtskirche. Hier fühlt sich der junge Mensch besonders eingeengt. Autorität wird hier oft als autoritäre Struktur innerhalb der Kirche erfahren. Vor allen Dingen Fragen der kirchlichen Ethik, die die Sexualmoral betreffen, da besteht kein Zugang von seiten der Schüler zu den Aussagen der gegenwärtigen kirchlichen Moral (...), da wird von der Sache her von den Schülern Widerstand geleistet" (a.a.O., 22).

„Je spezifischer das Thema mit Kirche und Theologie zu tun hat, um so schwieriger ist das Thema zu behandeln" (a.a.O., 80).

„Alle kirchlichen und biblischen Themen sind schwierig, überhaupt Theologie, oft muß man solche Themen tarnen!" (a.a.O.).

„Je bibelferner und je kirchenferner die Themen, desto leichter ist es" (a.a.O.).

Dort, „wo es um die Kirche geht", ist der Religionsunterricht nun allerdings nicht nur wegen der kirchenkritischen Einstellung vieler Schüler besonders schwierig, sondern auch deshalb, weil viele Religionslehrer(innen), von den unter 35jährigen sogar die meisten, ihrerseits ein kaum weniger „gebrochenes Verhältnis" (a.a.O., 137) zur Kirche haben und mit ihr aus ähnlichen Gründen wie die Schüler unzufrieden sind. Dazu eine Stimme für viele: „Meine Unzufriedenheit mit der Kirche bezieht sich im wesentlichen auf bestimmte Formen des Amtsverständnisses. Also etwa in der Amtsführung des derzeitigen Papstes, in der zwar eine Offenheit in sozialen Fragen durchaus gegeben ist, aber in der Disziplinierung der Kirche nach innen ist doch weithin das Maß überschritten! Ich würde da doch meine Vorbehalte gegen bestimmte Formen der Restauration innerhalb der Kirche sehen, nachdem die sowohl auf dem Zweiten Vatikanischen Konzil als auch auf der Synode der deutschen Bistümer gemachten Ansätze dazu geführt haben, daß jetzt Angst spürbar wird bei bestimmten Trägern der Autorität, daß jetzt diese Schritte auch tatsächlich gemacht werden. Über manche Fragen der Moral, Ethik der Kirche, wo es vor allen Dingen um Fragen der Ehemoral, der Sexualmoral (z.B. die Geburtenkontrolle), wo es um Ehescheidung und auch die Fragen des Pflichtzölibats geht, ich denke an die Frage der verheirateten Priester - bei all dem habe ich doch erhebliche Vorbehalte der derzeitigen Entscheidung des Kirchenamts gegenüber" (a.a.O., 141).

Ob sich die auffällig übereinstimmenden kirchenkritischen Schüler- und Lehrervorbehalte wechselseitig bedingen und inwieweit sie jeweils persönlicher Erfahrung entspringen oder massenmedialen Einflüssen unterliegen, sei dahingestellt; denn die Allensbacher Befragung, auf deren Ergebnisse wir uns hier stützen, erlaubt dazu keine verläßlichen Aussagen. In zwei Punkten jedoch verschafft sie uns Gewißheit. Erstens: Das Stichwort „Kirche" wird derzeit im Religionsunterricht um so häufiger zum Reizwort und „Problemthema" (a.a.O., 85), je älter die Schüler(innen) und je jünger die Religionslehrer(innen) sind. Zweitens: Kirchenkritik bezieht sich im Kontext des Religionsunterrichts (genauso wie in den Massenmedien) nahezu ausschließlich auf das ***kirchliche Amt,*** vor allem auf den Papst und die Bischöfe.

Beide Befunde hängen engstens miteinander zusammen, und der letztere erklärt teilweise den ersteren: Die kritische Reserve junger Menschen der Kirche gegenüber (und man darf hinzufügen: der lautlose Auszug vieler aus der Kirche) mag viele Gründe haben, resultiert aber hauptsächlich aus dem, was der Durchschnittskatholik mit der „Amtskirche" assoziiert. Darüber selbstkritisch nachzudenken, sollten sich die Repräsentanten des kirchlichen Amts nicht ersparen. Aber das ist nur die eine Seite der Medaille. Die andere, von den Kritikern oft übersehen, verdient genausoviel Beachtung.

1.2.3 Kritische Rückfragen

Auch Kirchenkritiker innerhalb und außerhalb der Schule müssen sich, sofern sie trotz aller Vorbehalte immer noch Kirchenmitglieder sind, ehrlicherweise kritische Rückfragen gefallen lassen. Zum Beispiel die folgenden:

- Wäre es übertrieben, von einem geistlichen „Vaterkomplex" im Sinne Carl Gustav Jungs zu sprechen, wenn fast alle Katholiken, die ihre Kirche kritisieren, derart stark, um nicht zu sagen zwanghaft, auf den Heiligen Vater und die Bischöfe fixiert sind, daß ihnen zum Stichwort „Kirche" nichts anderes mehr einfällt, als immer wieder nur der Papst und die Bischöfe?
- Ist die derzeit im Trend liegende amts- und papstkritische Attitüde stets nur das, wofür sie sich hält, nämlich Ausdruck christlicher *Mündigkeit,* oder ab und zu nicht doch eher Symptom einer (zugegebenermaßen kirchenamtlich mitverschuldeten) religiösen Entwicklungshemmung, die manche, vielleicht sogar viele daran hindert, auf dem Weg der Glaubensreifung über die infantile *Amtsabhängigkeit* hinaus weiterzukommen als bis zur pubertären *Gegenabhängigkeit* vom kirchlichen Amt, also bis zum verbissenen, alle geistlichen Kräfte absorbierenden Dauerprotest gegen „die da oben"?

- Warum starren viele so ängstlich und gelähmt auf die Mitra wie das Kaninchen auf die Schlange, anstatt sich z.B. in einer lebendigen Gemeinde, Ordensgemeinschaft oder geistlichen Bewegung zu engagieren und dabei Erfahrungen mit einer Kirche zu sammeln, die - dem Papst und den Bischöfen herzlich verbunden - gleichwohl im Gehorsam gegenüber oberhirtlicher Weisung nicht aufgeht?
- Ist die Kirche, auch wenn sie ohne ihr Amt nicht Kirche wäre, dennoch nicht *mehr* als dieses? Existiert sie etwa nur im Vatikan, in römischen Dikasterien und bischöflichen Kurien, und lebt sie nicht ebenso an und von ihrer „Basis" rund um den Globus, also in der Vielzahl ihrer Gemeinden, in der Vielfalt ihrer Orden, geistlichen Gemeinschaften und Bewegungen, im weiten Spektrum ihrer Verbände, Vereine und Gruppen?

Gewiß darf man *Kirche* und *Amt* nicht auseinanderdividieren. Aber ich möchte doch im Blick auf die Schwierigkeiten, mit denen Religionslehrer(innen) oft dort zu kämpfen haben, „wo es um die Kirche geht" (s.o.), mit Karl Rahner folgendes hervorheben: „Die Kirche und das Amt der Kirche sind nicht dasselbe. Wenn wir Kirche sagen, eine Forderung an sie erheben oder ihr Versagen beklagen, meinen wir sehr oft gar nicht die Kirche, sondern ihr Amt und ihre Amtsträger. Wenn wir eine Forderung an die Kirche stellen, müssen wir immer genau überlegen, ob der Adressat dieser Forderung wirklich das Amt und die Amtsträger als solche sein können, oder ob der wirkliche Adressat die *Kirche,* also wir Christen alle, ist, und zwar gerade dort, wo das Amt nicht verbindlich lehrt und handelt. Es kann sehr gut sein, daß die Kirche eine Aufgabe und Verpflichtung hat, die gerade nicht die ihrer Amtsträger als solcher ist. Nicht alle Tätigkeit der Kirche, die die Gesamtheit der Getauften und in Glaube und Liebe Geeinten ist, geht eindeutig so vom Amt aus, daß sie nichts ist als die Ausführung eines Befehls des Amtes. (...) Kirche und Amt sind zu unterscheiden; die Grenzen der Möglichkeiten der Kirche und die ihres Amtes sind nicht von vornherein als identisch zu betrachten" (Rahner 1965, 504f). Man kann auch sagen: Das Amt steht im Dienst der Kirche, nicht die Kirche im Dienst des Amts; dieses ist Organ der Kirche, aber nicht umgekehrt. Und im übrigen ist die Kirche nach Aussagen des Zweiten Vatikanischen Konzils (vgl. LG, Kap. II und III) in erster Linie das pilgernde „Volk Gottes" in geschwisterlicher „Communio" *aller* Getauften und erst in zweiter Linie hierarchisch gegliedert.

Wer also in kritischer Absicht von der *Kirche* spricht, im Grunde aber nur ihr *Amt* meint, leistet sowohl dem Amt als auch der Kirche einen Bärendienst: dem *Amt,* weil dadurch mancher Amtsträger in der irrigen Meinung bestärkt werden könnte, Wohl und Wehe der Kirche lägen allein in päpstlichen und bischöflichen Händen; der *Kirche,* weil sie es nicht verdient, nur aufgrund päpstlicher und bischöflicher Verlautbarungen bzw.

Maßnahmen beurteilt, auf ihre hierarchische Struktur reduziert und als bloße „Amtskirche“ abgetan zu werden.

1.2.4 Folgerungen

Was ergibt sich aus dem Bisherigen für Religionslehrer(innen) und solche, die diesen Beruf anstreben? Ich fasse die wichtigsten Konsequenzen in drei Punkten zusammen:

- Man kann unter hiesigen und heutigen Bedingungen als Religionslehrer(in) nicht bestehen, ohne sich fremd- *und* selbstkritisch, existentiell und spirituell mit der prekären Kirchenfrage auseinanderzusetzen. Sage mir, was dir die Kirche bedeutet - und ich sage dir, ob du Religionslehrer(in) werden bzw. bleiben sollst!
- Religionslehrer(innen), die im gegenwärtig besonders starken und dementsprechend verführerischen Sog rein *amts*bezogener Kirchenkritik die Freude an ihrem Beruf und die Standfestigkeit in ihm nicht verlieren wollen, brauchen unbedingt einen außerschulischen kirchlichen Lebens- und Erfahrungsraum, in dem sie *Kirche* eben nicht als „Amtskirche“ erleiden müssen, sondern als geschwisterliche, vom Geist des Evangeliums Jesu Christi beseelte *Gemeinde* erleben dürfen.
- Nur diejenigen Religionslehrer(innen), die lebendige kirchen*gemeindliche* Eigenerfahrungen ins Schulhaus mit- und in den Religionsunterricht einbringen, können davon auch ihren Schüler(innen) glaubwürdig erzählen - und vielleicht einige mit der biblischen Einladung „Komm und sieh!“ (Joh 1,46) auf eine Kirche neugierig machen, die nicht bloß „Amtskirche“ ist.

TEIL I

Zweites Kapitel

Volk Gottes unterwegs - die Vision des II. Vatikanum

ROLF ZERFASS

Inhaltsverzeichnis

Bücher und Zeitschriften, Predigten und Vorträge unter dem Titel „Kirche auf dem Weg ins Jahr 2000“ erwecken den Eindruck, als werfe die magische Jahrtausendschwelle nun - in den wenigen Jahren, die bis dahin noch bleiben - erst die Frage nach dem Kurs in die Zukunft auf. In Wirklichkeit steht diese Frage seit der Mitte des letzten Jahrhunderts auf der Tagesordnung der Kirche. Es gibt nicht nur den Streit um den richtigen Weg seit dem Konzil, sondern längst vor dem Konzil.

2.1 Die epochale Orientierungskrise vor dem Konzil

Seit Mitte des letzten Jahrhunderts - sozusagen alle 20 Jahre - wurde die Kirche mit jenen neuen Schüben des gesellschaftlichen Wandels konfrontiert, die für die Moderne charakteristisch zu sein scheinen:

- Die *Industrialisierung* führte zu einer explosionsartigen Entwicklung der Städte und zur gleichzeitigen Verelendung (Proletarisierung) jener ohnehin schwachen gesellschaftlichen Gruppen, die dort ihre Zukunft sahen (Landflucht).
- *Liberalismus* einerseits und *Sozialismus* andererseits entwickelten Gesellschaftsformen und ökonomisch-politische Konzepte, die mit der überkommenen christlich geprägten ständischen Ordnungsvorstellung nicht mehr vereinbar waren.
- Der *Erste Weltkrieg* brachte nicht nur den Zusammenbruch der wichtigsten europäischen Herrschaftsformen und Großterritorien, sondern auch erste mühsame Versuche mit der Demokratie (Deutschland, Österreich, Italien) und die Etablierung des kommunistischen, dezidiert atheistischen Gesellschaftssystems.
- *Nationalismus* und *Faschismus* führten in das Fiasko des Zweiten Weltkriegs; aus ihm ging die Kirche nur scheinbar ungebrochen hervor.
- Die *Völkerwanderung der Nachkriegszeit* führte zu einer beispiellosen Vermischung von Kulturen und religiösen Traditionen; der rapide Anstieg der Mischehen untergrub die traditionelle religiöse Familienkultur, öffnete zugleich den Blick für die Ökumene und die Weltreligionen überhaupt.
- Die *Entwicklung der Weltwirtschaft, der Medien, des Tourismus* und *des Konsums als Motor der wirtschaftlichen Entwicklung* schufen nicht nur neue Bewußtseinslagen, sondern produzierten auch den Nord-Süd-Konflikt, d.h. die Verelendung der Länder der südlichen Erdhälfte.
- Als neueste Phase erlebten wir den *Zusammenbruch der Grenzen zwischen Ost und West,* den Verlust jahrzehntealter Feindbilder und die Bedrohung durch nicht absehbare Flüchtlingsströme.

Jede dieser Entwicklungen fragt die Kirche an: Wer bist du? Wohin gehörst du? Auf wessen Seite stehst du?
Lange hat die Kirche in der Neuzeit so getan, als gehe das alles nur „die Welt" an, die man beklagen, ermahnen, verurteilen müsse (Pius IX., Pius X.), in jedem Fall aber draußen vor lassen könne. Man betrieb eine Strategie der Abschottung und Dialogverweigerung, um die eigene Identität in einer Welt, die man nicht mehr verstand, zu wahren, bis am Ende des 19. Jh. (Leo XIII.) klar wurde, daß die Kirche sich aus dem Geschehen nicht heraushalten kann:

- Das Proletariat als das sichtbare Konfliktpotential der Gesellschaft in den Städten war nicht vom Himmel gefallen, sondern kam vom Land, aus den katholischen Dörfern unvorbereitet und notgedrungen in die Städte - und nur ganz wenige Seelsorger vor Ort erkannten, daß hier Beistand geboten war, nicht moralische Verurteilung.
- Die Soldaten von Verdun - rechts und links der Frontlinie je eine Million - waren alle getaufte Christen. Im Angesicht des riesigen Friedhofs von Verdun machte der Jude Tucholsky die sarkastische Bemerkung: „Ich habe ja nichts gegen das Christentum - aber man sieht: Es nützt nichts."
- Die Juden, die in Auschwitz starben, sind unsere vielgeschmähten Verwandten; ohne den auch kirchlich geduldeten und geschürten Antisemitismus wäre Auschwitz nie möglich geworden; das Schweigen der Kirche (auch wenn es von Hitler mit der Drohung, sich an den christlichen Halbjuden zu rächen, ertrotzt wurde) bleibt unbegreiflich.
- Die Armen der Dritten Welt sind die von der Ersten (durch das Christentum geprägten) Welt arm gemachten.

Dies ist die Gesamtentwicklung, innerhalb derer das Zweite Vatikanische Konzil als die entscheidende Kurskorrektur einer „Kirche in der Welt von heute" erscheint. Dort wurden die Weichen für den Übergang ins nächste Jahrtausend gestellt.

2.2 Das II. Vatikanum als „Pastoralkonzil"

Auf dem Hintergrund der breiten Suchbewegungen nach dem Weg der Kirche in die offene Zukunft Gottes läßt sich nun auch die Eigenart des Konzils verstehen. Es besitzt sowohl einen pastoralen wie einen dogmatischen Charakter (vgl. Klinger 1990).

2.2.1 Der pastorale Charakter des Konzils

(1) Im Alltag hat das Wort „Pastoral" wie das Verb „predigen" keinen guten Klang: „Pastorales" Gehabe erscheint wie das „Anpredigen" oder „Abkanzeln" als Ausdruck klerikaler Wichtigtuerei und Bevormundung. Die zugrundeliegende Metapher „Pastor = Hirte" läßt negativ besetzte Assoziationen heraustreten: Schafe, Herde, Schafstall, Aufsicht ...

Zu dieser Abwertung des Begriffs „Pastoral" hat dessen kirchenrechtliche Verwendung entscheidend beigetragen. „Pastoral" meint im Kirchenrecht die „Cura animarum", d.h. den Vollmachtsbereich des Priesters, speziell des Pfarrers (im Unterschied zum Mönch oder Kaplan). Die dabei vielfach praktizierte klerikale Bevormundung der „Pfarrkinder" hat die Pastoral der Kirche zu einem zentralen Angriffspunkt von Aufklärung und Religionskritik werden lassen.

Auf andere Weise hat die akademische Theologie zu dieser Abwertung beigetragen: Die „pastorale Umsetzung" gilt im Vergleich zu den „eigentlichen Problemen", vor welche sich die Theologie gestellt sieht, als Kleinigkeit. Pastorale Probleme erledigen sich durch die Praxis von selbst.

Dieser arrogante Jargon ist vom Konzil überwunden worden. Es versteht unter der Pastoral weder etwas Nachrangiges noch etwas Klerikales; es bezeichnet damit vielmehr den Kern der Sendung des ganzen Gottesvolkes, die von allen Mitgliedern je nach ihrem Charisma („wie der Geist es einem/r jeden zuteilt", vgl. Röm 12,3) wahrgenommen wird: dort, wo sie stehen, also in der Familie oder in der Öffentlichkeit der Gesellschaft ebenso wie im Inneren der Kirche.

(2) Wie kommt das Konzil zu dieser Rehabilitation der „Pastoral"? In seiner Eröffnungsrede hat Johannes XXIII. am 11. Oktober 1962 das Konzil aufgerufen, sich nicht defensiv mit einer bloßen Wiederholung alter Lehrsätze oder einer neuerlichen Verurteilung von Irrlehren zufrieden zu geben (wie dies in den zurückliegenden 150 Jahren exzessiv der Fall gewesen war). Der Papst erwartete von ihm vielmehr einen „Sprung nach vorn in der dogmatischen Durchdringung und Formung der Gewissen", so daß die Menschen im Licht der Lehre Christi zu erkennen vermögen, „was sie in Wahrheit sind, welche Würde ihnen zukommt und welchem Ziel sie nachzustreben haben". Dazu muß „die sichere und beständige Lehre, der gläubig zu gehorchen ist, so erforscht und ausgelegt werden, wie es unserer Zeit entspricht. Hierauf ist viel Aufmerksamkeit zu verwenden, und, wenn es not tut, muß geduldig daran gearbeitet werden (...), wie es einem Lehramt entspricht, dessen Wesen vorwiegend pastoral ist" (Klinger 1990, 82–85).

Der Papst hat also nicht die Gegenüberstellung von Klerus und Laien im Blick, sondern den falschen Gegensatz zwischen Lehre und Pastoral, als seien ein Konzil und das Lehramt der Kirche überhaupt nur für die ewig gültigen, abstrakten Lehrsätze zuständig. Demgegenüber behauptet er, daß das Wesen des Lehramts selbst „vorwiegend pastoral ist". Die Pastoral der Kirche ist also nicht die nachträgliche Anwendung der Sätze des Lehramts auf die gegenwärtige Situation, sondern zu ihr gehört das Bemühen des Amts selbst, die Überlieferung im Horizont der Gegenwart neu zu begreifen.
Daraus folgert Klinger: „Alle Dogmen haben einen pastoralen Sinn und alle Pastoral hat eine dogmatische Bedeutung, beide verkörpern beides" (a.a.O., 86).

2.2.2 Der dogmatische Charakter des Konzils

Auf diesem Hintergrund setzt Klinger sich auch gegen die neueren Tendenzen zur Wehr, die vorkonziliare Trennung zwischen Lehre und Pastoral wieder einzuführen und das Konzil zum „bloßen Pastoralkonzil" herunterzuspielen, das keine Dogmen habe formulieren, sondern „nur" pastorale Fragen, d.h. Anwendungs- und Durchführungsprobleme habe erörtern wollen.
Er ist überzeugt, daß das Konzil auch einen dogmatischen Fortschritt gebracht habe, indem es nämlich die gesamte Überlieferung der Kirche in einer neuen Perspektive - nämlich von der Berufung des Menschen durch Gott her - zu sehen lehrte. Abgekürzt gesagt: Vor dem Konzil erklärte die Kirche von sich selbst her, wer die Menschen sind. Im Konzil sagt sie von den Menschen her, wer sie selbst ist. „Die Lehre von der Berufung des Menschen (...) ist die Basislehre des Konzils. Sie ist sein neues Dogma" (a.a.O., 100f). Darum sieht Klinger in der Pastoralkonstitution „Die Kirche in der Welt von heute" das Prinzip der Auslegung des Konzils insgesamt (vgl. a.a.O., 119), den hermeneutischen Schlüssel zur angemessenen Würdigung aller Texte, die es verabschiedet hat.
Diese Erschließung und Einordnung ist nicht leicht, weil die Texte insgesamt Kompromißcharakter haben; alte Überliefungselemente und neue Einsichten mischen sich und machen es schwer, die eigentliche Aussageabsicht zu erkennen. Geht man davon aus, das Konzil habe nur pastorale Fragen klären wollen, so wird man bemüht sein, die neuen Aussagen von den alten, überlieferten Positionen her einzuordnen; dann sieht man nur, was man sehen will: die Kontinuität.
Geht man aber davon aus, daß das Konzil im Geist Johannes' XXIII. wirklich einen „Sprung nach vorn in der dogmatischen Durchdringung und Formung der Gewissen" tun wollte, so muß man die neuen Aussagen und die neue

Sichtweise als hermeneutischen Ausgangspunkt und als Schlüssel benutzen, um die Elemente der Tradition, an die sich das Konzil selbstverständlich zurückbindet, angemessen einordnen zu können. Die überlieferten Themen sind also im Licht der neuen Aussageabsicht zu betrachten. Indem sie der modernen Menschheit bei ihrer Suche nach dem letzten Sinn des Lebens das Geheimnis Gottes offenkundig macht, „erschließt sie dem Menschen das Verständnis seiner eigenen Existenz, d.h. die letzte Wahrheit über den Menschen" (GS 41).
Von daher ist es möglich, die zentralen Weichenstellungen des Konzils in ihrem zugleich pastoralen und dogmatischen Charakter zu erfassen.

2.2.3 Die entscheidenden Optionen des Konzils

Im Jahr 1962 hatten die vorbereitenden Kommissionen 70 Schemata unterschiedlichen Gewichts ausgearbeitet und zur Beschlußfassung vorgelegt. „Sie besaßen keinen Schwerpunkt der inneren Zuordnung, enthielten nicht die Perspektiven der Pastoral, um die es Johannes XXIII. ging und waren auch nicht jener Sprung nach vorn in der dogmatischen Durchdringung und in der Formung der Gewissen, den er in seiner Eröffnungsrede gefordert hatte" (Klinger 1990, 87). Deshalb beauftragte der Papst Kardinal Suenens, die vorbereiteten Schemata seinem Programm zuzuordnen. Dies gelang ihm, indem er die Frage nach der Sendung der Kirche selbst in den Mittelpunkt rückte und von dorther die beiden Perspektiven entwickelte, was sie der Welt zu sagen und wie sie sich selbst zu verstehen habe. In diese beiden Blickrichtungen lassen sich die entscheidenden Optionen des Konzils einordnen.

(1) Das Ja zur Welt der Menschen (Kirche „ad extra")

- Das Bekenntnis zur Solidarität mit der ganzen Menschheitsfamilie („Botschaft an die Welt" vom 20. Oktober 1962; Pastoralkonstitution)
- Das Bekenntnis zur Würde des Menschen („Berufung") innerhalb der Kirche (Laiendekret) und außerhalb (Erklärung über die Religionsfreiheit, Ökumenismusdekret, Erklärung über das Verhältnis zu den nichtchristlichen Religionen)
- Die Einschätzung der gegenwärtigen Situation im Glauben und in der Hoffnung auf den Anbruch der Gottesherrschaft in den „Zeichen der Zeit" (Eröffnungsrede Johannes' XXIII. vom 10. Oktober 1962, Pastoralkonstitution)

(2) Das neue Selbstverständnis (Kirche „ad intra“)

- Das Bekenntnis zur Kirche als Volk Gottes - beschenkt mit einer Vielfalt von Charismen -, in dem das Amt seinen Platz hat (Kirchenkonstitution, Dekret über die Hirtenaufgabe der Bischöfe) und sich neu ausdifferenzieren muß
- Das Bekenntnis zur Kirche unterwegs, herausgefordert vom geschichtlichen Wandel, verankert in der eigenen Tradition, angewiesen auf Reformen („Aggiornamento“)
- Die Entscheidung für die Einrichtung von Gremien zur Sicherung der Reform (Kirchenkonstitution, Pastoralkonstitution)
- Die Entscheidung für die geteilte und gegliederte Verantwortung (Gesamtkirche - Ortskirche; Amtsträger - Laie)

2.3 Die Mühsal des nachkonziliaren Wegs

Das Konzil hatte ein Programm entworfen in der Überzeugung, die kirchliche Verwaltung (Vatikanische Kurie) sei an diese Richtlinien gebunden und in der Lage und willens, sie - über die Zwischenphasen pastoraler Experimente - in die Realität zu überführen. Diese Annahme hat sich nachträglich als Illusion herausgestellt; die Kurie hat das Konzil von vornherein nicht gewollt, nie mitgetragen und nachträglich vielfach sabotiert.
Rückblickend treten auch die inneren Grenzen des Konzils und die Probleme bei der Rezeption durch die Gesamtkirche deutlich in den Blick.

2.3.1 Die inneren Grenzen des Konzils

- Nur Rahmenrichtlinien (Grundsatzbeschlüsse), abhängig von postkonziliaren Kommissionen und von der Kurie
- Kompromißcharakter der Texte - Bedingung für die Annahme, aber auch Quelle der Vieldeutigkeit
- Ausschluß von Tabu-Themen (Priesterfrage und Zölibat; Kurienreform und Bischofsernennungen)
- Unerfahrenheit bezüglich der Eigendynamik von Reformen (im Bereich Liturgie, Ökumene, Synoden, Priesterfrage)

2.3.2 Probleme bei der Rezeption

Will man die nachkonziliare Krisensituation verstehen, ist in Rechnung zu stellen, wie unterschiedlich und ungleichzeitig die Ausgangsbedingungen in den über den ganzen Globus verteilten Ortskirchen waren.

Auf das, was im Konzil geschah, war man ehestens in Deutschland und Frankreich vorbereitet; entsprechend groß war der Einfluß deutscher und französischer Theologen als Konzilsberater.
Ganz anders die Situation der Kirchen im Ostblock, nicht nur wegen der brutalen Unterdrückung durch die Kommunisten, sondern auch wegen der vorausgegangenen Bindung der Kirche an die Feudalstruktur der Gesellschaft. So ist zu verstehen, daß heute in Polen und Ungarn vom Konzil fast nur die Liturgiereform angekommen ist. Der Klerikalismus ist ungebrochen, die Ratlosigkeit im Umgang mit den Freiheitsansprüchen einer demokratischen Gesellschaft groß.
Noch einmal anders die Situation in den Kirchen der Dritten Welt, die in ihrer Administration gänzlich von der römischen Kurie und den missionierenden europäischen Ländern abhängig waren, sich aber im Geist des Konzils auf ihren Status als selbständige Orts- und Kontinentalkirchen besannen und zu einem neuen, authentischen Muster fanden, Volk Gottes zu sein und die gemeinsame Sendung auch gemeinsam zu verantworten (Philippinen, Afrika, Lateinamerika). Sie entwickelten ein neues pastorales Paradigma: Sie gossen den neuen Wein in neue Schläuche. Unter einem „Paradigmenwechsel" meint man ja das Phänomen, daß nicht nur einzelne neue Inhalte oder neue Methoden in die Praxis eingeführt werden, sondern daß sich der Gesamtstil ändert (wie beim Übergang von einer Diktatur zur Demokratie, von einer patriarchalisch geprägten zu einer androgynen Gesellschaft).
Dieses neue Paradigma ist im Stil und Zuschnitt der Pastoralkonstitution grundgelegt (vgl. Klinger 1990, 96f.156f), hat aber bereits seine vorkonziliaren Wurzeln im pastoralen Stil der Arbeiterbewegung, den Kardinal Josef Cardijn in den Dreischritt *Sehen - Urteilen - Handeln* gefaßt hatte. Es ist kein Zufall, daß sich die Theologen der Dritten Welt dieses neue Paradigma zu eigen gemacht und daraus einen theologischen Denkstil entwickelt haben, der endlich das sterile Gegenüber von Theorie und Praxis überwindet: Die bestehende Praxis (samt ihren Konflikten und Problemen) wird zum Ausgangspunkt des Nachdenkens gewählt (*Sehen*), mit den Maßstäben des Evangeliums bewertet (*Urteilen*) und durch Maßnahmen verändert, die sowohl dem Evangelium wie auch der Situation gerecht werden (*Handeln*).
Dieser Denkstil ist für die gegenwärtige Praktische Theologie beherrschend geworden; ihm sind auch die weiteren Kapitel in ihrem Gedankengang verpflichtet.

2.4 Karl Rahners Lehre vom „Selbstvollzug der Kirche"

Die Lehre von der Kirche als dem wandernden Volk Gottes auf dem Weg in die offene Zukunft Gottes hat bei den Menschen unserer mobilen Gesellschaft ein ungewöhnliches Echo gefunden. Sie ist freilich nicht vom Konzil entdeckt, sondern von Karl Barth in die Ekklesiologie des 20. Jh. eingeführt worden. Das Konzil hat sie sich zu eigen gemacht und damit in die Mitte des kirchlichen Bewußtseins gerückt.
Gott ermutigt sein Volk zum Exodus aus der Sklaverei, er lädt es ein, das verheißene Land zu suchen. Das ist das biblische Grundmodell für ein dynamisches Kirchenverständnis: Kirche ist unterwegs zwischen Ostern und der Wiederkunft des Herrn, aufgebrochen am Pfingsttag; sie kommt eigentlich erst zum Ziel am Tage der Wiederkunft des Herrn, wenn Gott seine Verheißung wahr machen wird und den neuen Himmel und die Erde heraufführt.
Ein anderer Vorläufer des dynamischen Kirchenverständnisses ist Karl Rahner mit seiner Lehre vom „Selbstvollzug der Kirche", die das von ihm mitherausgegebene „Handbuch der Pastoraltheologie" und damit die neuere Theologie und Spiritualität der Pastoral entscheidend geprägt hat (vgl. Griesl 1974; Mette 1978).

(1) Schon viele vorkonziliare Theologen hatten darauf aufmerksam gemacht, daß sich das Wesen der Kirche nicht in ihren Institutionen (Strukturen), sondern in den Vorgängen (Prozessen, Bewegungen) realisiere, die ihr eigen sind: in der Verkündigung des Wortes Gottes, in den sakramentalen Handlungen, die Gott gegenwärtig werden lassen, in der Zuwendung gegenüber den Armen usw.
Zur Beschreibung dieser prozessualen Dynamik allen kirchlichen Lebens wählt Rahner den Begriff „Selbstvollzug", den er auch in seiner theologischen Anthropologie - darin von Heidegger abhängig - verwendet. Zentral für dieses Menschenverständnis sind die Begriffe „Freiheit" und „Existenz". Der Mensch kann der Notwendigkeit, sich selbst immer neu zu wählen, sich immer entwerfen zu müssen, nicht entfliehen. Selbst wer nicht wählt, hat schon entschieden. „Ek-sistenz" ist geprägt durch dieses Herausragen in den offenen Raum der Zeit.
So ist nach Rahner der Mensch ein „Wesen der Transzendenz", das sich immer wieder überschreitet auf einen absoluten Horizont hin. Der Mensch lebt im Vorgriff auf diesen Horizont des Seins, der absoluten Freiheit und des absoluten Geheimnisses, das wir Gott nennen.
Analog dazu, sagt Rahner, ist die Kirche zu denken: Auch sie muß sich zeitigen, in die Zukunft hinein entwerfen, sie ist sich aufgegeben als noch zu realisierende Wirklichkeit. Die Kirche ist durch Jesus Christus ein für allemal

gegründet, aber sie ist als geschichtliche Größe gegründet. Die bleibende Struktur, die ihr als bleibendes Gesetz ihrer Geschichte und als deren Dynamik von Anfang an mitgegeben ist, holt sie selbst in ihrer eigenen Geschichte erst langsam ein, ist nicht nur Voraussetzung, sondern selbst Thema dieser Geschichte. Dogmengeschichte, Verfassungsgeschichte, Geschichte der Frömmigkeit, Häresiengeschichte sind Teilmomente der Geschichte der Kirche selbst. Sie ist im Werden: „Sie wird, weil sie ist. Sie ist nur, indem sie wird" (vgl. Arnold 1964 – 1972, I, 141f).

(2) Ohne Zweifel liegt im Begriff „Selbstvollzug" die Möglichkeit eines Mißverständnisses, und er ist auch sehr bald mißverstanden worden, als ginge es darum, daß Kirche sich selbst durchsetze, daß sie auf sich selbst fixiert und in sich selbst verliebt sei.
Aber: „Das Wort Selbstvollzug impliziert keine Introvertiertheit der Kirche, als ob ihr Tun sich letztlich auf sich selbst bezöge. Sie hat Gott anzubeten, dem Heil der Menschen zu dienen, für die Welt da zu sein; und dieses alles ist gerade ihr Selbstvollzug, genauso, wie ein Mensch sich gerade dadurch selbst vollzieht, daß er Gott liebt und dadurch von sich selber wegkommt" (a.a.O., 122).
Darum ist die Kirche nur Kirche, „wenn sie Kirche für andere ist" (D. Bonhoeffer). Sie kann sich selbst nur finden, wenn sie sich im Gehorsam gegen Gott auf die gesellschaftliche Situation einläßt, in die Gott sie hineingestellt hat. Sie darf sich dieser Situation nicht verweigern. Das meint der Satz: „Der Weg der Kirche ist der Mensch" (Johannes Paul II.). Es ist ein inneres Moment der Selbstrealisierung der Kirche, sich auf die Menschen einzulassen, unter denen sie lebt. Wenn die Kirche zu den Künstlern, zu den Frauen und zur Jugend heute kein inneres Verhältnis gewinnt, erreicht sie nicht nur diese Jugend oder diese Frauen nicht, sondern sie holt ihr eigenes Wesen nicht ein.

(3) Kirche unterwegs - das ist kein Sonntagsspaziergang, sondern - wie die biblische Grundmetapher vom Volk Gottes auf dem Weg nahelegt - ein durchaus anstrengendes, risikoreiches Unternehmen, bei dem es Hunger und Strapazen gibt, die Angst vor der eigenen Courage, den Streit um den richtigen Weg, um das Tempo oder die Gangart.
Darum haben wir bewußt in diesem Kapitel bei den Auseinandersetzungen angesetzt, die vor und nach dem Konzil aufgebrochen sind. Konflikte sind - wenn sie zivilisiert ausgetragen werden - ein Zeichen von Vitalität und Reife; denn in ihnen manifestiert sich die Sehnsucht nach den besseren Lebensmöglichkeiten, die Hoffnung auf Veränderung der Verhältnisse. Von daher versteht sich, daß angesichts der „neuen Unübersichtlichkeit", die

J. Habermas für unsere Epoche extremen sozialen Wandels diagnostiziert hat, eine Spiritualität der Hoffnung vonnöten ist; sie richtet den Blick nach vorn, auf den Gott, dessen letztes Wort in der Bibel lautet: „Seht, ich mache alles neu" (Offb 21,5). Eine solche Spiritualität der Hoffnung hat sich bislang am überzeugendsten zuerst im „Neuen Geistlichen Lied" innerkirchlich zu artikulieren vermocht (vgl. die Metaphern vom Auszug, von der Hoffnung auf ein Land der Verheißung, auf das Kommen Gottes und Jesu, von einer neuen Welt der Gerechtigkeit und der Liebe). Dieser Weg nach morgen führt durch das Heute hindurch, und so wird verständlich, was Roger Schutz, der Prior von Taizé, als Leitmotiv einer neuen Spiritualität formuliert hat: „Im Heute Gottes leben." Das Heute, so unbefriedigend es in vieler Hinsicht sein mag, ist das Heute Gottes; nur indem wir uns ihm stellen - mit allen Konflikten -, können wir die Chancen entdecken, die in dieser Umbruchssituation stecken, und den nächsten Schritt finden, der in die Verheißungen Gottes hineinführt, die ungebrochen auch für unsere Generation gelten.

Drittes Kapitel

Die kirchlichen Grundvollzüge – im Horizont der Gottesherrschaft

Rolf Zerfass

Inhaltsverzeichnis

3.1 Ausgangslage und Fragestellung

Gibt es Kriterien für das, was uns als Christen und als Kirche wichtig und unaufgebbar ist, oder diktiert dies der Augenblick bzw. die Tradition? Ist auch in der Kirche das Anliegen am wichtigsten, das am lautstärksten reklamiert oder als das wichtigste behauptet wird? Wie lassen sich gültige Maßstäbe finden?
Diese Frage hilft nicht nur, binnenkirchlich Überblick zu behalten - vor allem geht es um die Transparenz und Zugänglichkeit der Kirche für die, die draußen stehen: z.B. für Nichtglaubende, Ausländer, Touristen aus nichtchristlichen Milieus. Ob sie im katholischen Krankenhaus, im Kindergarten oder in der Kathedrale ein Bild von der Kirche gewinnen, das sie eher abschreckt oder u.U. motiviert, näher hinzusehen, kann über ihren Glauben entscheiden. Es geht um das Profil der Kirche und ihrer Sendung. Was macht unsere Identität als christliche Kirche(n) aus?

3.2 Die kirchlichen Grundvollzüge

3.2.1 Neuere theologische Anfragen

(1) Karl Rahner schließt seine Grundlegung der Pastoraltheologie mit der Frage ab, ob sich der Selbstvollzug der Kirche in einzelne elementare Gesten ausfalten lasse. „Verkündigung des Wortes, Kult, Sakramentenspendung, kirchliches Rechtsleben, christliches Leben in seiner ganzen Breite und Caritas bezeichnen zweifellos solche Grundfunktionen" (vgl. Arnold 1964 – 1972, I, 216).
Bedeutsam an dieser Aufzählung ist, daß Rahner sich nicht auf die Aufzählung von Grundgesten des kirchlichen Amts beschränkt (klassisch: Lehrer-, Hirten-, Priesteramt), sondern gerade herausstellen will, daß die Praxis der Kirche als ganze heilsvermittelnd ist: auch das christliche Alltagsleben, das karitative Engagement und selbst die Rechtsordnung der Kirche.

(2) Seither haben zwei neue Leitworte ein besonderes Echo gefunden und das Profil kirchlichen Lebens zu prägen begonnen:

- *Communio:* Auslöser dafür ist einerseits der Aufbruch der Kirche an der Basis, in kleinen Gruppen und Gemeinschaften, die für sich entdecken und leben, was ihnen am Glauben aufgegangen ist; andererseits die Mühsal einer Weltkirche, eine gute Balance zwischen Vielfalt und Einheit, zwischen Zentrale und Ortskirchen zu finden (vgl. Holland, Österreich, Schweiz; vgl. den Konflikt mit den Theologen).

- *Diakonie:* Die Option für die Armen hat das Zeugnis für die Kirche in der Dritten Welt aufleuchten lassen und den bürgerlichen Charakter der Kirchen in Europa aufgedeckt: ihr eigentümliches Versagen vor den Herausforderungen gesellschaftlicher Not im vergangenen Jahrhundert (Arbeiterfrage) und auch in der Gegenwart (Ausländer- und Randgruppenprobleme). Gerade die spezifischen Gefährdungen der Menschen in der modernen Gesellschaft, materielle und psychische Verelendung, Isolierung und Anonymisierung lassen erkennen, daß die Kirche nicht um ihrer selbst willen, sondern um der Menschen willen Gemeinden als „Orte des Überlebens“ aufbauen muß. Wenn ihr Wort verstanden werden soll, ist es ebenso notwendig, daß sie sich direkt und politisch als Anwältin der Hilflosen einsetzt.

3.2.2 Die vier kirchlichen Grundvollzüge

Da die Kirche in ihrer Praxis das Werk Jesu fortsetzen will, verwundert es nicht, daß sie von allem Anfang an versuchte, die Gesten zu benennen, die sie mit Jesus in Zusammenhang bringt. Entsprechend lesen wir in Apg 2,42: „Sie hielten an der Lehre der Apostel fest und an der Gemeinschaft, am Brechen des Brotes und an den Gebeten.“ Und Apg 2,45–47a interpretiert: „Sie verkauften Hab und Gut und gaben davon allen, jedem so viel, wie er nötig hatte. Tag für Tag verharrten sie einmütig im Tempel, brachen in ihren Häusern das Brot und hielten miteinander Mahl in Freude und Einfalt des Herzens. Sie lobten Gott und waren beim ganzen Volk beliebt.“
Gerade wenn es sich bei diesem Text nicht einfach um einen historischen Bericht, sondern um eine Stilisierung des urgemeindlichen Lebens durch Lukas handelt, wird hier das Selbstverständnis der Gemeinde sichtbar, wer sie sein will und was sie für sich selbst als wesentlich erachtet:

- die Auseinandersetzung mit der Botschaft (Martyria)
- das Zusammenhalten in der Gemeinschaft (Koinonia)
- die Aufmerksamkeit für die Armen (Diakonia)
- das Beten und Danken (Leiturgia)

Geht man noch weiter hinter die Urkirche zurück, so scheint in diesen Gesten Jesu eigenes Handeln auf (vgl. Wiederkehr 1990; Zerfaß 1992; Frisch 1992).

(1) Alle vier Grundgesten sind für die Praxis der Kirche theologisch verbindlich, weil sie offensichtlich auf die Praxis Jesu selbst zurückgehen. Alle Gesten sind unablösbar vom Leben und Sterben Jesu Christi und deshalb auch nur in der Gemeinde Jesu vorfindbar (so sehr es Analogien und Varianten dieser Handlungsweisen auch anderswo geben mag).

„Martyria" ist nicht einfachhin Kommunikation und Propaganda, sondern inhaltlich bestimmt durch die großen Heilstaten Gottes, von denen sie erzählt und die sie feiert, und zwar in dem Bewußtsein, daß sich in der gegenwärtigen Verkündigung die sinnstiftende Macht des Reiches Gottes konkret anbietet und durchsetzt.
„Koinonia" ist nicht einfachhin Gemeinschaftsbewußtsein und Sozialkontakt, sondern meint das Milieu, das entsteht, wenn Gott die Menschen herausruft „zur Gemeinschaft mit seinem Sohn" (vgl. Kor 1,9); sie impliziert das Geheimnis der eucharistischen Tischgemeinschaft ebenso wie ein kritisches Verhältnis zur Gesamtgesellschaft oder auch zu unreflektiert in die Kirche eingeschleppten weltlichen Organisationsformen.
„Diakonia" ist nicht einfachhin soziales Engagement gegenüber den Mitmenschen, sondern lebt von der Haltung, vom Testament Jesu, das er in der Geste der Fußwaschung als Zusammenfassung seines gesamten Wirkens hinterlassen hat.
„Leiturgia" ist nicht einfach Religionsausübung oder Kultbetrieb, sondern jener freimütige Umgang mit Gott (vgl. Hiob 22,23f; 2 Kor 3,12f), zu dem uns Jesus befreit (vgl. Hiob 10,19) und angeleitet hat (vgl. Mt 6.9), den er freilich auch unerbittlich an unsere Barmherzigkeit und Versöhnungsbereitschaft bindet (vgl. Mt 5,23; 9,13).

(2) Freilich stellt sich die Frage, wie diese vier Grundvollzüge innerlich zueinander stehen, ob sie einfach wie Segmente eines Kreises nebeneinander oder in einer bestimmten inneren Zuordnung begriffen sein wollen, wenn durch sie wirklich das Leben und Handeln der Kirche in seiner inneren Struktur transparent werden soll: „Eine Kirche, die sich sehen lassen kann" (Stenger, 1988).
Bei der Suche nach einer solchen Ordnungsfigur hat im katholischen Raum in den letzten Jahren eine Unterscheidung neue Aufmerksamkeit gewonnen, die Karl Barth entwickelt hat, um das Leben der Kirche zu erfassen. Er unterscheidet zwei große Aufgaben der Kirche. *Sammlung* (Missio) und *Sendung* (Communio). Sie verhalten sich zueinander wie Öffnen und Schließen, Ausatmen und Einatmen - und dieser Vergleich ist tief: Öffnen und Schließen (der Augen, der Hände) sind menschliche Grundgesten; Ausatmen und Einatmen bestimmen den Rhythmus alles Lebendigen, körperlich und psychisch, individuell und sozial. Wenn wirklich das Leben der Kirche sich dem Atem des Geistes Gottes verdankt, leuchtet ein, daß auch für sie dieses Gesetz des Lebens gilt.
Dabei vollzieht sich die Zuwendung der Kirche zu den Menschen in zweierlei Gestalt: als Verkündigung der großen Taten Gottes (Martyria) und als Zuwendung zur konkreten Not (Diakonia). Ebenso begegnet die komple-

mentäre Bewegung der Sammlung in zweierlei Gestalt: als Sammlung der Zerstreuten (Koinonia, Bildung lebendiger Gemeinden) und als Ausdruck dieser Einheit in Lobpreis und Dank, Bekenntnis und Feier (Leiturgia).
Will man diese innere Zuordnung graphisch verdeutlichen, ergibt sich folgendes Bild (Abbildung 1):

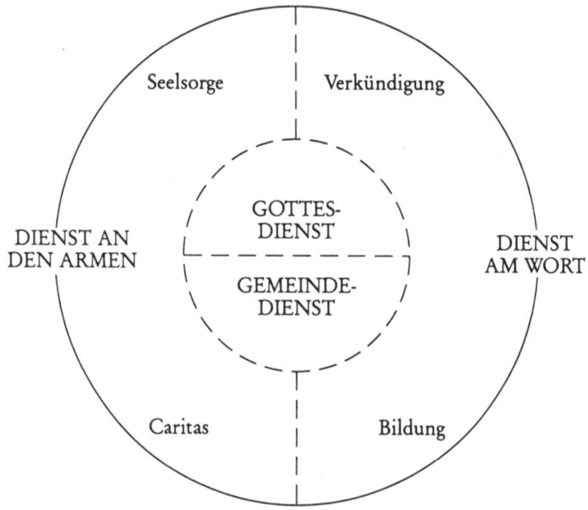

Abb. 1
Aus: Rolf Zerfaß, Lebensnerv Caritas. Helfer brauchen Rückhalt, 1992, Verlag Herder, Freiburg – Basel – Wien.

3) Alle Grundgesten haben kirchenkritische Bedeutung und sind für die Identität der Kirche unverzichtbar, weil sie nur miteinander das Werk Christi authentisch fortführen. Wird eine dieser Grundfunktionen vernachlässigt, ist eine substantielle Orientierung an Jesus Christus nicht mehr gewährleistet.
Die Verkündigung der Botschaft wird flach und zum bürgerlichen Bildungsbetrieb, wenn die Diakonie in der Kirche nicht mehr zeigen kann, wozu und für wen das alles gut ist. Die kirchliche Gemeinschaft (Koinonia) verkommt zur Vereinsmeierei, wenn sie sich nicht mehr von der Botschaft, vom Maßstab des Evangeliums (Martyria) in Frage stellen und sich die Augen für die Notleidenden (Diakonia) öffnen läßt. Die Diakonie mißrät zu blindem Aktivismus oder revolutionärer Gesellschaftskritik, wenn sie sich nicht nach den Maßstäben des Evangeliums (Martyria) um neue, klassenüberwindende Gemeinschaft unter den Menschen bemüht (Koinonia).
Dieser innere untrennbare Zusammenhang zwischen Martyria, Diakonia, Koinonia und Leiturgia ist in unserer Generation in Lateinamerika wiederentdeckt und mit dem Begriff „Evangelisation" benannt worden (s.u. 3.4.2).

(4) Die praktische (diagnostisch/hermeneutische) Rolle des Modells zeigt sich in seiner Anwendung. Ordnungsversuche und Begriffe sind nur soviel wert, wie sie in der Praxis taugen.

- Das Schema macht die *Unterschiedlichkeit* innerhalb der Praxisfelder der Kirche deutlich: Ein Gottesdienst vollzieht sich zu Recht in einem anderen Klima als eine Bauausschuß-Sitzung; ein Seelsorgsgespräch ist natürlich etwas anderes als eine Predigt oder ein theologisches Referat. Wer in der Kirche mitwirken will, muß ein Gespür dafür entwickeln, welche Kompetenz in welchem Handlungsfeld gefordert ist; wer am Krankenbett predigt, frustriert seine Mitchristen ebensosehr wie einer, der im Gottesdienst politisiert.
- Das Schema macht aber auch die *inneren Querverbindungen* sichtbar. Sollen die vier Grundvollzüge nicht auseinanderfallen, ist besonders intensiv an den Übergängen und Querverbindungen zu arbeiten: daß die Caritasarbeit einer Gemeinde für die Predigt fruchtbar wird, daß die Gruppen sich im Gottesdienst artikulieren können, daß „Caritas-Leute" nicht nur helfen, sondern auch meditieren usw.
- Insbesondere hilft das Schema, *Unbalancen und Einseitigkeiten vor Ort aufzuspüren:* Es gibt Gemeinden, aus deren Horizont die Caritas komplett herausgefallen ist; sie müssen als Zerrbilder einer christlichen Gemeinde erscheinen. So wirken evangelische Gemeinden manchmal als eine Art „religiöses Goethe-Institut" (U. Bach) und katholische Gemeinden als Reservate religiöser Folklore oder barocker Ästhetik.
- Das Schema hilft *dem, der in der Schule arbeitet, sich zu „verorten":* Wer Schüler im Glauben unterrichtet, steht nicht außerhalb der Kirche, auch wenn er vom Kultusministerium bezahlt wird; er dient „dem Erwachen der Kirche in den Seelen" (Guardini), er fördert den Austausch von Glaubenserfahrung und damit die „Kirche-Werdung" (Ekklesiogenesis). Er tut dies in seinem spezifischen Milieu, in entsprechender Autonomie und Verantwortung und in dem hier gebotenen Stil. Er wirkt nicht am Rand der Kirche, sondern an den Hecken und Zäunen, an denen Jesus gewirkt hat, d.h. an der eigentlichen „Frontlinie" des Reiches Gottes.
- Das Schema kann helfen, *die eigene Berufung und den eigenen Ort klarer zu erkennen.* An welchen Platz Gott einen jeden von uns gerufen hat, entdecken wir erst in dem Umfang, als wir mit uns selbst Erfahrungen machen. Jeder hat im Lauf seines Lebens andere Zugänge zum Glauben (und auch ein Recht darauf!). Jeder verfügt über andere Begabungen (und sie sind seine Aufgabe). Es ist gut, bei dem zu beginnen, was mir liegt und was mir Spaß macht; ich darf hoffen, daß Gott mir immer deutlicher zeigt, was mein Eigenes ist; ich sollte mich aber offenhalten dafür, daß Gott andere Menschen einen anderen Weg führen will und meine Aufgabe

nicht ist, sie auf meinen Lebensentwurf zu zerren, sondern sie ihren eigenen Weg finden zu lassen (Seelsorge als Begleitung).

3.3 Im Horizont der Gottesherrschaft

Zu einer angemessenen Einschätzung der Lebensdynamik einer Kirche, die sich wirklich vom Geist Gottes leiten läßt (vgl. Röm 8,14), kommen wir aber erst, wenn wir die Handlungsfelder der Kirche nicht nur in ihrer Zuordnung zueinander und zum gesellschaftlichen Umfeld, sondern auch in ihrer Ausrichtung auf die offene Zukunft Gottes, auf den neuen Himmel und die neue Erde begreifen. Wir haben von der Kirche überhaupt nichts verstanden, solange wir uns nicht in einem ganz elementaren Sinn zu ihrer „Vor-läufigkeit" zwischen Ostern und der Wiederkunft Christi bekennen.
In der Grafik (Abbildung 2) soll dies durch die Längsachse und durch den offenen Horizont der Gottesherrschaft symbolisiert werden, innerhalb dessen sich die Kirche als die sichtbare Institution des Volkes Gottes inmitten der Gesellschaft (der „Völker") und aller anderen kirchlichen Gemeinschaften und Religionen vorfindet. (Zu den Besonderheiten der Segmente Caritas und Bildung s.u. 4.1.2 (3) und (4), 62.)

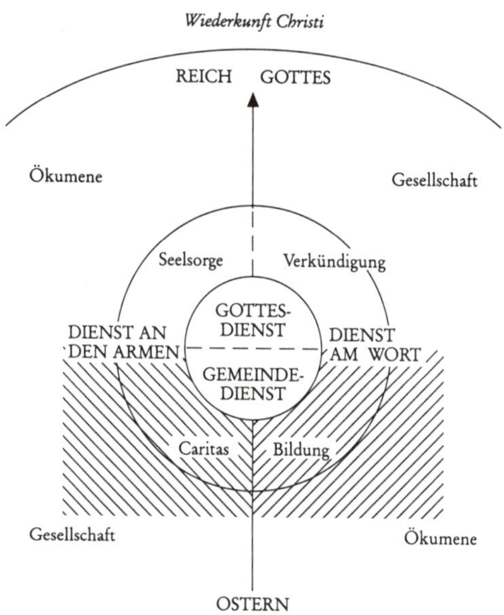

Abb. 2
Aus: Rolf Zerfaß, Lebensnerv Caritas. Helfer brauchen Rückhalt, 1992, Verlag Herder, Freiburg – Basel – Wien.

3.3.1 Die Kirche ist sich nicht selbst der Maßstab

Wenn die Kirche wirklich Jesu Sendung weitertragen will, darf sie sich nicht selbst zum letzten Horizont und Maßstab ihres Wirkens machen. Es geht nicht um die Präsenz der Kirche in der Gesellschaft, sondern um das Kommen Gottes in der Welt; und dies ereignet sich überall, wo mit Schuldigen Erbarmen geübt, Gebeugte aufgerichtet, Gefangene befreit und Trauernde getröstet werden (vgl. Lk 4,18 im Rückgriff auf Jes 35,1–6; 52,7; 61,1–3). Der Samariter (der Halbgläubige, Halbheide) muß nicht erst ein orthodoxer Jude werden, damit das, was er tut, dem Gesetz entspricht: Er erfüllt das ganze Gesetz, denn „die Liebe (ist) die Erfüllung des Gesetzes" (Röm 13,10). Der fremde Dämonenaustreiber muß sich nicht erst dem Verein der Jünger Jesu anschließen, um in seinem Namen große Dinge zu tun (vgl. Mk 9,38–41).
Im Horizont der Gottesherrschaft erledigt sich alle falsche Ekklesiozentrik. Positiv gesagt: Es eröffnet sich eine weite, alles Wirken Gottes in der Welt bejahende, wahrhaft ökumenische Perspektive. Wir fixieren uns nicht länger auf den eigenen „Verein", sondern lernen uns aufrichtig zu freuen über alles, was die anderen in der Macht des Geistes Gottes - wodurch denn sonst? - zustande bringen.
Was käme heraus, wenn ein Dekan oder eine Kreiscaritasstelle eine Gruppe von Firmlingen oder Zivildienstleistende darum bäte, einen Atlas des diakonischen Engagements vor Ort zu erstellen, in dem nicht nur die Stützpunkte des eigenen Verbands, sondern auch die der „Konkurrenz" eingetragen würden: die Beratungsstellen, Heime, Sozialstationen, die Gefängnisse und Kliniken, wo immer Juden und Samariter, Christen und Muslime, Arbeiterwohlfahrt und Rotes Kreuz, Selbsthilfeeinrichtungen und Gruppen von Amnesty International sich zum Nächsten derer machen, die keinen Nächsten haben? Ob hier der weit verbreitete Kirchenjammer nicht rasch an ein Ende käme? „Blickt umher und seht, daß die Felder weiß sind, reif zur Ernte" (Joh 4,35b).
Eine ähnliche Erfahrung haben zu Anfang des 19. Jh. herausragende Vertreter der „Katholischen Tübinger Schule" (J.S. Drey und J.B. Hirscher) gemacht - herausgefordert durch die Aufgabe, die Rolle des Christentums in der modernen Gesellschaft neu zu formulieren und den Dienst der Kirche in diesem Zusammenhang neu zu beschreiben. Dabei lösten sie die falsche Identifizierung von Kirche und Reich Gottes auf: „Die Kirche ist nicht das Reich Gottes, sie ist nicht einmal das Christentum. Christlich zu sein, christlicher zu werden, ist die erste und bleibende Aufgabe der ecclesia semper reformanda" (Seckler 1988, 282). Verärgert über die damals einsetzende Restauration, die immer stärker auf die konfessionellen Unterschiede und

die Kirchlichkeit abhob, sagte Hirscher, er halte es mit Augustinus, bei dem es heißt: „Christ ist mein Name, katholisch mein Beiname."

3.3.2 Die Gottesherrschaft - Mitte unserer Spiritualität?

Hat die Exegese der letzten Jahrzehnte uns verdeutlicht, daß der Einbruch der Gottesherrschaft in diese Welt unverzichtbar zum Glauben Jesu gehört, weil ohne die Gottesherrschaft seine Worte und Taten schlechterdings unverständlich sind (Schnackenburg 1959; Merklein 1978), so beginnen wir jetzt erst zu entdecken, daß dieser Horizont nicht nur für sein Wirken, sondern auch für unser Handeln als Kirche unverzichtbar ist, wenn wir wirklich Jesu Werk in dieser Welt weiterführen und nicht - unter seinem Namen - unsere eigenen Sachen treiben, d.h. Kircheninteressen verfolgen wollen.
Im gleichen Augenblick stellt sich die Frage, ob wir diese Vorstellung, die wir als das Herzstück der Verkündigung Jesu bejahen können, auch zur Mitte unserer Spiritualität, unserer Wünsche und Hoffnungen machen können. Zumindest drei Teilelemente dieser zentralen Vorstellung Jesu sind unserem Lebensgefühl zugänglich:

(1) Zuerst und zuletzt geht es um Gott - und um sonst nichts, und dieser Gott ist nicht über uns und hinter uns, sondern ein Gott vor uns, der auf uns zukommt, uns „eine Zukunft und eine Hoffnung" (Jer 29,11) zu geben.
Genau die strikte Besinnung auf Gott als den letzten Horizont allen Lebens, die strenge Priorität seiner Herrschaft vor allem anderen, führt aber keineswegs von uns Menschen weg, sondern dazu, daß wir - unser Geschick und unser Glück - in den Mittelpunkt der Aufmerksamkeit geraten, denn dorthin zielen alle Wege Gottes:

> „Seht, die Wohnung Gottes unter den Menschen!
> Er wird in ihrer Mitte wohnen
> und sie werden sein Volk sein,
> und er, Gott wird bei ihnen sein.
> Er wird alle Tränen von ihren Augen abwischen:
> Der Tod wird nicht mehr sein,
> keine Trauer, keine Klage, keine Mühsal,
> denn was früher war, ist vergangen.
> Er, der auf dem Thron saß, sprach:
> Seht, ich mache alles neu.
> (Offb 21,3b–5a unter Rückgriff auf Ez 37,27; Jes 25,8; 6,1).

Niemand unter den zeitgenössischen Theologen hat diese unverfügbare Anwesenheit Gottes als Horizont unseres Lebens, als namenloses Geheimnis, dem wir uns nur anbetend aussetzen können, leidenschaftlicher beschrieben als Karl Rahner. Wir haben Gott nicht in unserem Besitz (auch nicht im Tabernakel). Wir haben ihn nicht im Griff und können ihn nicht auf den Begriff bringen; sondern es ist immer er, der die Initiative ergreift, sich uns zeigt - wann und wo er will -, uns entgegenkommt, sich uns als das Ziel unseres Lebens wie der ganzen Schöpfung des Weltgeschehens auftut, „damit Gott herrscht über alles und in allem" (1 Kor 15,28), „ein Gott und Vater aller, der über allem und durch alle und in allem ist" (Eph 4,6). Darum heißt uns Jesus - vor allem anderen - Gottes Herrschaft zu suchen; mit ihr wird uns tatsächlich alles weitere „dazugegeben" (vgl. Mt 6,33).

(2) Zur Gottesherrschaft, die Jesus mitten unter uns am Werk sieht (vgl. Lk 17,21: „Das Reich Gottes ist mitten unter euch"), gehört eine räumliche Vorstellung: Das Reich Gottes ist ein „Raum", in den man „hineinkommen" kann, wenn man wird wie ein Kind (vgl. Mk 10,15); es bezeichnet ein Milieu, in dem es keine Oberen und Unteren mehr gibt (vgl. Lk 22,24–30), sondern nur noch Geschwister (ohne väterliche Autorität, vgl. Mk 10,29); um in diesen Raum hineinzugelangen, muß man andere Milieus verlassen: den eigenen Clan (vgl. Lk 12,26; Mt 19,29f), den eigenen Reichtum (vgl. Mk 9,23), die von den Vätern ererbte Lebensweise (vgl. Petr 1,18); und das ist offensichtlich sehr schwierig, denn die Türe ist eng (vgl. Lk 13,22–30; Mt 7,13). Jesus eröffnet durch sein Verhalten, dadurch daß er sich etwa im Haus des Pharisäers Simon auf die Seite der Dirne schlägt (vgl. Mt 26,6–13), die ihm die Füße wäscht, oder beim Zöllner Zachäus übernachtet (vgl. Lk 19,1–10), oder mit Sündern Mahlzeit hält (vgl. Mk 2,13–17; Mt 9,9–13), jenen Freiheitsraum, von dem die Gleichnisse reden, und den zu betreten sie einladen. Jesu Gleichnisse haben Kommentarcharakter. Aber was sie kommentieren, sind nicht schwierige Begriffe, sondern jenes schwierige Verhalten Jesu, mit dem er die bewährten Grenzen zwischen Gerechten und Sündern, Ersten und Letzten, Reichen und Armen ignoriert, weil die Gottesherrschaft jetzt unmittelbar und konkret Platz ergreift.

Wo immer die Menschen die Wahrheit entdecken und zur „Freiheit und Herrlichkeit der Kinder Gottes" (Röm 8,21) hinfinden, wächst der Raum der Gottesherrschaft, in dem außer der Liebe niemand mehr regiert, weil in unserer Liebe Gott selbst in dieser Welt zugänglich wird und „das Angesicht der Erde erneuert" (vgl. Ps 104,30). In diesem Sinn ist der Wunsch zu verstehen: „Der Gott Jesu Christi (...) erleuchte die Augen eures Herzens, damit ihr versteht, zu welcher Hoffnung ihr durch ihn berufen seid, welchen Reichtum die Herrlichkeit seines Erbes den Heiligen schenkt und wie überragend groß seine Macht sich an uns, den Gläubigen, erweist durch das Wirken seiner Kraft und Stärke. Er hat sie an Christus erwiesen, den er von den Toten auferweckt und im Himmel auf den Platz zu seiner Rechten erhoben hat" (Eph 1,17–23).

(3) Erst im Horizont der Gottesherrschaft wird erkennbar, was sich tut, wenn die Grundvollzüge kirchlichen Lebens „greifen". Erst von der Gottesherrschaft her haben sie die Kraft, Kirche entstehen zu lassen.
Wo immer *Jesus das Evangelium verkündet,* spricht er nicht nur, sondern da „tut sich etwas"; er redet nie nur über Gott (wie die Schriftgelehrten), sondern er läßt die Menschen in der Weise, wie er sich ihnen zuwendet, erfahren, wer Gott ist und daß dieser jetzt unter ihnen am Werk ist. So macht er Gott offenbar. Darum ist (streng exegetisch betrachtet) die frohe Botschaft zunächst nicht ein Inhalt, sondern ein Vorgang: Da redet einer - und es kommt Freude auf! Wo das Evangelium laut wird, eröffnen sich neue Perspektiven, bricht Hoffnung hervor. Daraus ergibt sich im Umkehrschluß: Wo immer bei der Predigt oder in der Katechese Menschen verängstigt, eingeschüchtert und traurig gemacht werden, wird nicht wirklich das Evangelium verkündet, sondern der gute Name Jesu mißbraucht. Hier vollzieht sich die Kirche nicht, sondern hier verfehlt sie sich an den Menschen und an sich selbst.
Ebenso machtvoll ist *die diakonische Zuwendung Jesu* zu den Menschen; sie löst Fesseln, setzt frei; Zachäus wird selbstbewußt und großmütig (vgl. Lk 19,1-10), weil Jesus ihn wahrgenommen hat; der geheilte Blinde wird zum „Aufklärer" (vgl. Joh 9,17.25.27). So wird Gott erfahrbar - und dies bis heute dort, wo Christen sich bedingungslos ihrem Nächsten zuwenden. (Maximilian Kolbe und Sr. Theresa von Kalkutta oder Oscar Romero haben Gottes Gegenwart in unserer Welt eindrucksvoller erfahrbar gemacht als die ganze polnische, indische oder salvadorianische Bischofskonferenz zusammen.) Der Umkehrschluß ist ebenso klar: Wenn kirchliche Caritasarbeit die Behinderten ghettoisiert, wenn christliche Gemeinden die Armen nicht mehr wahrnehmen und nicht mehr an sich heranlassen, sind die Kirchen vielleicht noch immer ein nützlicher Baustein innerhalb des Sozialstaats (weil sie kostengünstiger wirtschaften), und die Kirchensteuer bleibt gesellschaftlich plausibel, aber daß das irgend etwas mit Gott zu tun habe - auf diesen Gedanken kommt niemand mehr, am wenigsten die betroffenen „Armen".
Genauso wird Gott sichtbar *in der Gemeinschaft der Jünger Jesu.* „Ihr (im Plural!) seid das Licht der Welt. So soll euer Licht vor den Menschen leuchten, damit sie eure guten Werke sehen und euren Vater im Himmel preisen" (Mt 5,14a.16). Von dem, was wir gemeinsam tun, geht eine Leuchtkraft aus, welche die Möglichkeiten des einzelnen weit übersteigt, weil sich darin Gottes Geist als einer offenbart, der die unterschiedlichen Begabungen auf-

einander zuführt (vgl. 1 Kor 12,3–30) und so die gesellschaftlichen Schranken überwindet: „Es gibt nicht mehr Juden und Griechen, nicht mehr Sklaven und Freie, nicht Mann und Frau; denn ihr alle seid einer in Christus" (Gal 3,28). Es gelten auch nicht mehr die Klassenunterschiede zwischen Reichen und Armen (Jak 2,1–8). Alle haben Rederecht (1 Kor 14,26), auch die Kleinen, die Törichten und Einflußlosen (1 Kor 2,25–28), die Sklaven, die Fremden und die Frauen (Klauck 1994, 26).

Was bei Jesu Mahlzeiten mit den „Sündern" und Dirnen (vgl. Mk 2,13–17; Mt 9,9–13) an neuer wechselseitiger Wertschätzung möglich wurde, ist nichts anderes als das Aufscheinen der Gottesherrschaft „mitten unter euch" (Lk 17,21). Und das ist so bis heute - z.B. bei den Treffen in Taizé. Und auch hier ist der Umkehrschluß erlaubt: Wo wir im Raum der Kirche einander mißtrauisch, defensiv und mit Vorurteilen begegnen, macht die Kirche Gott nicht in der Welt sichtbar, sondern sie verdunkelt sein Antlitz.

Schließlich wird die Gottesherrschaft auch zum Kriterium dafür, ob die *Liturgie* das Wesen der Kirche vermittelt oder verstellt. Viel liturgischer Prunk geht historisch nachweisbar darauf zurück, daß unter Kaiser Konstantin die Kirche alle Privilegien und Hoheitssymbole der heidnischen Priesterschaft übernahm mit der Auflage, nun an ihrer Stelle durch Gebet und Opfer Gottes Wohlwollen für den Staat zu garantieren. Solche Liturgie ist im Neuen Testament nicht vorgesehen (und deshalb begegnet der Begriff „Liturgie" dort auch nicht). Den Gott Jesu kann der Gottesdienst nur vermitteln, wenn das Stück Tempelkritik und Frömmigkeitsskepsis in unseren Gottesdiensten gilt, das Jesus im Namen der Gottesherrschaft übt, indem er den Tempel reinigt (vgl. Mt 21,12–13), das Gebet vorn im Altarbereich (vgl. Mt 6,5) verspottet und uns zum Beten in die verschlossene Kammer schickt (vgl. Mt 6,6). Nur unter der Bedingung, daß wir einander vergeben (vgl. Mt 5,23–24), ist das Meßopfer „gültig". Nur so kann - in der Weise, wie wir beten und singen - Gottes Nähe erfahrbar werden.

So läßt sich zusammenfassen: Erst von der Gottesherrschaft her gewinnen wir Kriterien zur Unterscheidung zwischen guter und schlechter Katechese, zwischen guter und schlechter Behindertenarbeit, zwischen guter und schlechter Geselligkeit oder zwischen guter und schlechter Kirchenmusik. Dadurch, daß Jugend- oder Ausländerarbeit kirchlich organisiert oder von kirchlich angestellten Leuten durchgeführt wird, ist noch längst nicht garantiert, daß darin die Kirche ihr Wesen realisiert; denn das alles kann auch der geheimen Selbstdurchsetzung der Kirche gegenüber den anderen (den Protestanten, der Arbeiterwohlfahrt, den Sozialdemokraten usw.) dienen, und dann wäre die Kirche ein Wolf im Schafspelz: Sie käme im Namen Gottes daher und diente in Wahrheit doch nur sich selbst.

Erst im Horizont der Gottesherrschaft werden die Grundvollzüge der Kirche zu dem, was die Kirche insgesamt sein soll: ein Sakrament, ein sichtbares Zeichen der verborgenen Anwesenheit Gottes unter uns. Ob wir diesem Anspruch gerecht werden oder nicht, darüber können wir nicht selbst befinden; darüber zu entscheiden, ist allein dem Urteil und der Kompetenz der Außenstehenden, die uns erleben, vorbehalten. Ihnen macht Jesus Mut, uns auf die Finger zu schauen: „An ihren Früchten werdet ihr sie erkennen." (Mt 7,16).

3.4 Konzeptionelle Umsetzung auf die Praxis der Kirche und die Spiritualität von Seelsorgern und Religionslehrern

Wenn wir fragen, wie sich die Einsichten dieses Kapitels heute als Seelsorgskonzeptionen umsetzen lassen, so begegnen wir zwei eindrucksvollen Konzepten: den Bestrebungen um eine *mystagogische Pastoral* (im Anschluß an Karl Rahner) und dem Bemühen um *Evangelisierung* (im Verständnis der lateinamerikanischen Synoden und Pauls VI.). Sie sollen hier noch abschließend skizziert werden, wobei freilich auch auf die Begriffsverwirrung hingewiesen werden muß, die mit dem Begriff „Neuevangelisierung" (Johannes Paul II.) entstanden ist.

3.4.1 Das Konzept der „mystagogischen Pastoral" (Karl Rahner)

Bisher ist deutlich geworden, daß Rahners dynamisches Kirchenverständnis mit der Selbstauslegung der Kirche als „Volk Gottes unterwegs" im II. Vatikanum innerlich korrespondiert. Die Kirche gibt es nicht einfach, sie ist nur, indem sie wird, indem sie sich selbst überschreitet. Sie ist nur als „Volk Gottes auf dem Weg" überhaupt Kirche Gottes. Ihr Kirchesein entscheidet sich an ihrer Innovationsbereitschaft, an ihrer Reformwilligkeit: „Ecclesia semper reformanda."

Was bedeutet dies für die Praxisebene der Seelsorge im Alltag? Kein Plädoyer für kopflose Neuerungen; denn aus sich kann etwas Neues ebenso falsch sein wie das Alte. Aber der Gott, auf den hin die Kirche sich überschreitet, ist in ihr und neben ihr längst am Werk. Daran zu glauben, verändert den pastoralen Stil tiefgehend: Das Fremde und Neue, dem ich mich zu stellen habe, ist nicht einfach die gefährliche, böse Welt, sondern die Welt, in der Gott längst am Werk ist und in die er mich gestellt hat. Diese neue Sicht, diese neue Spiritualität kann gewonnen werden mit dem Übergang von einer defensiven, angstbesetzten und pessimistischen zu einer offensiven, dialogischen und „mystagogischen" Pastoral.

(1) Der Begriff „mystagogisch“ klingt befremdlich; sachlich greift er zurück auf den altkirchlichen Begriff der „mystagogischen Katechese“. Die Taufvorbereitung der ersten Jahrhunderte gliederte sich in zwei Schritte. Die Katechese zur Vorbereitung auf die Taufe führte den Taufbewerber über mehrere Jahre (und verstärkt in den letzten Wochen der vorösterlichen Bußzeit) durch die Übermittlung des Glaubens, der Gebote, des Vaterunser-Gebets auf die Taufe in der Osternacht zu. In dieser Vorbereitungsphase vernahm er kein Wort über die Taufe selbst und über die anderen Sakramente. Davon hörte er erst, nachdem er getauft und zur Eucharistie zugelassen worden war, in der Woche zwischen Ostern und dem Weißen Sonntag. Dies geschah im Rahmen der „mystagogischen Katechesen“, die diesen Namen hatten, weil sie ihn nachträglich in die Geheimnisse (mysterion) hineinführten (agein). Dahinter stand das didaktische Prinzip: zuerst die Erfahrung - dann die Reflexion. Zuerst handelt Gott an uns - dann reden wir über das, was er an uns getan hat.
Dieses Prinzip überträgt Rahner auf die Pastoral der Kirche insgesamt; denn immer gilt, was ein altes Gebet der Kirche in die Worte faßt: „Du kommst ja all unserem Tun mit deiner Gnade zuvor.“ Also kann die Kirche Gott nicht herbeireden; sie kann nur aufzeigen, daß er schon da ist - so wie Jesus das tat, als er mit seiner Verkündigung begann: „Das Reich Gottes ist nahe. Kehrt um, und glaubt an das Evangelium“ (Mk 1,15).

(2) Auf diesem Hintergrund wird deutlich, daß die herkömmliche Pastoral mit ihrem dualistischen Denken (hier die Kirche - dort die Welt, hier Gott - dort der Teufel) einem Heilspessimismus Raum gegeben hat, der theologisch unverantwortlich und unproduktiv war, weil er zu folgender Einstellung führte: Die Menschen sind böse, die Welt ist verloren - nur in der Gemeinschaft der Kirche ist Hoffnung, Sicherheit und Heil. Als habe Gott nur die Kirche, nicht aber die Welt erlöst; als reiche Gottes Geist nicht weiter als der Radius kirchlicher Verwaltungen. Dies führte zu einer gewaltigen Selbstüberschätzung und Selbstüberforderung der Kirche: Wo sie nicht hinreichte, hatte auch Gott keine Chancen; wen sie nicht taufte (notfalls mit Gewalt, notfalls noch im Mutterleib), der ging ewig verloren.
Gott hat aber nicht nur die Kirche, sondern die Welt erlöst; Christus ist nicht nur für die Glaubenden, sondern für alle Menschen gestorben; d.h. jeder Mensch steht schon im Horizont des göttlichen Erbarmens. Wie wir (seit Adam) uns schon immer in einem Schuldzusammenhang vorfinden, der unser Leben überschattet („Erbsünde“), so sind wir (seit Jesus) immer schon „Erstgeborene einer neuen Schöpfung“, umfangen von einem Erbarmen Gottes, das ohne Reue ist. Darum dürfen wir als Glaubende das Suchen der Nicht-Glaubenden als Seufzen des Geistes deuten, die Humanität der Athei-

sten als sicheres Indiz für die Gegenwart Gottes in der Welt, „denn die Liebe ist aus Gott und jeder, der liebt, stammt von Gott und erkennt Gott" (1 Joh 4,7).

Der Selbstvollzug der Kirche gelingt darum nur, wo sie selbst daran glaubt, daß Gott ihrem Tun vorausgeht; daß er in denen auf sie zukommt, zu denen er sie geschickt hat. Die Kirche bringt also den Menschen nicht etwas, was sie schlechterdings noch nicht haben, sondern deckt auf, was Gott ihnen längst schon schenkt: sein Erbarmen, seine Vergebung, seine Verheißung (vgl. Knobloch/Haslinger 1991).
Das führt zu einer neuen pastoralen Spiritualität: Der latente Pessimismus weicht, das Jammern über die böse Welt verstummt. Die „Zeichen der Zeit" beweisen nicht, daß alles bergab geht (im Vergleich zur angeblich „guten, alten Zeit"!), sondern enthalten auch die Chance, daß Gott in ihnen am Werk, sein Reich im Kommen, sein Geist schöpferisch wirksam ist.
Die Kirche muß sich nicht nur auf die gegenwärtige Situation einlassen, sie darf dies auch tun, weil diese Welt längst von Gottes Herrschaft, d.h. von Gottes Erbarmen eingeholt ist. Wir ahnen, daß dieser Grundton der Zuversicht durch jede Predigt, jede Schulstunde, jede Pfarrgemeinderatssitzung und jede Bischofsernennung hindurchklingt - und umgekehrt: daß alle diese kirchlichen Aktivitäten ins Leere laufen und Schaden anrichten, wenn sie nicht von Hoffnung, sondern von Angst, nicht von Glauben, sondern von Un- oder Kleinglauben geleitet sind.
Wie man diese positive pastorale Grundhaltung in sich selbst und zusammen mit anderen einüben kann, beschreibt Zulehner im „Grundkurs gemeindlichen Glaubens" (Zulehner 1985), zu dem ihn das letzte Gespräch mit Karl Rahner kurz vor dessen Tod inspiriert hatte (Zulehner 1984).

3.4.2 Das Konzept der „Evangelisierung"

(1) Wie viele Erfindungen in der Kulturgeschichte der Menschheit gleichzeitig und unabhängig voneinander gemacht wurden, so hat auch das Pastoralkonzept des Konzils mehrere und unabhängige „Vordenker" und „Umsetzer". Karl Rahners Denken war von der französischen Theologie inspiriert, und es hat damit auf die Pastoralkonstitution entscheidenden Einfluß genommen; deren Impuls wurde in Lateinamerika auf den Begriff der „Evangelisierung" gebracht. Die neue Perspektive findet sich als Glaubensbekenntnis der Synode von Medellín 1968 in ihrer Botschaft an die Völker Lateinamerikas: „Wir glauben an Gott, an die Menschen, an die Werte und an die Zukunft Lateinamerikas" (zit. n. Klinger 1990, 159). Unter dem einen

Verb „glauben“ wird zusammengefaßt, was die bisherige Theologie sauber zu trennen bemüht war: die Beziehung zu Gott, das Verhältnis zu den Mitmenschen, die Einschätzung einer ganz bestimmten gegenwärtigen Situation und ihrer Ressourcen. Genau in dieser gläubigen Zusammenschau liegt die innovatorische Kraft dieses Ansatzes.

(2) Als die Bischofssynode von 1974 sich „Die Evangelisierung in der Welt von heute“ zum Thema setzte, hatten viele Christen in Deutschland den Eindruck, sie weiche damit dringenderen Themen (Priesterfrage, Kurienreform etc.) aus. Es brauchte fast 20 Jahre, bis wir in Deutschland zur Kenntnis nahmen, daß hier nicht nur weltkirchlich aufgegriffen wurde, was wir selbst längst zu besitzen glaubten, sondern sich auch ein neues Paradigma pastoralen Denkens artikulierte.
Paul VI. hat dies verstanden und den Begriff *Evangelisierung* der Weltkirche angeboten unter ausdrücklichem Verzicht auf die bis dahin führenden Begriffe „Mission“ oder „Katechese“. Die Mission schien ihm als Leitwort pastoralen Handelns zu stark durch die Kolonisierungsgeschichte diskreditiert und unter dem Verdacht eines expansiven kirchlichen Denkens zu stehen; der Begriff Katechese war zu kognitiv mit dem Anspruch der Doktrin belastet, um zum Ausdruck zu bringen, was ihm vor Augen stand: eine Neuformulierung der kirchlichen Aufgabe insgesamt: „Evangelisierung ist in der Tat die Gnade und die eigentliche Berufung der Kirche, ihre tiefste Identität“ (EN 14).
Der Begriff der „Evangelisierung“ will die Pastoral der Kirche insgesamt erfassen, sofern sie an der frohen Botschaft Jesu vom Reich Gottes ausgerichtet ist und von Hoffnung getragen wird, die sich auf das Engagement Gottes in unserer Welt gegründet weiß. Katechese und Mission sind allenfalls Teilaspekte dieses Evangelisierungsprozesses.
Paul VI. konnte diesen Begriff aufgreifen, weil er im katholischen Milieu unverbraucht war - im Unterschied zur Entwicklung in der evangelischen Kirche; dort ist der Begriff „Evangelisation“ längst besetzt und auch verschlissen durch das, was wir katholischerseits „Volksmission“ nennen: den außerordentlichen Einsatz missionarischer Prediger (vor allem aus den Freikirchen z.B. Billy Graham) mit dem Ziel, einzelne Menschen anzusprechen und (neu) für den Glauben zu gewinnen.

(3) In einer einfachen Skizze (Heidenreich 1988, 178) lassen sich die konstitutiven Elemente, auf denen die „Plattform“ der Evangelisierung aufruht, in der Skizze eines dreibeinigen Tisches verdeutlichen, der zusammenbricht, wenn eines der Beine fehlt, auf denen er steht:

(a) *Worte und Taten!*
Im Gegensatz zur Katechese, die dem Handlungsfeld „Martyria“ zugehört (s.u. 5) geht es in der Evangelisierung immer um Worte und Taten, Ortho*doxie* und Ortho*praxie*. Das Lebenszeugnis als Ganzheit von Überzeugungen und Taten ist dem Wortzeugnis grundsätzlich vorgeordnet (wie dies z.B. auch Franz von Assisi vertrat).
(b) *Evangelisieren und Evangelisiert-Werden!*
Während das traditionelle Konzept der Pastoral stets säuberlich zwischen Spendern und Empfängern, Trägern und Adressaten der Seelsorge unterschied und damit einbahnige Beziehungen (zwischen Amt und Laien, Klerikern und Gemeinden) aufbaute, geht das Evangelisierungskonzept strikt davon aus, daß alle der Evangelisierung bedürften, daß hier also das Prinzip der Wechselseitigkeit zu gelten hat, weil der Geist Gottes in allen am Werk ist und alle die Bekehrung brauchen. „Dem Evangelisierungskonzept entspricht es, daß die Betroffenen Subjekt der Evangelisierung werden, daß mit ihnen Optionen entwickelt werden, daß sich die Beziehungen zwischen denen, die sich wechselseitig auf Evangelisierungsprozesse einlassen, zu solidarischem Handeln in wechselseitiger Anerkennung der Subjekte entwickeln“ (Heidenreich 1988a, 33).
(c) *Pastoral braucht Optionen!*
Während die traditionelle Pastoral immer flächendeckend operiert, d.h. von der Angst geleitet ist, niemanden zu übersehen und jedem wenigstens etwas zu bieten, geht das Evangelisierungskonzept davon aus, daß konkrete Handlungssituationen vielschichtig seien und nicht umfassend bewältigt werden könnten. Sie müßten exemplarisch und auf dem Hintergrund von Prioritäten, zu denen es sich aufzuraffen gelte, angegangen werden. Solche „Optionen“ (z.B. Vorrang für die Armen oder für die Jugend) haben keinen exklusiven Charakter (sind nicht gegen die Reichen oder gegen die Alten gerichtet), sondern sind „Strategien“, allen zu dienen durch den Verzicht, alles gleichzeitig zu tun: also die Alten auf dem Weg der Sorge um die Jugend zu gewinnen und die Reichen auf dem Weg des vorrangigen Engagements für die Armen. Gerade die Option im Evangelisierungskonzept bietet daher Entlastung: Sie verhindert, daß alles mögliche, im Lauf der Geschichte angewachsene Traditionsgut die Zeit und die Kraft für die entscheidenden Herausforderungen der Gegenwart raubt. „Die Option erhält Nachdruck durch das Leiden der Subjekte und ihre Hoffnungen, eigene Anteile und die der anderen, Sympathie und Solidarität“ (Heidenreich 1988b, 179).

3.4.3 Das Konzept der Neuevangelisierung (Johannes Paul II.)

Es gehört zur Unübersichtlichkeit der gegenwärtigen Situation, daß genau der Terminus, der einen Paradigmenwechsel in der Pastoral anzeigen wollte, inzwischen von denen reklamiert wird, die sich diesem Wechsel verweigern. Das Wort „Evangelisierung" wird damit zu einer „Stopfgans" (O. Fuchs), die beliebig angefüllt werden kann.
Der Zusatzpartikel „Neu-" bzw. „Re-"Evangelisierung gibt einen Hinweis darauf, daß wir es auch bei Johannes Paul II. mit einem anderen Konzept zu tun haben. Es geht dem Papst um die neuerliche Durchdringung der Kultur Lateinamerikas und Europas mit der christlichen Botschaft. Es geht ihm um eine Re-Christianisierung analog der Missionierung im Frühmittelalter: von oben nach unten in strategischer Anknüpfung an die gesellschaftlichen Institutionen, an das Apostolat der Laien und ihre gesellschaftlichen Einflußmöglichkeiten. Dies ist das genaue Gegenteil der Evangelisierungskonzeption der Kirchen in der Dritten Welt. Orthodoxie ist wieder wichtiger als Orthopraxie (Weltkatechismus, Einsatz der Kommunikationsmedien, Papstreisen etc.); die Wechselseitigkeit im Evangelisierungsprozeß wird aufgehoben zugunsten des alten Autoritätsgefälles zwischen Priester und Laien, Papst und Bischöfen, Lehramt und Theologen; auf Optionen wird verzichtet zugunsten eines Kurses, der jedes Innovationsrisiko vermeidet und statt dessen auf einen restaurativen und integralistischen Trend setzt (vgl. Fuchs 1992).

(2) Immer deutlicher zeichnet sich ab, daß in dieser Pastoralkonzeption eine profilierte vorvatikanische Organisation zum Zug kommt, die unter dem Namen *Opus Dei* 1928 in Madrid von José María Escrivá de Balaguer (1902-1975) gegründet wurde. Es handelt sich dabei ursprünglich um eine Laienbewegung von Männern, zu der 1930 ein Frauenzweig und 1934 die Priestergesellschaft vom Heiligen Kreuz hinzukommen. 1982 schuf Johannes Paul II. in der Personalprälatur „Heiliges Kreuz und Opus Dei" eine rechtliche Organisationsform, die weitgehende Selbständigkeit besitzt. Unbestritten ist der hohe religiöse Ernst der Bewegung (tägliche Eucharistiefeier und Betrachtung, Rosenkranz, Schriftlesung, Abtötung, wöchentliche Aussprache und Beichte).
In seinem Konzept des Laienapostolats sieht sich das Opus Dei voll vom Konzil bestätigt: Laien sind Seelsorger an Laien; der Alltag und der Beruf werden geheiligt. In seiner Einsatzbereitschaft und in seinem Reformwillen für Kirche und Gesellschaft treten jedoch vorkonziliare Züge deutlich ins Auge: Das Opus Dei vertritt eine „Christianisierung von oben", die v. a. aus öffentlichen Ämtern und Leitungsfunktionen heraus zu agieren versucht. Die Aufnahmen und die Sozialisationspraktiken der Gemeinschaft werden geheim-

gehalten, das Verhältnis zu Kapital und Macht ist verschleiert. Die Organisation besitzt ein stark zentralistisch geprägtes Kirchenbild (vgl. Steigleder [2]1983; Hertel 1990).

(3) Mit aller Härte ist das Evangelisierungskonzept der Lateinamerikaner in ihrem eigenen Land „umgedreht" worden bei der vierten Generalversammlung der Lateinamerikanischen Bischöfe in Santo Domingo vom 12. bis 28. Oktober 1992 (vgl. Arntz 1993). Ist die Vision Johannes' XXIII. und des Konzils von einer „Kirche in der Welt von heute" in Rom selbst schon verblaßt, noch bevor dieses Jahrtausend sich vollendet?
Was uns bleibt, ist „die herrliche Freiheit der Kinder Gottes" (vgl. Röm 8,21), in Hellhörigkeit auf die Stimme des Geistes im eigenen Innern (vgl. Röm 8,26) zwischen den aufgezeigten Alternativen zu wählen und diese Glaubensentscheidung im eigenen Umfeld zu leben.

Viertes Kapitel

Kirche und Katholizismus in der Bundesrepublik Deutschland

Rolf Zerfass

Inhaltsverzeichnis

Vorbemerkung

Die vorausgehenden beiden Kapitel haben sich mit den theologisch verbindlichen Zügen im Profil der „Kirche in der Welt von heute" beschäftigt. Nun gilt es, die Situation in den Blick zu nehmen: das gesellschaftliche Umfeld und die historisch gewachsenen eigenen „Systemstrukturen", die als Voraussetzungen in das tägliche Handeln und Entscheiden der Kirche in unserer Gesellschaft eingehen.

Dieses äußere und innere Bedingungsgefüge bezeichnen wir alltagssprachlich mit dem Begriff „Situation" (von lat. „situs" = Sitz). Der Situationsbegriff ist dem Theologen aus der Exegese vertraut; das Wissen um die Situation der Gemeinde von Korinth z.B. ist die Voraussetzung dafür, die Korintherbriefe richtig zu verstehen („Theologische Hermeneutik"). Die Sozialwissenschaften haben diesen geisteswissenschaftlichen Begriff der „Situation" übernommen und präzisiert: Dort beschreibt er das (labile) Beziehungsgefüge zwischen einem bestimmten „System" (Einzelpersonen oder Gruppen) und ihrer Umwelt („ökologische" Betrachtungsweise). Unter der äußeren Situation verstehen wir eher die spezifischen Rahmenbedingungen für ein bestimmtes Verhalten des Systems, unter der inneren Situation die im System selbst steckenden Bedingungen dafür, mit der Umwelt in Beziehung zu treten.

Die Faszination des Situationsbegriffs liegt in seiner Vielschichtigkeit. Die Situation eines Krankenbesuchs etwa (d.h. das Beziehungsgefüge zwischen dem Kranken, den Mitpatienten und dem Besucher innerhalb des Krankenzimmers) ist abhängig von der und eingebettet in die Situation der Krankenhäuser innerhalb unserer Gesellschaft (deren sozialstaatliches Netz derzeit stark belastet ist) und damit in die noch umfassendere geopolitische Gesamtsituation (die auf der Nordhälfte unserer Erde eine soviel bessere Krankenversorgung ermöglicht als auf der gesamten südlichen Hemisphäre). So wird deutlich, wie sehr eine bestimmte vorgegebene Situation die Handlungschancen (in diesem Fall etwa das Seelsorgsgespräch im Krankenzimmer) mitbestimmt, während umgekehrt dieses konkrete Handeln zur Veränderung der Situation beitragen kann (etwa zur Humanisierung unserer Krankenhäuser).

Die Situation als labile (veränderungsfähige, von Risiken belastete) Konstellation bestimmter Gruppen oder Personen unter bestimmten vorgegebenen Verhältnissen hat ohne Frage auch eine religiöse Tiefendimension. Ist diese Konstellation Zufall oder ist sie Fügung? Birgt sie Hoffnung oder trägt sie den Keim des Todes in sich? Daran arbeitet sich die Tragödie des klassischen Altertums ab, darüber reflektiert die antike Religionsphilosophie. Der Gott „Kairos" symbolisiert die unwiederholbare Chance und das Risiko des

Augenblicks: Er ist der Gott der Gelegenheit (vgl. die Bildtafel und das Gedicht bei Zulehner 1987–1989, I,138f).

Im biblischen Verständnis ist „Kairos" die von Gottes Gegenwart erfüllte Situation, der durch Gottes Erbarmen herbeigeführte chancenreiche Augenblick, den der Mensch verpassen und mißdeuten kann. Darum der Appell Jesu, „die Zeichen der Zeit zu deuten" (vgl. Mt 16,3), d.h. zu erkennen, daß Gott in der Gegenwart auf mich zukommt, so wie ich an den aufziehenden Wolken erkennen kann, daß nun bald der lang ersehnte Regen kommt. Das Verstehen und Deuten der Lebenssituation des einzelnen ist das Thema spiritueller Begleitung der Glaubenden; die richtige Einschätzung der „pastoralen Situation" ist eine wichtige Aufgabe des kirchlichen Leitungsamts auf dem Weg des wandernden Gottesvolkes.

„Die Zeichen der Zeit zu deuten", gehört nach Jesu Wort zum Handeln im Horizont der Gottesherrschaft; also ist das Bemühen um eine situationsgerechte Analyse der Gegenwart eine Aufgabe aller Glaubenden, die das Konzil ganz neu in den Blick gerückt hat.

Wissenschaftlich ist sie freilich nur im Dialog mit den einschlägigen Humanwissenschaften möglich, die auf unterschiedlichem Niveau und mit verschiedenen Instrumenten ihre Hilfe anbieten: durch das Datenmaterial, das mit Hilfe von Statistik und Soziographie zusammengetragen wird, durch das Aufdecken von Kausalzusammenhängen, welche die empirischen Sozialwissenschaften (Soziologie, Sozialpsychologie, Organisations- und Kultursoziologie) erbringen und schließlich durch die sozialgeschichtliche Forschung, die im Rückgriff auf das Datenmaterial der Geschichtswissenschaft die Dynamik der historischen Widersprüche und Suchbewegungen in den Blick rückt, die zu der Situation geführt haben, in der wir uns vorfinden und die wir selbst im Blick auf die Zukunft weiterzubringen entschlossen sind.

Manches würde dafür sprechen, bei der folgenden Skizze der Situation der katholischen Kirche in der Bundesrepublik Deutschland zunächst von den gesellschaftlichen Rahmenbedingungen und ihren historischen Ursachen auszugehen, um sich dann den innerkirchlichen Voraussetzungen pastoralen Handelns, der Beziehung zwischen den Gläubigen und der Kirche als Organisation zuzuwenden. Wir wählen hier den umgekehrten Weg: Von den manifesten, leicht zugänglichen Phänomenen zu den schwerer erfaßbaren. Deshalb beginnen wir mit der Beschreibung des Profils der kirchlichen Institutionen (4.1), wenden uns auf diesem Hintergrund den Versuchen zu, das Profil der kirchlichen Basis genauer zu erfassen (4.2) und fragen angesichts der Spannungen, die sich zwischen diesen beiden Größen auftun, nach den gesellschaftlichen Rahmenbedingungen und den historischen Voraussetzungen (4.3), welche die Risiken und Chancen der gegenwärtigen Situation verständlich machen.

4.1 Das Profil der kirchlichen Institutionen

4.1.1 Zugangsweisen und Datenbasis

Wenden wir uns auf diesem Hintergrund den konkreten sozialen Ausformungen des Christentums in der BRD zu, wie sie uns in der katholischen Kirche entgegentreten. Diese institutionelle Seite kirchlichen Lebens wird heute von vielen attackiert, aber sie ist in ihrer Vielschichtigkeit nur wenigen bekannt. Das „Adreßbuch für das katholische Deutschland“ (jährlich neu aufgelegt) bietet auf 250 Seiten ca. 5000 Namen und Adressen des „mittleren kirchlichen Managements“ in der BRD; das „Kirchliche Handbuch“ veröffentlicht als amtliches statistisches Jahrbuch im Abstand von fünf Jahren das Namen-, Adressen- und Zahlenmaterial.
Im Versuch, einen groben Überblick zu geben, unterscheiden wir im folgenden zwischen den „basisnahen Organen“ und den „Dachstrukturen“ der kirchlichen Praxis. Von den basisnahen Organen haben die meisten Christen aus eigenem Erleben ein mehr oder minder deutliches Bild; die kirchlichen Dachstrukturen werden demgegenüber als eine fremde Welt, als „die Amtskirche“ mit dem für unsere Gesellschaft typischen Mißbehagen der Bürger gegenüber dem Staat belegt. Diese Affekte und Vorurteile zu bearbeiten, ist eine wichtige Voraussetzung dafür, selbst pastoral verantwortlich zu handeln. Ein Grundwissen über das Zusammenspiel zwischen den basisnahen Organen und ihrer organisatorischen Zusammenfassung in den kirchlichen Dachstrukturen ist darum unerläßlich.

4.1.2 Basisnahe Organe und Milieus kirchlicher Praxis

(1) Unter der *ordentlichen Bistumsseelsorge* soll hier alles verstanden werden, was als Ortskirche unmittelbar der Leitung des Bischofs untersteht, von ihm verwaltet und „finanziert“ wird. Dazu gehören die Organe der territorialen Seelsorge (Pfarreien, Pfarrverbände, Dekanate, Regionen), aber auch die Einrichtungen der Kategorialseelsorge (so genannt, weil sie sich bestimmten „Kategorien“ von Menschen zuwenden z.B. Krankenhausseelsorge, Gefangenenseelsorge, Militärseelsorge, Jugendseelsorge usw.).
1990 zählte man in der alten Bundesrepublik 28,3 Millionen Katholiken, die von 28 Bistümern mit 13.313 Pfarreien erfaßt waren. Die Zahl der Katholiken in den neuen Bundesländern schätzt man auf etwa 500.000. Magdeburg, Erfurt, Dresden/Meißen, Görlitz und Hamburg haben ab 1994 den Status von Bistümern.

Auf dieser Strukturebene tritt mit zunehmender Schärfe der Priestermangel als das zentrale Problem in den Blick; die neuen Berufsbilder des Diakons, des Pastoral- oder Gemeindereferenten haben die überlieferte Rollenstruktur angereichert, aber das Priesterproblem nicht lösen können (und auch nicht lösen sollen!).
Eine eigene Form der Mitarbeit hat sich durch die Einrichtung von Beratungsgremien auf allen Ebenen (Diözesanpastoral- bis Pfarrgemeinderat) eingebürgert; allerdings ist hier auch sehr viel Verdruß entstanden, weil die Mitverantwortung nur halbherzig und mit Mißtrauen gegenüber demokratischen Arbeitsformen eingeräumt wird.

(2) Zur spezifischen Blickverengung durch die eigene Beheimatung im pfarrlichen Milieu gehört, daß uns kaum ins Bewußtsein kommt, wie viele Formen freier Gemeindebildungen und Zusammenschlüsse quer zur ordentlichen Bistumsseelsorge in der katholischen Kirche möglich sind und zu ihrem Wesen gehören. Dies läßt sich gerade an der Struktur der Kirche in Deutschland besonders gut demonstrieren.
(a) *Die Ordensgemeinschaften*
Unter diesem Begriff fassen wir die klassischen Orden der Kirche (zwischen dem 4. und 18. Jh. gegründet) und die sog. „Kongregationen" zusammen, die sich im 19. Jh. aufgrund der besonderen gesellschaftlichen Notstände gebildet haben und die sich in ihrer Spiritualität an den alten Orden orientieren: z.B. die „Franziskanerinnen", die sich an der sog. „Drittordensregel" des heiligen Franz ausrichten (d.h. an seiner Konzeption für Laien mit besonderer Berufung), während die Clarissen den klassischen Frauenzweig der franziskanischen Bewegung bilden (mit strenger Klausur und einer „Äbtissin" in Analogie zu den Benediktinerinnen).
In den 70er Jahren waren die Männerorden in Deutschland in 134 unabhängigen Gemeinschaften organisiert, die in 700 Niederlassungen mit 6000 Ordenspriestern und 3000 Laienbrüdern wirkten; die Schwesterngemeinschaften gehörten zu 433 selbständigen Institutionen, die sich auf 6000 Niederlassungen mit 72 000 Ordensschwestern verteilten.
In ihrer Unterschiedlichkeit sind die Orden ein beeindruckendes Zeugnis der „bunten Gnade" (vgl. 1 Petr 4,10), d.h. des spirituellen Reichtums, den der Geist Gottes in der Kirche schöpferisch freisetzt, damit sie den charakteristischen Herausforderungen der Zeit nicht ausweicht. So antwortet Benedikt auf die Unruhen der Völkerwanderung, Franziskus auf die Probleme des Frühkapitalismus, Dominikus auf die Irritation durch die Häresien, Ignatius und Theresa von Avila auf die Autonomiebedürfnisse der Neuzeit, die Frauenkongregationen des 19. Jh. auf die Notstände des Industriezeitalters und das Bildungsdefizit der Frauen.

Das Hauptproblem der Ordensgemeinschaften ist heute durchgängig der fehlende Nachwuchs - bedingt durch die gesellschaftlichen Veränderungen, die christlich engagierten jungen Menschen vielfältige Formen des Einsatzes für das Evangelium in der Gesellschaft ermöglichen (als Entwicklungshelfer, Pädagogen, Therapeuten, Politiker), ohne deshalb auf die Sozialform eines Ordens zurückgreifen zu müssen. Das hohe spirituelle Niveau der klassischen Orden bewirkt nach wie vor eine große Anziehungskraft, besonders wo es den Orden gelingt, zu ihren eigenen spirituellen Wurzeln zurückzufinden.

(b) *Die Verbände*

Während man das 20. Jh. als das Jahrhundert der Kirche bezeichnet hat, gilt das 19. Jh. als die Zeit des „Katholizismus". Darunter verstehen wir die zeitbedingte Ausformung des Christentums in der Gestalt von Vereinen und Verbänden, die sich gegen die gesellschaftliche Minderstellung der Katholiken wenden und sich deshalb betont konfessionell geben (vgl. Kaiser 1989).

Ein katholischer Verband versteht sich als Zusammenschluß von Katholiken zur Realisierung christlich-kirchlicher Ziele, nicht auf kirchenrechtlicher, sondern auf staatsrechtlicher Basis, als „eingetragener Verein" (e.V.). Historischer Hintergrund: Im Revolutionsjahr 1848 wird mit der Gewissens- und Pressefreiheit auch die Versammlungsfreiheit ermöglicht, die katholische Christen sofort nutzen, um in der protestantisch dominierten Gesellschaft ihre Anliegen zu vertreten.

Es kommt zu einer schier unübersehbaren Vielfalt von Vereinsgründungen, gegliedert

- nach Lebensumständen: z.B. Familienbund der Deutschen Katholiken; Katholische Frauen- und Müttervereine; Bund der Deutschen Katholischen Jugend;
- nach Berufen: Vereinigungen katholischer Akademiker, Arbeitnehmer, Kaufleute, Handwerker (Kolping), Unternehmer, Landwirte, Ärzte, Buchhändler, Kindergärtnerinnen, Krankenpflegerinnen, Hausgehilfinnen und Kirchenangestellte usw.;
- nach Aufgaben: z.B. der Deutsche Caritasverband als Dachverband für eine Unzahl örtlicher diakonisch wirksamer Gruppen oder der Deutsche Katecheten-Verein als Zusammenschluß katholischer Lehrer und Gemeindekatecheten zum Zweck der Fortbildung und Weiterbildung.

Im 20. Jh. kommt es zur Zeit der Weimarer Republik zu einer deutlichen Schwächung der Vereine:

Einerseits sind sie unter sich in 246 Verbände zersplittert, die kaum mehr gemeinsam zu organisieren und deshalb 1932 von Hitler leicht auszuschalten sind. Andererseits sind innerhalb der Kirche neue Bewegungen aufgebrochen, die sich im Unterschied zu den Verbänden des 19. Jh. entweder

innerkirchlich-religiös als Erweckungsbewegung verstehen (Liturgische Bewegung, Bibelbewegung) oder als „Katholische Aktion" im Sinne Pius' XI. (d.h. unter der Führung des Klerus und nach Ständen organisiert). Sie machen damit dem Verbandsleben Konkurrenz und verdächtigen es. Das Konkordat mit Hitler (1934) verspricht, alle Verbände zu respektieren, die sich nicht politisch verstünden; der vereinbarte Vereinskatalog kommt nie zustande; außer den Caritasvereinen (die Hitler braucht, weil er Krieg führen will) überleben die Verbände nicht oder nur dadurch, daß sie sich – unter Verzicht auf ihr freiheitliches Verständnis als Laienverbände in der Kirche – ausdrücklich der Führung des Amts eingliedern. Dazu werden seitens der Bistümer „Bischöfliche Hauptstellen" geschaffen, die an die Stelle der alten Verbandsarbeit treten sollen (die Anfänge der Bischöflichen Jugendämter, Seelsorgsämter usw.).
Auch die Nachkriegszeit räumt den Verbänden keine großen Chancen ein. Die Bistümer haben sich an die Organisation der „Bischöflichen Hauptstellen" gewöhnt und zeigen kein sonderliches Interesse, die ihnen damit zugewachsenen Einflußmöglichkeiten auf die Laien wieder an die Verbände abzugeben.
Außerdem entstehen nach dem Konzil zunehmend Räte und Gremien kirchlichen Rechts, die innerhalb der Gemeinden und Bistümer nun jene Koalitionsmöglichkeit und Mitsprache ermöglichen, von denen die Verbände gelebt haben. Die Vision der „lebendigen Gemeinde" zieht die Ideale der Verbände des 19. Jh. an sich. Entsprechend versteht sich das „Zentralkomitee der Katholiken" seit 1952 nicht nur als Zusammenschluß aller verbandlich organisierten Christen, sondern auch als Vertreter aller Laien aus der bischöflichen Seelsorgsstruktur.
Ein wesentliches Problem der katholischen Verbände ist heute die Hypothek der Geschichte (z.B. das Image des „Kolping-Vereins", die Institutionen von heute sind die Revolutionen von gestern!). Sie müssen beteuern, daß es ohne sie nicht geht – trotz der Räte und der Vitalisierung des Gemeindelebens, die inzwischen viele Energien binden, die früher den Verbänden zuflossen. Sie haben schließlich Probleme mit der geforderten „Kirchlichkeit" ihrer Mitglieder und Führungskader, besonders in den Jugendorganisationen (DJK, CAJ, usw.); das Abrücken vom Konfessionalismus des 19. Jh. wird ihnen rasch als „Profillosigkeit" ausgelegt (Katholisch oder christlich? Können Nichtkatholiken Mitglieder sein?).
Immerhin sind die Verbände eine so eindrucksvolle Manifestation kirchlichen Lebens, daß sie von der Theologie nicht länger ausgeblendet werden dürfen, indem die Ekklesiologie (fast) ausschließlich das Bild der Bischofskirche sowie ihre gemeindliche Territorialstruktur und allenfalls die Orden als charismatische Elemente der Kirche vor Augen hat. Auch in den Vereinen

haben die Charismen eine soziale Gestalt gefunden. Sie selbst müssen freilich lernen, daß für eine nachvatikanische Ekklesiologie die Unterscheidung zwischen „Kirche" und „Katholizismus" fragwürdig geworden ist (Klinger 1987, 15–24): Auch im Katholizismus manifestiert sich die Kirche - was sonst?

(c) *Neuere Initiativgruppen*

Während in den Orden und auch in den Verbänden der Rückgang des Nachwuchses beklagt wird, haben sich gleichzeitig neue kirchliche Reformgruppen gebildet, u.a.:

- Kritische Reformgruppen:
  1966 Bensberger Kreis
  1968 Solidaritätsgruppen (für Priester, seit 1971 auch für Laien offen)
  1975 Arbeitsgemeinschaft „Synode"
  1980 Initiative „Kirche von unten"
- Traditionalistische Gruppierungen:
  1969 Bewegung für Papst und Kirche „Una voce"
  1975 Wachsender Einfluß des Opus Dei in deutschen Bistümern
  1986 Petrus-Priesterbruderschaft (ehemalige Anhänger Lefèbvres)
- Gruppen der „Mitte" (sog. Bewegungen = movimenti):
  Charismatische Gemeindeerneuerung
  Fokolare Bewegung
  Cursillo-Bewegung
  Comunione e liberazione

Auch diese neueren Institutionen sind theologisch zunächst einmal als Manifestationen der charismatischen Vielfalt kirchlichen Lebens zu würdigen. Sie sind freilich (im Sinne der Regel von 1 Kor 14,29) von der Gesamtheit der Kirche daraufhin zu prüfen (vgl. 1 Thess 5,21; Röm 12,2), ob der Geist, auf den sie sich berufen, der Geist Jesu ist und ob er „konstruktiv arbeitet", nämlich der Auferbauung der Kirche (vgl. 1 Kor 14,4.26) dient (vgl. sog. „Unterscheidung der Geister", in: Schütz 1988, 1328ff).

Haben die beiden bisher besprochenen basisnahen Organe eher bestimmte „Gesellungsformen" (Communio-Figuren) der katholischen Kirche in Deutschland beschrieben, so sind die beiden folgenden durch ihre dichte Verflechtung in die Gesellschaft und deren Aufgaben charakterisiert. Im Unterschied zu den freien Zusammenschlüssen finanzieren sie sich überwiegend aus den Zuschüssen, die der Staat aufgrund des besonderen Kooperationsverhältnisses zu den Kirchen (s.u. 4.3.1) der kirchlichen Arbeit in der Gesellschaft entgegenbringt.

(3) Es gibt kaum einen Bereich öffentlicher Sozialfürsorge, in dem die Kirche nicht durch ihre Einrichtungen (Krankenhäuser, Heime, Beratungsstellen, Kindergärten) präsent ist.
Sie sind im „Deutschen Caritasverband" zusammengeschlossen, der 1897 das Engagement der zahlreichen im 19. Jh. entstandenen karitativen Basisinitiativen zu bündeln versuchte. Erst 1916 (also fast 20 Jahre später) wurde das Werk des Gründers Lorenz Werthmann auch von der Deutschen Bischofskonferenz formell abgesegnet und – wie es dem Wunsch Werthmanns immer entsprochen hatte – mit der Bistumsstruktur verknüpft, so daß sich der Caritasverband auf komplizierte Weise aus zwei Prinzipien aufbaut:
(a) Die *Ortsverbände* führen von pfarrlichen oder auf Kreisebene organisierten Vereinen beginnend auf den Diözesan-Caritasverband zu.
(b) Die *Fachverbände* sind quer zu dieser territorialen Struktur nach den Klientengruppen organisiert (Kinderhorte, Heime, Krankenhäuser, Beratungsdienste usw.).
Beide Schienen sind im „Zentralrat des Caritasverbandes" (einem etwa 60köpfigen Gremium) miteinander und mit der Bischofskonferenz verknüpft.
Die Arbeit des Caritasverbands wird im wesentlichen von karitativen Orden, örtlichen Vereinen und Initiativgruppen getragen. Durch die sozialstaatliche Förderung (der Staat übernimmt bei uns ca. 90 Prozent der Kosten aller kirchlichen Sozialeinrichtungen; der Rest stammt aus Spenden und Kirchensteuer) ist der Personalstand dieser „Träger" auf ca. 350.000 Mitarbeiter/innen (zum Vergleich: 120.000 Mitarbeiter/innen in der Seelsorge) angewachsen. Die Regelung dieses Arbeitsverhältnisses durch ein eigenes kirchliches Dienstrecht ist bis heute umstritten; denn es erzeugt fast so viele Probleme, wie es zu lösen versucht: Die Identifikationen der Mitarbeiter/innen mit der Kirche ist nicht mehr einfach einforderbar, weil immer weniger Getaufte die Chance haben, im Laufe ihrer kirchlichen Sozialisationsgeschichte wirklich zum Glauben zu finden (vgl. Zerfaß 1992).

(4) Auch im Bildungsbereich hat die Kirche in Deutschland einen singulären Status, eine unvergleichliche Einflußchance bis heute aufrechterhalten können.
(a) Hunderttausende von Religionslehrern haben die Chance, *in der staatlichen Schule Religionsunterricht zu halten;* ähnlich arbeiten theologische Fakultäten im Rahmen der staatlichen Universität. Als Arbeitgeber übernimmt hier der Staat die gesamten Kosten; die Kirche erteilt oder entzieht die „Missio canonica" als Anstellungsbedingung.
(b) *Kindergärten, freie Schulen in kirchlicher Trägerschaft, kirchliche Akademien* und *Erwachsenen-Bildungsstätten, katholische Fachhochschulen,*

und in kirchlicher Trägerschaft die *Katholische Universität Eichstätt* werden demgegenüber gemischt finanziert; hier übernimmt der Staat (je nach Landeskonkordat) ca. 70 Prozent der Lasten, während der Rest durch Teilnehmerbeiträge und Kirchensteuermittel aufgefangen werden muß.

(c) *Kirchliche Verlage* und *Zeitungen* sowie rein *seelsorgliche Ausbildungsstätten* (Priesterseminar, pastorale Fortbildung, Mentorate etc.) sind allein mit kirchlichen Mitteln (Kirchensteuer und Spenden) finanzierte Einrichtungen der Kirche im Bildungsbereich unserer Gesellschaft.

(d) Schließlich haben die Kirchen auch *auf der Ebene der öffentlich-rechtlichen Medien ein vertraglich gesichertes Mitgestaltungsrecht* (und zwar gestaffelt: sowohl eigene Sendungen zu machen, wie auch auf die Sender insgesamt über den Aufsichtsrat Einfluß zu nehmen).

Dieses breite kirchliche Engagement im Bildungsbereich hat historische Wurzeln (Kirche als prophetisch-kritische Instanz sowie als Kulturträger in Europa und Übersee). Die pluralistische Wertstruktur der Gesellschaft hat der Kirche freilich den Autoritätsbonus entzogen; sie gilt so viel, als sie zu sagen hat, d.h. als sie zur Lösung der tatsächlichen Fragen der Menschen aus dem Schatz ihrer Glaubenserfahrung beisteuern kann.

Versuchen wir, die bislang beschriebenen basisnahen Organe kirchlicher Praxis in das Schema von den kirchlichen Grundvollzügen einzubeziehen, so tritt der besondere Charakter kirchlicher Caritas- und Bildungsarbeit deutlich in den Blick: Sie sind die Bereiche, in denen sich die Kirche am meisten und unmittelbarsten mit dem Leben der Gesellschaft auseinandersetzt (s.o. 3.3, 39) - mit der Chance, darauf im Geist des Evangeliums Einfluß zu nehmen, aber auch mit dem Risiko, sich der Gesellschaft und ihren Maßstäben anzupassen (also den Glauben als Schulfach zu betreiben und zu benoten, die Zuwendung zu den Armen als Dienstleistung des Staates nach staatlichen Auflagen und finanziellen Rahmenbedingungen zu dosieren).

Man braucht nicht viel Phantasie, um zu erkennen, daß in der Expansion, Ausdifferenzierung und Eigenständigkeit dieser beiden staatlich subventionierten Bereiche kirchlichen Wirkens eine Menge Zündstoff für die Kirche selbst liegt, und zwar auf Orts-, Kreis- und Bistumsebene. Alles fordert seinen Preis, auch die kirchliche Mitwirkung in den öffentlichen Bereichen und in der sozialen Fürsorge.

Die zeitgenössische katholische Ekklesiologie ist weit davon entfernt, dieser besonderen Struktur und Situation der Kirche in Deutschland in ihren Reflexionen Rechnung zu tragen (Ansätze bei Kehl 1992). Sie ist bisher leider eine wenig kontextuelle Theologie, und es ist darum vielleicht gerade die Aufgabe der praktisch-theologischen Disziplinen, die Biblische Theologie, die Systematik sowie die Kirchengeschichte an dieser Stelle einzufordern.

4.1.3 Kirchliche Dachstrukturen

Ein Einblick in die Organisationsspitze der Katholischen Kirche in Deutschland muß nicht annähernd so ausführlich sein wie in die basisnahen Organe und Milieus kirchlichen Lebens, aber es mag doch nützlich sein zu skizzieren, (1) welche Aufgaben den kirchenleitenden Instanzen zufallen, (2) wer zur Kirchenleitung in Deutschland gehört und (3) wie die Kirchenleitung in Deutschland arbeitet.

(1) Wie jede Leitung wendet sich auch die Kirchenleitung bei ihrer Arbeit nach innen und nach außen. Nach innen hat die Kirchenleitung den gemeinsamen Sendungsauftrag des Gottesvolkes personal zu vertreten (zu repräsentieren), die unterschiedlichen Aufgaben der einzelnen Gruppen und die Räume kirchlicher Praxis zu koordinieren (Personal- und Pastoralplanung) und die dabei unvermeidlich auftretenden Konflikte zu schlichten (der Bischof als Symbol der Einheit, als Pontifex, d.h. als „Brückenbauer", Visitator und Supervisor). Nach außen geht es um die Pflege der Kontakte zur Weltkirche (Missio, Misereor, Adveniat, Renovabis), zur römischen Zentrale (Nuntiatur) und - heute besonders dringlich - zu den anderen europäischen Episkopaten durch den Rat der Europäischen Bischofskonferenzen (Consilium Conferentiarum Episcopalium Europae = CCEE); ferner zur Ökumene, d.h. zu den anderen christlichen Kirchen in der Bundesrepublik und in der Welt - mit Hilfe der Ökumenekommission der Deutschen Bischofskonferenz und im Rahmen der Arbeitsgemeinschaft christlicher Kirchen (ACK); schließlich zu Staat und Gesellschaft (auf der Basis der geltenden Konkordate) und ihren unterschiedlichen Repräsentanten (Parteien, Gewerkschaften, Landesregierungen usw.). Beide Leitungsperspektiven sind nicht mehr vom einzelnen Bischof allein wahrzunehmen; alle wichtigeren Beschlüsse fallen daher auf der Ebene der Deutschen Bischofskonferenz (=DBK) und ihrer Organe (s.u.).

(2) Rein rechtlich liegt die kirchenleitende Gewalt zwar beim einzelnen Bischof (so daß die DBK keinen Einzelbischof auf ihre Beschlüsse festlegen kann); faktisch aber fallen die meisten und die wichtigsten Entscheidungen kollegial, und zwar entweder auf der Ebene der Vollversammlung der DBK (die zweimal im Jahr tagt) oder im „Ständigen Rat", zu dem sich die 28 leitenden Bischöfe der deutschen Bistümer (ohne die Weihbischöfe) zusammengeschlossen haben. Dieser „Ständige Rat" fällt auch die finanzpolitischen Entscheidungen der deutschen Kirche und sorgt für den Finanzausgleich zwischen den Bistümern. Er hat sich zu diesem Zweck als „Verband der Diözesen Deutschlands" (VDD) juristisch organisiert.

Benachbarte Bistümer bilden bis heute „Kirchenprovinzen", die jeweils von einem Erzbischof präsidiert werden; diese Reste des altkirchlichen „Metropolitansystems" sind aber heute im Vergleich zur Bischofskonferenz nahezu bedeutungslos geworden.

Trotz aller Wichtigkeit der bischöflichen Leitungsebene wäre es aber falsch, in ihr die einzige Dachstruktur der Kirche in Deutschland zu sehen. Auch die charismatischen Kräfte der Kirche haben bestimmte zentrale Einrichtungen geschaffen, die ihnen helfen sollen, ihrer Leitungsverantwortung gerecht zu werden:

- Die Orden und anderen geistlichen Gemeinschaften sind in der Vereinigung Deutscher Ordensoberen/innen (VDO) zusammengefaßt und sprechen sich in vieler Hinsicht ab, auch wenn diesen Absprachen keine juristische Verbindlichkeit zukommt.
- Die Arbeitsgemeinschaft der Katholischen Verbände Deutschlands (AVD) koordiniert die Verbandsarbeit und die Kirchenpolitik der Verbände in Deutschland.
- Das Zentralkomitee der deutschen Katholiken (ZdK) versteht sich als oberste Vertretung der Laien in Deutschland (sowohl der Gremien innerhalb der Bistumsstruktur wie der katholischen Verbände) und sieht bis heute - neben tagespolitischen Stellungnahmen - eine seiner Hauptaufgaben in der Planung und Durchführung der Katholikentage (zweijährlich, im Wechsel mit den Evangelischen Kirchentagen).

Weil auch in diesen freien Zusammenschlüssen Kräfte gebündelt sind, auf welche die Bischofskirchen unmöglich verzichten können, haben die Dachorganisationen nicht nur ordens- oder verbandsintern einen großen Einfluß, sondern sie wirken auch auf die Entscheidungen der Kirchenleitung ein.

(3) Wie arbeitet die Kirchenleitung in Deutschland? Dem einzelnen Bischof steht in seiner bischöflichen Kurie ein Mitarbeiterstab zur Verfügung, dessen oberste Ebene sich in den meisten Bistümern mit dem Domkapitel deckt; faktisch nehmen auch Priesterrat, Diözesanrat und Pastoralrat (zusammengesetzt aus Vertretern des Priesterrats, des Diözesanrats und der Bistumsleitung) Einfluß auf die Entscheidungen des Bischofs (so sehr die Vielzahl dieser beratenden Gremien sich auch im Weg stehen kann).

Die Beschlüsse der DBK werden vorbereitet durch sog. „Kommissionen" (z.B. Glaubenskommission, Ökumenekommission), die sich aus bischöflichen Mitgliedern und nichtbischöflichen berufenen Beratern zusammensetzen.

Die laufende Arbeit wird abgewickelt über das Sekretariat der DBK in Bonn und die sechs sog. „Zentralstellen":

- Zentralstelle Pastoral der DBK
- Zentralstelle Bildung der DBK
- Zentralstelle Medien der DBK
- Zentralstelle Weltkirche der DBK
- Katholische Sozialwissenschaftliche Zentralstelle
- Deutscher Caritasverband e.V.

Der Koordination zwischen DBK und ZdK dienen die sog. „Arbeitskonferenzen" (Caritas und Soziales/Pastoral/Bildung/Medien/Weltkirche), die nach einem sehr komplizierten Schlüssel so zusammengesetzt sind, daß der jeweilige Arbeitsbereich möglichst breit repräsentiert ist (vgl. Adreßbuch für das kath. Deutschland, 1993, 137–273).

Wie bei allen Dachstrukturen, besteht auch bei der Kirche in Deutschland die Gefahr, daß der unmittelbare Kontakt zur Basis bei denen verlorengeht, die „auf höherer Ebene" Entscheidungen zu fällen haben, die das Leben an der Basis ordnen sollen. So ist ausschlaggebend, wer in die unterschiedlichen Kommissionen und Gremien der oberen Ebenen hineingerät und auf welchem Weg: durch Kooptierung derer, die dort schon sitzen (und um des lieben Friedens willen möglichst Leute ihrer eigenen Couleur suchen), oder durch Wahlen und Delegationen von unten, so daß die Breite kirchlicher Erfahrungen in den oberen Instanzen zu Wort und zum Austrag kommt. Letzteres ist die unbequemere, aber die langfristig fruchtbarere Methode, zwischen Spitzengremien und ihrer Basis die Kommunikation aufrechtzuerhalten - eine wichtige Bedingung für gute, befriedigende und zukunftsträchtige Leitungsentscheidungen.

4.1.4 Zusammenfassende Würdigung aus pastoraltheologischer Perspektive

Der Überblick über die Institutionen kirchlichen Lebens in der Bundesrepublik, den wir mittlerweile gewonnen haben, mag geradezu erdrücken; er ist jedoch keineswegs erschöpfend, denn wir haben uns bislang erst die Organisationsstrukturen vor Augen geführt. Zu jeder dieser Institutionen gehört aber nicht nur ihre Struktur (das Knochengerüst, die „Hardware"), sondern auch die Kultur (das Fleisch an den Knochen, die „Software"). Ein großer Fehler landläufiger Kirchenkritik besteht darin, nur auf die Amtsträger bzw. Leitungsfiguren zu starren, anstatt zur Kenntnis zu nehmen, daß eine Bistumskirche, ein Kloster oder ein Verband von einer Vielzahl atmosphärischer, historischer und kultureller Elemente lebt, mit denen die Leitungspersonen sehr pfleglich umgehen müssen, wenn sie ihr Amt wirksam ausüben wollen. Zur „Unternehmenskultur" einer Diözese gehört das regionale Brauchtum, der Bistumspatron, die Domkirche als Bauwerk, das Bistums-

blatt, das jährliche Bistumsfest mit seinen Prozessionen und seinem Rummelplatz ...
Auf der anderen Seite wird nun deutlich, wie dringlich es ist, die Vielfalt dessen, was hier „läuft" oder „klemmt", nicht einfach sich selbst zu überlassen oder durch hektische Initiativen verändern zu wollen, sondern jenen theologisch-spirituellen Leitperspektiven auszusetzen, die wir in den vorausgehenden Kapiteln formuliert haben.
So werden wir auf unsere Vorstellungen von den christlich-kirchlichen Grundvollzügen zurückgreifen müssen, um zu erfassen, welche Dimensionen kirchlichen Selbstvollzugs bei einem konkreten Fall (z.B. in der Frage der türkischen Kinder im katholischen Kindergarten, des öko-politischen Engagements kirchlicher Jugendverbände) überhaupt im Spiel sind und unter welchen Bedingungen die Lösung eines Konflikts nicht nur dem augenblicklichen Hausfrieden, sondern dem Kommen der Gottesherrschaft dient.
So wäre es sicher fatal, wenn man den Priestermangel nur durch raffiniertere Seelsorgsorganisation therapieren wollte; wenn sich mit dem Rückgang des Nachwuchses den verbliebenen Ordensangehörigen nicht auch sehr ernsthaft die Frage stellte, wie sie mit dem Ordensvermögen umgehen wollen, das bei harmlosen kleinen Gemeinschaften aufgrund der Konjunkturentwicklung in unseren Städten mitunter millionenschwer geworden ist; man sollte sich fragen, ob die Caritas sich immer neue Engagements leisten kann, bloß weil der Staat sie finanziert (und obwohl längst Mitarbeiter fehlen, die dieses Engagement aus einem christlichen Geist durchtragen können bzw. dabei Hilfe finden) usw.

4.2 Das Profil der kirchlichen Basis (Mikroebene)

4.2.1 Zugänge und Materialbasis

Während wir uns bei der Skizze der Institutionen unserer Kirche verhältnismäßig leicht taten, weil sie als Organe (Gelenke, tragende Balken) des kirchlichen Lebens für jedermann erkennbar in den Blick treten, tun wir uns bei der Bestimmung des Profils der kirchlichen Basis schwerer, denn sie ist aus sich heraus amorph, anonym und allenfalls rekonstruierbar aus dem Verhalten und den Meinungsäußerungen vieler einzelner Christen. Hier helfen uns die Sozialwissenschaften weiter, indem sie das (öffentlich sichtbare) Verhalten der Kirchenmitglieder auszählen (kirchliche Statistik, Soziographie, z.B. über die Zahl der Taufen, der Ehescheidungen) und darüber hinaus auf dem Weg von Umfragen die Einstellungen ermitteln, die hinter diesem Verhalten

stehen, und beides - im Rückgriff auf allgemeinere sozialwissenschaftliche Theorien - auch zu verstehen versuchen (Soziologie, Psychologie, Pädagogik als „Grundlagenwissenschaften" mit den entsprechenden Anwendungsfächern in der Sozialarbeit, der Politologie, der Didaktik etc.).
Dabei springt das hohe hermeneutische Bewußtsein dieser sozialwissenschaftlichen Disziplinen ins Auge, d.h. das Wissen um die Bedingungen (Grenzen), unter denen ihre Aussagen Geltung beanspruchen können, ebenso das diffizile methodische Instrumentarium, das die Verläßlichkeit und Generalisierbarkeit ihrer Aussagen sicherzustellen versucht. So kann man allgemein davon sprechen, daß die erkenntnistheoretische Reflexion aus den Geisteswissenschaften (und auch der Theologie, wo sie besonders in den historisch-kritisch arbeitenden Fächern gepflegt wird) heute weitgehend in die Sozialwissenschaften abgewandert ist, von denen wir als Theologen lernen können, die Tragfähigkeit unserer eigenen theologischen Aussagen genauer unter die Lupe zu nehmen.
Es gibt keine umfassende empirische Beschreibung des Profils der kirchlichen Basis; die bislang vorliegenden Untersuchungen sind einzelne „Gewebeschnitte"; Versuche, die religiös-kirchliche Einstellung von Schülern, Frauen, Führungskräften zu erheben - sei es im Auftrag kirchlicher Kreise oder auch im Zusammenhang gesellschaftlicher Analysen (z.B. Shell-Studie zur Situation der Jugend). Im folgenden sollen drei Studien vorgestellt werden, die für Religionslehrer und Seelsorger gleichermaßen interessant sind. Die erste versucht das Sozial-, die zweite das Kirchlichkeits- und die dritte das Werteprofil der Katholiken in Deutschland zu bestimmen. Mindestens ebenso wichtig wie die inhaltlichen Ergebnisse der Untersuchung ist die Fragestellung und Vorgehensweise religionssoziologischer Forschung.

4.2.2 Beispiel 1: Das Sozialprofil der deutschen Katholiken

Ein erster Zugriff auf die „Masse des Kirchenvolkes" ist der Versuch, ihr „Sozialprofil" herauszuarbeiten, d.h. ihren sozialen Status im Vergleich zu den anderen religiösen Großgruppen unserer Gesellschaft in der BRD (zu den Protestanten und den kirchlich nicht Gebundenen).

(1) An der einschlägigen Studie von Nellessen-Schumacher (1978) läßt sich die Vorgehensweise und Logik empirischer Forschung gut darstellen. Am Anfang steht immer eine bestimmte Fragestellung, die das gesamte Design der Untersuchung bestimmt. In diesem Fall war es die Frage der Bildungskommission innerhalb des ZdK (unter der Federführung von H.R. Laurien), woher das Bildungsdefizit der Katholiken stamme und wie es künftig kirchlicherseits bearbeitet werden könne. Nicht von ungefähr wird eine solche

Untersuchung vom Zentralkomitee der Katholiken und nicht von der DBK in Auftrag gegeben; die Bischöfe beauftragen zum gleichen Zeitpunkt das Allensbacher Institut mit einer Umfrage über die Situation der Priester (vgl. Schmidtchen 1973, Forster 1974).
Eine Antwort ergibt sich, wenn man das statistische Material über die Bildungssituation der Bundesbürger insgesamt so anordnet, daß die Konfessionszugehörigkeit zur Hauptkategorie („unabhängige Variable") wird und die übrigen Daten (die man über die Bildungssituation aus anderen Umfragen besitzt) unter diesem Gesichtspunkt miteinander verglichen werden können. So ergeben sich für die Katholiken andere Durchschnittswerte als für Protestanten oder Konfessionslose und diese Zahlen geben bei genauer Betrachtung auch schon Hinweise auf mögliche Ursachen, besonders wenn man sie mit allgemeineren (bereits empirisch erhärteten) sozialwissenschaftlichen Gesetzmäßigkeiten in Beziehung setzt.
Wenn man in dieser Frage auch auf statistische Längsschnitte zurückgreifen kann, wird schließlich u.U. auch ein historischer Ursachenzusammenhang sichtbar; gegenwärtige Konfliktlagen haben ja ihre Vorgeschichte und können nicht ohne sie verstanden und fruchtbar bearbeitet werden.

(2) Die Untersuchung hat nun zutage gefördert: Katholiken sind nicht nur dümmer, sondern auch jünger als Protestanten (Nellessen-Schumacher 1978, 42).
Katholiken sind im Durchschnitt jünger als Protestanten, weil sie mehr Kinder haben und früher sterben, und auch dies ist die Auswirkung eines soziopolitischen Sachverhalts: Katholiken leben dominant in ländlichen und kleinstädtischen Gebieten, und dies hat historisch plausible Hintergründe.
Die Reformation nahm nicht von ungefähr in den Städten des Spätmittelalters ihren Anfang und ist (wie übrigens auch das frühe Christentum) im Grunde immer eine Stadtreligion geblieben. Ihre religionskritische Haltung („Protestanten") hängt mit dem Bewußtsein der gebildeteren Stadtbevölkerung - Renaissance, frühbürgerliche Stadtdemokratien usw. - zusammen. Ferner haben im großen Urbanisierungsprozeß des 19. Jh. zwar auch viele Katholiken aus Not ihre bäuerliche Scholle verlassen, aber dabei - weil sie in den beginnenden neuen Großstädten auf keine entwickelte katholische Kirchenstruktur trafen - auch ihre spezifisch bäuerlich geprägte katholische religiöse Kultur aufgegeben (Kirchgang, Kinderzahl, politische Orientierung usw., a.a.O., 134). Die Siedlungsweise bedingt also ganz wesentlich das geringere Bildungsniveau und - davon abhängig - die geringeren beruflichen Chancen ebenso wie die höhere Sterblichkeitsquote (a.a.O., 133f). Nellessen-Schumacher resümiert: Katholiken sind schlechter ausgebildet als die Angehörigen anderer konfessioneller Gruppierungen. Katholiken

sind infolgedessen sozial nicht angemessen repräsentiert. Dies ist eine Resultante ihres Rückstandes im Ausbildungsniveau der im Erwerbsleben stehenden Bevölkerung. Unter den Selbständigen mit den größten Betrieben, unter den freiberuflich Tätigen, unter den Beamten des höheren Dienstes, unter den Angestellten der oberen, selbst der mittleren Führungsebene, unter den Angestellten mit Hochschulabschluß sind sie weit von einer proportionalen Beteiligung entfernt. Sogar in der führenden Schicht der Arbeiterschaft bleiben sie anteilmäßig zurück. Es liegt auf der Hand, daß sich dieses Faktum in vielfacher Weise negativ auswirkt. Das Sozialgefälle zementiert tendentiell das Bildungsgefälle, denn bis heute ist die soziale Stellung des Vaters ein bestimmender Faktor für die Bildungschancen der Kinder (a.a.O., 134f).
„Für die katholischen Hochschulabsolventen ist eine starke Konzentration auf die pädagogischen und seelsorgerischen Fachrichtungen kennzeichnend, die ihre Unterrepräsentanz in allen anderen Sparten akademischer Ausbildungsgänge noch zusätzlich verstärkt. (...) Katholiken haben ein gespanntes Verhältnis zu dem technisch-naturwissenschaftlichen Bereich, (...) den Berufsfeldern der Chemiker, Physiker, Mathematiker und anderer Naturwissenschaftler. (...) Katholiken nehmen zu wenig Einfluß auf die wissenschaftliche Forschung, auf den Meinungsbildungsprozeß und auf die Gestaltungsmöglichkeiten im wirtschaftlich-sozialen und im künstlerischen Bereich. (...) In den einschlägigen Berufen, wie in denen der Unternehmer, Verbandsleiter, Funktionäre, Richter, Staatsanwälte, Publizisten, Künstler, Hochschullehrer und Geisteswissenschaftler sind sie besonders schwach vertreten" und weisen entsprechend „die ungünstigste Einkommensstruktur auf" (a.a.O., 134ff).

(3) Aber es gibt Hoffnung: Die jüngere Generation der Katholiken holt - dank der erweiterten Bildungschancen für die Landbevölkerung - den Rückstand rasch auf (Abiturzahlen seit 1970), und insoweit „ist nicht nur ein Abbau des Ausbildungsdefizits, sondern auch ein allmählich sich vollziehender Abbau des sozialen Rückstandes der katholischen Bevölkerung absehbar" (a.a.O., 137). Allerdings stellt sich damit die Frage, ob sich mit wachsendem Bildungsstand auch die Abwendung von der Kirche verstärkt. Der typische „Kirchenaustrittskandidat" der 70er Jahre „ist jung (14–34 Jahre alt), von männlichem Geschlecht, ledig, hat einen hohen formalen Bildungsstand, wohnt in der Großstadt und gehört zur Gruppe der Angestellten" (a.a.O., 138). „Werden angesichts des Spannungsfeldes von Bildung, Urbanität und Glauben Säkularismus und Bindungslosigkeit dann auch für einen zunehmenden Teil der katholischen Bevölkerung die unentrinnbare Folge sein? Wenn die inferiore Abwehrhaltung vieler Katholiken der modernen

Kultur gegenüber nicht aus Glaubenskraft, sondern aus Glaubensschwäche resultiert, dann ist die Frage nur dahingehend zu beantworten, daß Rechtgläubigkeit nicht durch Abstinenz von der modernen, technischen und wissenschaftlichen Kultur bewahrt werden kann, weil es Glauben künftig nicht mehr diesseits, sondern nur noch jenseits der Aufklärung geben wird" (a.a.O., 139).

4.2.3 Beispiel 2: Das Kirchlichkeitsprofil der Katholiken

Die Kirchenbindung der Katholiken (i.S. ihrer inneren „Anhänglichkeit" an die Kirche) ist als soziale Realität schon verborgener (d.h. wissenschaftlich schwerer zu erfassen) als das Sozialprofil der Katholiken. Immerhin ist sie empirisch ablesbar aus dem Kontaktverhalten der Katholiken, d.h. aus ihrem Gottesdienstbesuch, ihrer Taufhäufigkeit, ihrer Bereitschaft, eine kirchliche Trauung (bzw. eine Mischehe oder eine Ehe ohne Trauschein) einzugehen, aus ihrer Tendenz zum Kirchenaustritt u.ä.
Natürlich sind diese äußerlich sichtbaren Formen der Partizipation noch kein Indiz für die Glaubenshaltung der kirchlichen Basis, aber zumindest für ihre Bereitschaft, sich dem Einfluß der Kirche (und des von ihr vertretenen Glaubens) überhaupt auszusetzen.
In den zurückliegenden Jahren wurden eine Menge Beobachtungen zusammengetragen, die auf den Rückgang der Kirchenbindung auch bei den Katholiken hinweisen. Im Umfeld der ehelichen Lebensführung (als eines von der Kirche sehr hoch eingestuften Werts: Sakramentalität, Unauflöslichkeit!) bestätigt die Scheidungsstatistik zwar eine „erheblich geringere Scheidungshäufigkeit katholischer Ehen. Dabei darf jedoch nicht übersehen werden, daß die Zeitreihe von 1961 an bis jetzt eine sukzessive Steigerung des Anteilsatzes katholischer Ehen an der Gesamtzahl der Ehescheidungen ausweist, was nichts anderes bedeutet als eine überdurchschnittliche Zunahme der Scheidungshäufigkeit gerade katholischer Ehen. (...) Aus dem Forschungsbericht über die Umfragen zur Gemeinsamen Synode der Bistümer in der Bundesrepublik Deutschland geht hervor, daß 39 % der befragten Katholiken angaben, in Bezug auf die Unauflöslichkeit der Ehe mit den Auffassungen der Kirche nicht übereinzustimmen. (...) In die gleiche Richtung weist die zunehmende Zahl konfessionell gemischter Ehen. Von den im Jahre 1970 geschlossenen Ehen waren nahezu jede dritte eine konfessionelle Mischehe, 1930 war es jede sechste, 1910 nur jede zehnte. (...) Mehr als die Hälfte aller Befragten und Dreiviertel der jungen Leute im Alter von 16-29 Jahren hegen (laut Synodenumfrage) gegen die Mischehe keine Bedenken" (Nellessen- Schumacher 1978, 132f).

Die nachstehenden Tabellen bieten Datenmaterial im interkonfessionellen Vergleich zum Kirchenaustritt (Abbildung 3) und zum Gottesdienstbesuch (Abbildung 4).

Kirchenaustritte in Prozent der Mitglieder

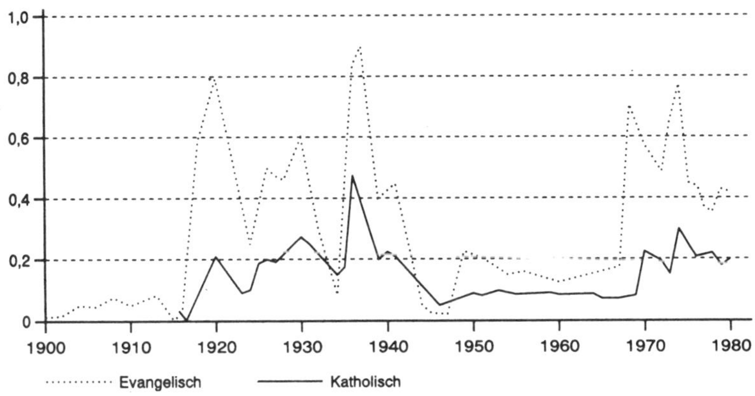

Quelle: *Pittkowski/Volz* 1989:96; eigene Berechnung Abb. 3
Aus: Karl Gabriel, Christentum zwischen Tradition und Postmoderne, Quaestiones disputatae 141, 1992, Verlag Herder, Freiburg – Basel – Wien.

(1) Das Schaubild „Kirchenaustritte" (vgl. Gabriel 1992, 47) zeigt zunächst, daß die Kirchenbindung bei den Protestanten insgesamt geringer ist als bei den Katholiken, daß aber andererseits - offenbar gesellschaftlich bedingt - die Austrittswellen seit 1950 eine hohe Parallelität aufweisen.
Die erste große Austrittswelle der Protestanten beginnt mit dem Jahr 1918, weil erst mit dem Zusammenbruch des Preußischen Staatskirchentums der Kirchenaustritt nicht nur rechtlich, sondern auch faktisch möglich wurde. Die nächste Welle steht in Zusammenhang mit dem Nationalsozialismus, nach dessen Zusammenbruch in der Aufbauphase der Bundesrepublik (Adenauer-Ära) die Kirchenbindung der Protestanten konstant bleibt, um zwischen 1968 und 1978 - ohne vergleichbare politische Kampagnen wie zur Nazizeit - plötzlich wieder um ein Fünffaches emporzuschnellen. Heute bewegen sich die Kirchenaustrittszahlen „bei den Protestanten etwa in der Mitte zwischen dem niedrigen Niveau der ersten Periode und den sehr hohen Zahlen der zweiten Phase. Auf längere Sicht wird auch dieses mittlere Niveau für die evangelische Kirche zunehmend spürbar und problematisch. So sind zwischen 1972 und 1982 1,52 Mio Protestanten aus ihrer Kirche ausgetreten - eine Zahl, deren Größenordnung die einer mittleren Landeskirche (oder eines mittleren Bistums) übertrifft" (Gabriel 1990, 269). Insgesamt hat man sich schon darauf eingestellt, im Jahr 2030 auf 50 Prozent des Bestands (und 34 Prozent der deutschen Gesamtbevölkerung) einzu-

schrumpfen. Nur die völlig unerwartete Angliederung der neuen Bundesländer hat die Protestanten (mit 33,2 Millionen) gegenüber den Katholiken (mit 27,3 Millionen) wieder in eine Führungsposition gebracht.
Die vergleichsweise geringere Austrittszahl der Katholiken überschritt 1987 wieder die Zahl 80.000. „Das eigentliche Problem für die Kirchen dürfte die hohe latente Austrittsbereitschaft unter den jüngeren Kirchenmitgliedern sein. Auf die Frage ‚Haben Sie selbst in den letzten Jahren schon mal mit dem Gedanken gespielt, aus der Kirche auszutreten?', antworten 1986 29 % der Katholiken und 34 % der Protestanten der Jahrgänge zwischen 16 und 29 Jahren mit Ja. Unter den Jüngeren gleichen sich die Antworthäufigkeiten innerhalb beider Konfessionen dramatisch an. Liegen bei den 45- bis 59jährigen noch 17 %-Punkte zwischen den katholischen und protestantischen ‚Ja-Antwortenden', so schrumpft dieser Abstand bei den 30- bis 44jährigen auf 4,5 %-Punkte zusammen" (a.a.O., 269f).

Regelmäßiger Gottesdienstbesuch der Katholiken und Protestanten 1952-1982

	Es besuchten regelmäßig den Gottesdienst				
	1952 %	1963 %	1967/69 %	1973 %	1982 %
Katholiken insgesamt	51	55	48	35	32
Katholiken im Alter von –					
16–29 Jahren	52	52	40	24	19
30–44 Jahren	44	51	42	28	26
45–59 Jahren	50	56	53	46	29
60 Jahre und älter	63	64	62	57	54
Protestanten insgesamt	13	15	10	7	6
Protestanten im Alter von –					
16–25 Jahren	12	11	6	3	4
30–44 Jahren	7	10	6	3	3
45–59 Jahren	13	16	11	7	6
60 Jahren und älter	23	24	22	12	12

Quelle: *Köcher* 1987:175 Abb. 4

Aus: Karl Gabriel, Christentum zwischen Tradition und Postmoderne, Quaestiones disputatae 141, 1992, Verlag Herder, Freiburg – Basel – Wien.

(2) Auch der Gottesdienstbesuch bescheinigt für die erste Phase der Bundesrepublik eine traumhafte Kirchenbindung (Abbildung 6): Die Katholiken bleiben bei über 50 %, die Protestanten bei der (für sie phantastischen) Zahl von 13 bis 15 %. In den 70er Jahren verlieren nun die Katholiken schlag-

artig ein Drittel ihrer Gottesdienstbesucher; auch wenn sich der Abschwung in den 80er Jahren stabilisiert, muß man doch einen wesentlichen Unterschied zu den 50er Jahren im Auge behalten. Damals waren die unterschiedlichen Altersstufen fast gleichmäßig im Gottesdienst vertreten, heute sind die jüngeren Jahrgänge deutlich unterrepräsentiert; dabei sind innerhalb der regelmäßigen Gottesdienstbesucher die Jugendlichen bei den Protestanten (mit 13 Prozent) noch etwas besser vertreten als bei den Katholiken mit 12 Prozent (vgl. a.a.O., 259. 270).

4.2.4 Beispiel 3: Das Werteprofil der Katholiken

Aufgeschreckt von diesen Zahlen, haben beide Kirchen in der BRD Mitte der 70er Jahre drei große empirische Studien finanziert, die das veränderte Verhalten der Kirchenmitglieder aufhellen sollten: die Umfrage zur Gemeinsamen Synode der deutschen Bistümer (Schmidtchen 1972), eine Umfrage der Vereinigten Evangelisch-Lutherischen Kirche (Schmidtchen 1973) und eine Studie im Auftrag der EKD (vgl. Hild 1974).

(1) Diese Untersuchungen waren konzeptionell so angelegt, daß sie das engere Problem der Kirchenbindung im größeren Horizont des gesellschaftlichen Wertewandels zu beleuchten und zu erklären versuchten (unter der sozialwissenschaftlichen Prämisse, daß Religiosität einen Teil des Wertsystems eines Menschen darstelle, Religion ein Element der Kultur einer Gesellschaft sei). Man fragte bewußt nicht: „Was glauben die Deutschen?" (wie die erste große religionssoziologische Umfrage des Spiegels 1968 lautete); denn das direkte Erfragen von Glaubensinhalten wirft erhebliche methodische Schwierigkeiten auf. Was antwortet man auf die Frage: „Glauben Sie an den Teufel"? Mit dem Glaubensbekenntnis können wir nur „an Gott" glauben - nicht einmal an die Kirche, geschweige denn an den Teufel. Vielmehr fragte man von dem auffällig kirchendistanzierten Verhalten her - zu Recht - zunächst einmal nach den (verhaltensorientierenden) Wertprioritäten der Katholiken.
Um auftragsgemäß das Verhältnis der Katholiken zur kirchlichen Institution zu klären, setzt Schmidtchen deshalb bei der Analyse dieser Bewußtseinsstrukturen an, d.h. er fragt ab, was man für lebenswichtig erachte (= die Wertwelt der Kirchenmitglieder) und wieweit man sich darin von der Kirche gestützt bzw. behindert sehe (= Indikator für das Verhältnis zur Institution).

Die Stellung der Kirche zum heutigen Wertsystem aus der Sicht deutscher Katholiken

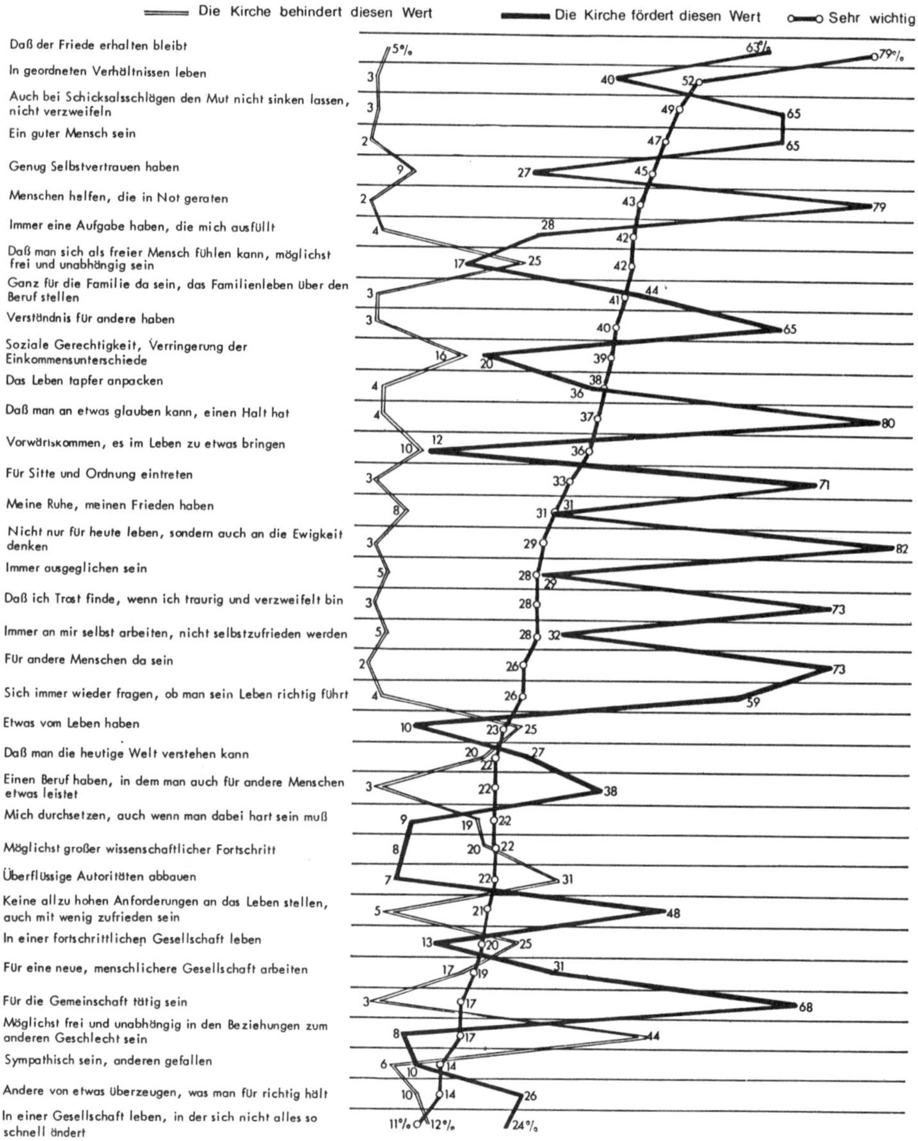

Abb. 5

Aus: Gerhard Schmidtchen, Zwischen Kirche und Gesellschaft, Forschungsbericht, 1972, Verlag Herder, Freiburg – Basel – Wien.

(2) Was zeigen die wichtigsten Ergebnisse? Wie sieht der ethische Bezugsrahmen des Durchschnittskatholiken aus, in den das Wort der kirchlichen Verkündigung trifft? Er ist doch keine Tabula rasa, sondern hat seine persönlichen und kollektiven Präferenzen. Schmidtchen ermittelte dies mit Hilfe eines Kartenspiels mit 36 Wertungen, das die Befragten

- ordnen sollten, je nachdem, was ihnen persönlich am erstrebenswertesten erschien;
- später nochmals ordnen sollten, je nachdem, welche Werte die Kirche ihrer Meinung nach besonders fördere bzw. behindere.

In Abbildung 5 (Schmidtchen 1972, 58) zeigt

- die o-o-o-o-Linie, in welcher Reihenfolge und mit wieviel prozentualer Zustimmung Werte als „sehr wichtig" angesehen werden (vgl. a.a.O., 40f)
- die fette (rechte) bzw. magere (linke) Linie die Prozentzahl der Befragten, die den jeweiligen Wert von der Kirche gefördert bzw. behindert sehen (vgl. a.a.O., 57).

Wir sehen daran, daß einzelne Werte nicht genug, andere übermäßig von der Kirche gefördert werden.

Überschußleistungen und Unterfunktion der Kirche im Vergleich zum heutigen Wertsystem

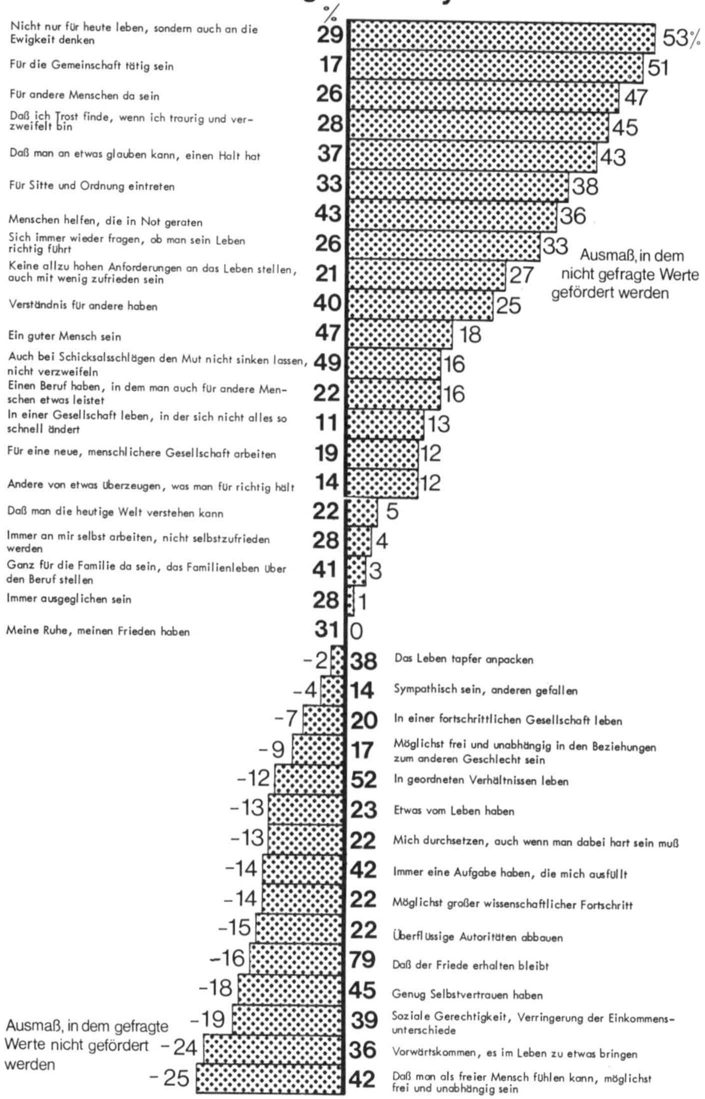

Abb. 6

Aus: Gerhard Schmidtchen, Zwischen Kirche und Gesellschaft, Forschungsbericht, 1972, Verlag Herder, Freiburg – Basel – Wien.

Die weitere sozialwissenschaftliche Durchdringung dieser Umfrageergebnisse läßt folgende Schwerpunkte im Werthorizont der deutschen Katholiken erkennen:

- *Interesse an konkreter Daseinsgestaltung:*
  Es ist offensichtlich begründet in der Erfahrung des intensiven sozialen Wandels, der heute die gesamte Gesellschaft in Bewegung gebracht hat und alle traditionellen Muster der Daseinsgestaltung veralten ließ: Wie erziehe ich? Wie verhindere ich ... ?
- *Wunsch nach Freiheit, einem neuen Selbstverständnis, neuer Identitätssuche und Selbstdefinition:*
  „Zur Identitätssuche gehört das Experimentieren, nicht nur gedanklich, sondern konkret, und nicht unter Mißbilligung der Gesellschaft. Mit sich experimentieren, gleichsam im inneren Frieden - ein verbreiteter Wunsch. Dieses Mit-sich-experimentieren-Können und das Experimentieren-Lassen" (a.a.O., 175) kann als das praktische Kriterium einer freien Gesellschaft gelten. Hatten die Leute früher Angst vor der Veränderung, so bricht 1975 für die Mehrheit beim Gedanken an Unveränderlichkeit Angst aus: Veränderung wirkt angstreduzierend!
  Innerhalb der Umfrage zeigt sich dieses Freiheitsbedürfnis gleichfalls in der Kritik an der Kirche: „Das Gefühl, die Kirche sei freiheitsbehindernd, führt zu einem scharfen antikirchlichen Affekt" (a.a.O.; vgl. wieder Abbildung 6; vgl. auch Schmidtchen 1972, 66, Tabelle 35):
  Von allen, die meinen, es sei sehr wichtig, sich als freier Mensch zu fühlen, glauben 58 Prozent, damit habe die Kirche nichts zu tun, und weitere 25 Prozent, sie behindere diesen Wert sogar. Also insgesamt 83 Prozent können zwischen persönlicher Freiheit und Kirche keine positive Verbindung sehen. Was wohl Paulus bei dieser Umfrage geantwortet hätte? Und wie klang das in einer Gesellschaft, die sich damals erst knappe 25 Jahre nach dem Terror des Naziregimes die Freiheitsrechte der Person wiedererkämpft hatte?
- *Wunsch nach Reform der kirchlichen und gesellschaftlichen Institutionen:*
  Abbildung 6 bietet als Beleg dafür die Items:

oben:	33	Kirche tritt zu sehr für Sitte und Ordnung ein
	11	ist gegen fortschrittliche rasche Veränderung
unten:	20	zu sehr gegen fortschrittliche Gesellschaft
	22	erhält überflüssige Autorität aufrecht
	39	tut zu wenig für soziale Gerechtigkeit und für den Ausgleich des Klassensystems.

(3) Denkanstöße und Konsequenzen: Wieweit erklären die Untersuchungsergebnisse Tendenzen zur allmählichen Auflösung der hohen Kirchenbindung der Katholiken? Wie erklärt sich die Unwirksamkeit der frühen religiösen Prägung der Katholiken?

Die Umfrageergebnisse lassen sich verstehen im Rückgriff auf wesentliche Erkenntnisse der Medienforschung, die heute als „Theorie der affektiv-kognitiven Dissonanz (bzw. Konsistenz)“ zusammengefaßt werden: Jedes menschliche Individuum ist - wegen des Ausfalls an sichernder Triebstruktur - zu seiner Existenzfristung auf Informationen und Normierungen durch die Umwelt angewiesen. Entgegengesetzte oder widersprüchliche Informationen oder Normansprüche, wie sie in einer pluralistischen Gesellschaft besonders häufig vorkommen, erzeugen Dissonanzen, die das Individuum im Interesse seiner psychischen Balance zu mindern versucht, indem es nach der einen oder anderen Seite ausweicht:

- durch Abwendung von der Informationsquelle (hier der normsetzenden Institution Kirche: Auszug aus den Gottesdiensten oder aus der Kirche);
- durch Abwendung von der Gesellschaft (Realitätsflucht ins kirchliche Ghetto, Medienschelte: „Zeitgeist“).

Als Hypothese, die in der Untersuchung selbst bestätigt bzw. widerlegt werden sollte, hatte Schmidtchen folgende Vermutung formuliert: Je stärker subjektiv eine Übereinstimmung zwischen beiden Wertsystemen, dem eigenen (stärker gesellschaftskonformen) und dem offiziell-kirchlichen, erlebt wird, um so enger wird die Beziehung zur Kirche sein, d.h. um so stärker werde ich mich mit ihr identifizieren, und um so weniger werde ich sie kritisieren.

Der wahrgenommenen Übereinstimmung korrespondiert dann ein positiver Affekt gegenüber der Kirche und dieser motiviert zu entsprechend aktiver Teilnahme am kirchlichen Leben (und verstärkt so wieder das Übereinstimmungserlebnis). Umgekehrt führen Diskrepanzbeobachtungen auf der kognitiven Ebene gewissermaßen zu einer „negativen Ladung“ der Affektbindung (und weil ich nicht aus der Gesellschaft, wohl aber aus der Kirche austreten kann), zur Vermeidung des Kontakts mit der Kirche (= Passivität, distanzierte Kirchlichkeit, Unmöglichkeit und Unwille, sich mit der Kirche zu identifizieren).

Beide Hypothesen Schmidtchens finden durch das Untersuchungsmaterial eine beeindruckende Bestätigung (a.a.O., 69–72):

- Kirchenbesuch ist - jedenfalls in dem Milieu, das dem einzelnen die Wahl wirklich freistellt (städtisches Umfeld) - direkt abhängig von der im außergottesdienstlichen Raum kognitiv beobachteten Kongruenz bzw. Diskrepanz.
- Sinkender Kirchenbesuch, wie er von allen Statistiken ausgewiesen wird, ist deshalb nicht - wie oft gesagt wird - in erster Linie Ausdruck wachsender „Liturgieunfähigkeit des modernen Menschen“ oder wachsenden „Unglaubens“, sondern Ausdruck „großräumiger kognitiver Wandlungen (...), die eine veränderte Affektbesetzung des kirchlichen Lebens, kirchli-

cher Tradition, Institution und Lehren nach sich ziehen" (a.a.O., 68) und die natürlich mit wachsender Distanzierung vom gottesdienstlichen Gemeindeleben ihrerseits weiter wachsen.

Die religionssoziologische Interpretation der Bewegungen an der kirchlichen Basis stellt Theologen und Seelsorgern, Eltern und Bischöfen eine Menge Fragen! Besonders wenn wir das Profil der Basis mit dem Querschnitt der kirchlichen Institutionen (Kap. 4.1) vergleichen, springt die Differenz in die Augen, die F.X. Kaufmann (vgl. 1979) auf die Formel brachte: Bei der Kirche in Deutschland steht ihre administrative Macht in keinem Verhältnis zu ihrer spirituellen Ausstrahlung. Hier helfen keine Appelle und keine Schuldzuweisungen weiter. Hier ist zunächst einmal zu konstatieren, daß die Entfremdung der Kirchenmitglieder von der kirchlichen Administration ganz offensichtlich korrespondiert mit einer ebenso aktiven Entfremdung dieser Administration von ihrer eigenen Basis. Die Wege der Annäherung werden nicht einfach sein; sie verlangen vor allem ein Milieu des Vertrauens und des Respekts voreinander. Sie verlangen im Sinne des Kirchenbildes des II. Vatikanums (s.o. 2.2.3), daß die Autorität des Amts die „Autorität des Charismas" (Klauck 1987) anerkennt, d.h. die Autorität der Laien in einer Kirche der Laien (vgl. Klinger 1987). Denn sie sind nicht nur zahlenmäßig, sondern auch in der Intention des Evangeliums die wichtigsten Träger der Sendung Jesu; ihnen hat das Amt und ihnen haben auch die pastoralen Dienste zu dienen. Darauf werden wir in den folgenden Kapiteln genau zu achten haben. Wenn es nicht gelingt, der kirchlichen Basis ihre Würde zurückzugeben, selbst Volk Gottes zu sein, ist alle Mühe der Hauptamtlichen umsonst; eine solchermaßen bevormundete Kirche am Leben zu erhalten und ins dritte Jahrtausend hinüberzuretten, würde sich auch nicht lohnen, denn sie verdunkelt das Antlitz Gottes in der Welt; dazu hat Jesus nicht gelebt und gelitten; dazu hat Gott seinen Geist nicht ausgegossen über alles Fleisch, wie wir am Pfingstfest bekennen.

4.3 Die katholische Kirche im gesellschaftlichen Umfeld der BRD (Makroebene)

4.3.1 Zugänge und Materialbasis

Nachdem wir uns skizzenhaft verdeutlicht haben, wie die Organisationsstruktur und die Basis der Kirche in Deutschland sich zueinander verhalten, nehmen wir nun in unserem dritten Annäherungsversuch gewissermaßen die Vogelperspektive ein: Wir betrachten die deutsche Kirche im Verhältnis

zum gesellschaftlichen Umfeld, das ebenso ermutigende wie bedrohliche Aspekte aufweist (4.3.2) und gerade in diesen gegensätzlichen Anteilen nach einer Interpretation der verborgenen Gesetzmäßigkeiten ruft, die diese Situation heraufgeführt haben (4.3.3) und insoweit auch Prognosen und Perspektiven für die Kirche von morgen erkennen lassen (4.3.4).
Die Vogelperspektive gibt Überblick und läßt Zusammenhänge erkennen; sie entfernt sich dazu aber auch notgedrungen von den Details empirischer Forschung. Insofern bewegen sich die folgenden Stichworte und Deutungsangebote auf einer gewissen Abstraktionshöhe; ihre Gültigkeit hängt gleichwohl entscheidend davon ab, wieweit sie die empirisch abgestützten Einzelerkenntnisse zu erklären vermögen, d.h. in der Zusammenschau eine verläßliche Landkarte bieten für den Weg der deutschen Kirche in die Zukunft.

4.3.2 Grundzüge der Gesellschaft der BRD

Es ist außerordentlich schwer, ja fast unmöglich, ein angemessenes Bild der gesellschaftlichen Situation zu entwerfen, in der wir uns vorfinden. Wir sind zu sehr in diese Situation verstrickt, um sie in ihren wichtigsten Faktoren zu erfassen. Darum sind die nachstehenden Charakteristika nur als grobe Orientierungen zu verstehen.

(1) In der BRD sind für das kirchliche Leben günstige Rahmenbedingungen vorhanden:

- *Demokratische Verfassung:*
  Seit 1949 besitzt unser Staat eine demokratische Verfassung und ein ihr entsprechendes „fundamentaldemokratisches Bewußtsein" (Karl Mannheim). Wie schwer es war, dieses Bewußtsein zu entwickeln, zeigt nicht nur der gescheiterte Anlauf der Weimarer Republik (1918–1933), sondern auch die Mühsal des Umdenkens in den neuen Bundesländern.
- *Marktwirtschaftliche Orientierung:*
  Der Wiederaufstieg der BRD aus den Trümmern des Krieges verdankt sich nicht nur der Tüchtigkeit der Nachkriegsgeneration („Ärmel hochkrempeln!"), sondern auch einer Subventionspolitik der Vereinigten Staaten („Marshallplan") und dem langsam entwickelten Prinzip der sozialen Marktwirtschaft. Das freie Spiel der Kräfte soll zum Zug kommen, aber von der Verantwortung der Regierenden soweit gezügelt und gesteuert werden, daß es sozial verträglich bleibt.
- *Sozialstaatliche Ordnung:*
  Der Staat geht davon aus, daß die Chancen seiner Mitbürger ungleich verteilt sind und dies zu einer Benachteiligung der schwächeren Bevöl-

kerungsanteile führt, wenn nicht sozialpolitische Maßnahmen auf breiter Ebene diesem Niedergang entgegenwirken. Daher müssen Krankenkassen, Pflichtversicherungen, Rentengesetze im Verbund dafür sorgen, daß persönliches Unglück oder marktwirtschaftliche Bewegungen nicht zur Verarmung ganzer Bevölkerungsgruppen führen; deshalb sorgen Bildungspolitik, Durchlässigkeit der Schulsysteme, Arbeitsmarktpolitik und Tarifpolitik dafür, daß sich neue Erwerbschancen auftun; Familienpolitik versucht, die Situation von Kindern und Jugendlichen, Alleinstehenden und Geschiedenen zu ordnen usw. Dabei haben Christen in der Phase des Wiederaufbaus entscheidende Prinzipien der christlichen Soziallehre in die sozialstaatliche Verfassung eingebracht: Der Staat hat sich prinzipiell dazu entschlossen, bei der Lösung gesellschaftlicher Aufgaben sog. „freien Trägern" Vorfahrt zu lassen vor der staatlichen Intervention. Wo immer freie Gruppen sich im Bereich der Sozialfürsorge (z.B. gegenüber Vereinen, die sich mit dem Geschick von Behinderten, AIDS-Kranken oder Langzeitsterbenden) beschäftigen wollen, verpflichtet sich der Staat, zurückzutreten und diese freien Träger in ihrem Engagement zu unterstützen, indem er die finanzielle Hauptlast von ihnen nimmt.

- *Singuläre Kooperation zwischen Kirche und Staat:*
Als eine Besonderheit der gesellschaftlichen Situation der Kirche in der BRD muß schließlich in den Blick genommen werden, daß sich die Kirchen in Deutschland - im Unterschied zur radikalen Trennung zwischen Kirche und Staat in Frankreich, aber auch in vielen skandinavischen Ländern und in den Vereinigten Staaten - in einem eher kooperativen Modell daran beteiligen, die Aufgaben der Gesellschaft zu lösen. Die Ursachen dafür gehen vermutlich bis in die Reformation zurück. Mit der Ablehnung der römischen Autorität sahen sich die Kirchen der Reformation vor der Frage, wer die Ordnungsfunktion übernehmen könne und trugen sie der staatlichen Instanz an; diese Allianz von „Thron und Altar" führte zwar im 19. Jh. zu einer vorübergehenden Benachteiligung der Katholiken, weckte aber gesamtgesellschaftlich jenes Grundvertrauen in die Kooperationsfähigkeit der Kirchen, das in Frankreich unter den heftigen Konflikten der Französischen Revolution zerbrochen war. (In Österreich hat die Kirchenpolitik des aufgeklärten Josephs II. ein ähnliches Kooperationsmodell begründet, in der Schweiz die spezifisch demokratische Tradition dieses überwiegend protestantischen Landes ebenso.) Dieses Kooperationsmodell wirkt sich auf den finanziellen Untergrund, die gesellschaftliche Präsenz und die organisatorische Macht der Kirchen in der BRD aus und hat entscheidend zu ihrem Ansehen in der Welt beigetragen. Die Kehrseite dieses Einflusses ist die Versuchung, sich mit der Macht zu arrangieren, sich an den Besitzstand zuklammern und das Evangelium zu

kompromittieren. Viele Verlegenheiten der Kirche in Deutschland (Stichwort „Kirchensteuer", Entmündigung der kirchlichen Basis durch die Administration und die theologischen Experten usw.) haben hier ihre Wurzeln und wollen im Durchgang durch die einzelnen kirchlichen Grundvollzüge (s.u. Kap. 5-8) pastoraltheologisch durchdacht sein.

(2) Stichpunkte zu markanten Entwicklungen in Staat, Wirtschaft und Gesellschaft und ihre Auswirkungen auf Individuum, Kultur und Religion haben die deutschsprachigen Pastoraltheologen 1983 in ihren Überlegungen zur „Kirche auf dem Weg ins Jahr 2000" (Mette/Blasberg-Kuhnke 1986, 116–124) zusammengetragen:

- Technologische Revolution
- Veränderungen in der Arbeitswelt
- Gebremste Demokratisierung
- Innergesellschaftliche Polarisierung
- Ausdehnung des Ost-West-Konflikts
- Rüstungswettlauf
- Nationaler Egozentrismus
- Zunehmendes Nord-Süd-Gefälle
- Ökologische Krisen und Katastrophen

Seither wären auf der Linie dieser Dynamik hinzuzufügen:

- Wiedervereinigung Deutschlands
- Zusammenwachsen Europas
- Neue Flüchtlingsströme
- Rechtsradikalismus

Die Auswirkungen auf das Individuum, die Kultur und die Religion werden unter folgenden Gesichtspunkten zusammengefaßt:

- Verwaltete Gesellschaft
- Konsumorientierung
- Wachsende Beziehungslosigkeit
- Globale Ohnmachtserfahrungen
- Zuflucht zu den „kleinen Lebenswelten"
- Verbreitete Orientierungslosigkeit und Sinnverlust
- Religiöses Revival
- Neue soziale Bewegungen als Protestpotential (Frauen-, Friedens-, Jugend-, Ökologie-, Dritte-Welt-Bewegungen usw.)

Wie lassen sich die Chancen, die Aufgaben und die Risiken kirchlichen Lebens in diesem Horizont näher bestimmen?

4.3.3 Christentum zwischen Tradition und Postmoderne

Daß wir uns in einer Übergangsphase befinden, ist unübersehbar; wo die Chancen und wo die Risiken dieser Phase liegen, ist umstritten, weil die Fakten immer vieldeutig sind und (deshalb!) die Brille, durch die man sie betrachtet (d.h. der eigene Deutungsrahmen und Interpretationsschlüssel), weitgehend über die Situationseinschätzung entscheidet.

(1) Die *Säkularisierungsthese* interpretiert die schwindenden Einflußchancen der Kirche in der modernen Gesellschaft als Folge der Emanzipation immer weiterer gesellschaftlicher Milieus aus dem Einflußbereich der Kirche. „Säkularisierung" ist ja ursprünglich ein wirtschaftspolitischer Begriff: Er bezeichnet den 1803 erzwungenen Übergang kirchlichen Territorialbesitzes in weltliche Hände. Analog dazu sieht man im Lauf des 19. Jh. die Kunst, die Kultur, die öffentliche Meinung, die Moral, die Schule und Erziehung den Händen der Kirche entgleiten. Weil man sich daran gewöhnt hat, die Kirche als den (einzigen) Ort und die Repräsentantin der Religion in der Gesellschaft zu sehen, kommt man zu der Vorstellung, die Welt werde immer „säkularer", d.h. unter den Bedingungen der Neuzeit sei die Religion insgesamt zum Aussterben verurteilt.
Ihre Überzeugungskraft hatte diese These nicht zuletzt deshalb, weil mit ihrer Hilfe sowohl die Kirche ihre Verluste wie auch die außerkirchlichen gesellschaftlichen Kräfte ihre Gewinne (im Sinne ihrer eigenen emanzipatorischen Ideologie) zu interpretieren vermochten.
Inzwischen sind aber an der Plausibilität dieses Interpretationsmodells große Zweifel gekommen; das Wiederaufleben religiöser Bewegungen in der westlichen Welt, aber auch ihr Überwintern in den unterdrückerischen östlichen Systemen oder das neue Erwachen des Islam lassen die Religiosität als eine anthropologische Konstante erscheinen, deren Bedeutung auch in der modernen Gesellschaft unübersehbar ist (Gabriel 1992, 141f).
Aber die Säkularisierungsthese scheitert auch vor den Details des empirischen Materials. Wie wir sahen, hat sich das Verhältnis der Katholiken zu ihrer Kirche in den letzten 50 Jahren nicht - wie die Säkularisierungsthese suggeriert - kontinuierlich entwickelt, sondern stellt sich als ein markanter Bruch zwischen 1968 und 1978 dar (s.o. 4.2.3.), der religionssoziologisch und pastoraltheologisch erklärt sein will. Offenbar heißt die entscheidende Frage nicht: Warum laufen seit 1968 die Leute der Kirche davon? Sie lautet vielmehr: Warum verlassen sie die Kirche *erst* seit 1968? Wie war es möglich, daß die Kirche in Deutschland trotz Aufklärung und Säkularisierung (Anfang des 19. Jh.!) die Kirchenbindung der Katholiken bis über die Mitte des 20. Jh. auf einem singulären Niveau erhalten konnte? Und warum setzt

sich der Abwärtstrend seit 1975 nicht mehr im gleichen Umfang fort, sondern pendelt sich allmählich auf einem niedrigeren Niveau ein? Dies wird mit Hilfe der Modernisierungsthese (vgl. Gabriel 1992, 69–104. 121–157) verständlich.

(2) Die *Modernisierungsthese* versucht, die veränderten Beziehungen zwischen der Kirche und ihren Mitgliedern sowie der Kirche und bestimmten Bereichen gesellschaftlichen Lebens (Politik, Kunst, Wirtschaft, Bildung) im Rahmen des umfassenden Prozesses gesellschaftlichen Wandels zu begreifen, den wir als „Moderne" bezeichnen und (seit G. Simmel) als Prozeß gesellschaftlicher Differenzierung zu verstehen gelernt haben.
Bilden in der traditionalen Gesellschaft Familie, Ortsgemeinde, Arbeit, Freizeit und Religion ein Gefüge konvergierender sozialer Kreise, die den einzelnen wie die Hüllen einer Zwiebel umfassen und sich gegenseitig stützen, ist der Übergang zur modernen Gesellschaft dadurch gekennzeichnet, daß diese unterschiedlichen sozialen Faktoren auseinandertreten zu einem System sich überlappender sozialer Kreise. Nicht nur Kirche und Kunst, Kirche und Politik entfernen sich voneinander, sondern auch Kunst und Politik, Arbeit und Familie, Freizeit und Bildung usw.
Dieser im 19. Jh. begonnene Prozeß ist, so lautet die These, im ersten Anlauf nicht zur vollen Auswirkung gekommen, sondern auf halber Strecke stehengeblieben. Ganze Bereiche gesellschaftlichen Lebens sind im Prinzip den Gesetzmäßigkeiten der traditionalen Gesellschaft bis in die Mitte des 20. Jh. verhaftet geblieben. Der landwirtschaftliche Lebensraum, die Familie und (damit zusammenhängend) die Entwicklungsmöglichkeiten der Frauen, aber auch weite Bereiche des Bildungswesens blieben vom ersten Modernisierungsschub unberührt. Das Ende der Wiederaufbauphase nach dem Zweiten Weltkrieg löst den zweiten Modernisierungsschub aus - die „radikalisierte Moderne" -, indem genau diese traditionalen Restbestände der Gesellschaft nun in den Ausdifferenzierungsprozeß einbezogen werden: Die Landwirtschaft wird selbst industrialisiert (und dient nicht länger als Auffangbecken für die Schwankungen im modernen Wirtschaftssystem), die ländliche Bevölkerung und die Frauen erhalten vollen Zugang zu den Bildungsmöglichkeiten unserer Gesellschaft, die „kleinen Lebenswelten" familialer und nachbarlicher Beziehungsnetze werden durch die „sekundären" Systeme (z.B. die Unterhaltungsindustrie) ausgebeutet bzw. „kolonialisiert".
Wie hat die Kirche sich angesichts dieses umfassenden gesellschaftlichen Wandels verhalten? Die wesentlichen Ergebnisse sozialgeschichtlicher Forschung lauten: Sie hat den ersten Modernisierungsschub geschickt aufgefangen, indem sie sich hinsichtlich ihrer eigenen Organisationsstruktur durchaus den Gesetzmäßigkeiten der Moderne öffnete (Ausbau einer zentralisti-

schen kirchlichen Bürokratie, Ausbildung eines prägnanten konfessionellen Profils, kämpferische Abgrenzung nach außen mit hoher Disziplin nach innen), sich aber gleichzeitig den inhaltlichen Impulsen der modernen Freiheitsgeschichte, also der „Kultur" der Moderne (im Unterschied zur Struktur) verweigerte.

Im Rückgriff auf die Restbestände der traditionalen Gesellschaft hat die Kirche ihre Überlebenschance gesehen. Sie hat die Landbevölkerung als ihre eigentliche Basis begriffen und von ihr her die kirchlichen Funktionsträger rekrutiert, sie hat - nicht ohne antiintellektuellen Affekt - die Volksfrömmigkeit bestärkt und sich durch Nutzung des neuen Vereinsrechts in der Gestalt der kirchlichen Vereine und Verbände einen Schutzwall aufgebaut, der das charakteristische „katholische Milieu" gegen gesellschaftliche Einflüsse abschirmte. Jeder Katholik konnte nun im Grunde alle wesentlichen Erfahrungen des Lebens auf allen gesellschaftlichen Ebenen mit seinesgleichen und im Rahmen des eigenen überlieferten, durch Romantik und Neuscholastik wiederentdeckten Erbes verarbeiten.

Indem der zweite Modernisierungsschub der späten 60er Jahre diese Milieus „abschmelzen" ließ (Zerstörung der konfessionell geprägten Räume durch die Flüchtlingsströme der Nachkriegszeit; Zunahme der Mischehen, erhöhte Bildungschancen für die Frauen und für die Landbevölkerung usw.), hat er die katholische Kirche an ihrem schwächsten Punkt getroffen; sie sieht sich nun unausweichlich in ihrem eigenen Inneren mit allen Ideen, Lebensentwürfen und Stilen der pluralen Gesellschaft konfrontiert und muß entsprechend ihre Identität ganz neu formulieren.

Diese These hat Gabriel dazu veranlaßt, die religiös-kirchliche Entwicklung in der Bundesrepublik in drei Etappen zu gliedern (vgl. Gabriel 1992, 47–68):

(a) In den Jahren 1949 bis 1968 beobachten wir eine religiös-kirchliche Renaissance, die sich aus dem vergleichsweise respektablen Verhalten der Kirche in der Nazizeit und in den Herausforderungen des Wiederaufbaus erklärt: Religion ist in Deutschland sozial gut sichtbar, gesellschaftlich einflußreich und akzeptiert; so kann etwa das Prinzip „Subsidiarität" der katholischen Soziallehre zu einem gesamtgesellschaftlich akzeptierten Grundprinzip der BRD als Sozialstaat werden.

(b) In den Jahren 1968 bis 1978 folgt ein Modernisierungsschub, der mit seinem starken Traditionsverlust zu einer Transformation der Religiosität führt: Religion ist nicht mehr identisch mit kirchengebundener Religiosität, sondern artikuliert sich in deutlicher Distanz („Gott ja, Jesus ja, Kirche nein").

(c) Schließlich folgt 1978 bis 1990 eine Phase wachsender Individualisierung und Pluralisierung der Sinndeutungsmuster innerhalb unserer Gesellschaft. Es kommt zu einer wenig abgrenzbaren Religiosität (mit einem breiten Spektrum von magischen Praktiken bis zu New Age). Die Religion wird „hintergründiger", d.h. weniger sozial manifest, individueller und informeller („Bastelreligion"; religiöse Eigenkomposition).

Die stürmischen Jahre des Umbruchs (1968–1978) werden, wie die nachstehende Grafik (Abbildung 7) verdeutlicht, verständlich auf dem Hintergrund des Wertewandels der Gesellschaft in diesen Jahren:

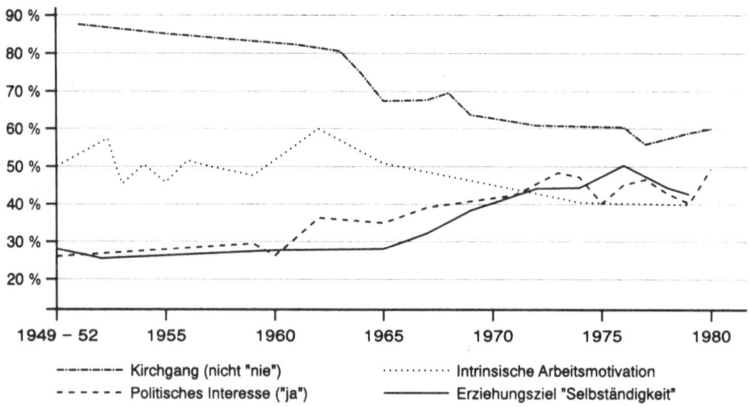

Quelle: *Meulemann* 1985:409

Quelle: *Meulemann* 1845:409 Abb. 7
Aus: Karl Gabriel, Christentum zwischen Tradition und Postmoderne, Quaestiones disputatae 141, 1992, Verlag Herder, Freiburg – Basel – Wien.

In der Adenauer-Ära dominierten, bedingt durch die Aufbauphase, charakteristische „bürgerlich-industrielle Wertmuster", die im 19. Jh. (nicht ohne Einfluß der evangelischen und katholischen Kirche) ausgebildet worden waren, wie Disziplin, Gehorsam, Leistung, Fleiß, Bescheidenheit, Selbstbeherrschung, Anpassungsbereitschaft ... Derlei „Pflicht- und Akzeptanzwerte" lassen die persönliche Entwicklung des einzelnen gegenüber der Gemeinschaft, das Leben gegenüber der Arbeit in den Hintergrund treten. Entsprechend wenig werden z.B. in der Erziehung Selbstbewußtsein und Selbständigkeit des einzelnen oder auch sein politisches Bewußtsein und seine Bereitschaft zum öffentlichen Engagement gefördert. Dies ändert sich abrupt nach der Periode des Wiederaufbaus. Weil aber die genannten „bürgerlich-industriellen" Wertmuster („intrinsische Arbeitsmotivation") ganz offensichtlich mit der Bereitschaft zum Kirchgang korrelieren (wie Abbildung 7 zeigt), muß die Kirche als Teil der Gesellschaft im Jahr 1968 mit dem Aufstieg der Leitwerte „Selbständigkeit" und „politisches Engagement" mitsamt der bis dahin herrschenden bürgerlichen Wertestruktur in die Krise geraten. Der „Individualisierungsschub“ (U. Beck), den die Ausdifferenzierung der Gesellschaft freisetzt, wirkt sich nun auch innerhalb der Kirche aus; die im 19. Jh. hochentwickelte Institutionalisierung kirchlichen Lebens verliert an Ansehen und Durchsetzungskraft, die Pluralisierung des Christentums auch innerhalb der Kirche ist die verständliche Folge dieser Schwächung institutioneller Bindungskraft.

4.3.4 Bilanz und Perspektiven

Der Versuch einer Bilanz darf sich nicht von den spektakulären Auflösungserscheinungen in Bann schlagen lassen. „Die Auflösung hinterläßt kein Chaos, wie die Vertreter der alten Ordnung nur allzu gern glauben machen wollen. Der sich neu herausbildende Pluralismus ist weder ufer- noch gestaltlos, sondern läßt fest umrissene Konturen erkennen“ (Gabriel 1992, 192).

(1) Die Auflösung des Katholizismus als Sozialform ist unübersehbar. Dies zeigt Gabriel an den Merkmalskomplexen, die wir bereits bei der Entstehung des Katholizismus (als integralen Teil der bürgerlich-modernen Industriegesellschaft) kennenlernten:

- Die *katholische „Weltanschauung“* als geschlossenes System mit ihrem charakteristischen Dualismus (Gott – Welt, Himmel – Hölle, Kirche – Staat) und der darin begründeten Mittlerrolle der Kirche (Heilsvermittlung, Gnadenschatz) verliert mit dem Zerbrechen des Milieuzusammenhangs ihre Plausibilität: Das alte Gottesbild (vgl. a.a.O., 167), das Kirchenbild (vgl. a.a.O., 173f) und die Werthierarchie erweisen sich „dem neuen zivilisatorischen Niveau (...) als nicht gewachsen“ (a.a.O., 168).
- Die *katholischen Institutionen* bilden im Verbund nicht mehr das sonderkulturelle Milieu, das die Katholiken überhaupt erst in den gesellschaftlichen Zusammenhang hineinvermittelt, sondern, soweit sie nicht (wie die Konfessionsschule, „das Herzstück kirchenamtlicher Gesellschaftspolitik“, a.a.O. 169) untergingen, werden sie (der katholische Kindergarten, die katholische Schule und das katholische Krankenhaus) nur mehr als Alternative zum staatlichen Dienstleistungsmonopol nach Gesichtspunkten individueller Wahl in Anspruch genommen.
- Die *konfessionsspezifischen Rituale des Alltags* (Kreuzzeichen, Fleischverbot) *und der Lebenswenden* (Taufe, Eheschließung, Begräbnis), in denen die katholische Weltanschauung in ihrer Tiefenstruktur symbolisch zum Ausdruck gebracht und erlebnismäßig angeeignet wurde, verlieren

ihre Stimmigkeit, und selbst die theologischen Reflexionen, die sie neu zu legitimieren versuchen, zerstören eben damit ihre unbefragte Gültigkeit (weshalb sie zum bevorzugten Ort innerkirchlicher Auseinandersetzungen zwischen traditionalen und progressiven Kräften werden, vgl. a.a.O., 170f).

- Die empirische *Kirchenstruktur verliert ihre sakrale Aura* (vgl. a.a.O., 172f), denn unter den Bedingungen entfalteter Modernität büßt die Kirche gegenüber ihren Gläubigen auch die Kontrolle über die Kommunikationsprozesse ein, in denen sie sich ihr Bild von der Kirche machen. In den Umfragen stehen sehr anspruchsvolle Idealvorstellungen von der Kirche einer Wahrnehmung des realexistierenden Christentums gegenüber, die fast nur noch die zentralistisch-bürokratische Großorganisation der „Amtskirche" sehen kann.
- Mit seiner *Umcodierung der Glaubenstradition* hat dazu nicht zuletzt das Konzil einen entscheidenden Beitrag geleistet (vgl. a.a.O., 175f): Indem es den kirchlichen Triumphalismus delegitimiert, löst es sich „von einem zentralen Baustein im Gebäude des Katholizismus als Sozialform und trägt so zu einer Destabilisierung bei" (a.a.O., 196).

(2) Es sind aber auch Prozesse der Neuformierung erkennbar. Es formieren sich, wie bereits in der Schweiz beobachtet, „Sektoren", die zusammen eine neue Sozialgestalt des Katholizismus erkennen lassen (vgl. a.a.O., 179–192):

- Etwa 10 Prozent der Katholiken bilden einen (in dieser Art neuen) *fundamentalistischen Sektor,* der sich vor dem verschärften Modernisierungsprozeß in der absoluten Geltung vorkonziliarer Traditionen und Frömmigkeitsformen zu sichern sucht und gerade so (gegen seine Intentionen) den kirchlichen Pluralismus anschärft (Polarisierungen).
- Der *explizite und interaktive Sektor* wird von etwa 30 Prozent der Katholiken gebildet, die zum Leben der Kirche (in Gottesdienst, Gemeinde und Vereinen) regelmäßigen Kontakt halten; sie haben den konziliaren Aufbruch begrüßt und wissen bei der eigenen Lebensführung auch Autonomieansprüche gegenüber der kirchlichen Doktrin anzumelden, gehören aber gleichwohl einem eher kleinbürgerlich-konservativ geprägten Milieu an und sind schon aufgrund der deutlichen Überalterung im Rückgang begriffen.
- Zum *Sektor diffuser Katholizität* gehört die Mehrheit der unter 60jährigen Katholiken. „Deutlicher als im expliziten Sektor entsprechen die Glaubensformen hier der gesellschaftlich erzeugten, massenkulturellen Sozialform der Religion" (a.a.O., 183), die sich mit ebenso diffusen traditionalen Elementen der Volksreligiosität mischen kann (volkskirchliche Sakramentenpraxis) und deutlich ein sozial-ethisches Engagement der Kirche und des Christentums favorisiert.

- Der *Sektor formaler Organisation* umfaßt die große Zahl der Katholiken, die arbeitsvertraglich an die Kirche gebunden sind. Obgleich sie ihrer persönlichen Glaubensform nach zu jedem der anderen Sektoren gehören können, bilden sie eine markante Größe, weil der deutsche Katholizismus auf die Auflösung seiner milieugestützten Sozialform mit einer Verstärkung der beruflichen und organisatorischen Sektoren reagierte und damit nicht nur das institutionell verfaßte Christentum verstärkt, sondern sich auch ein neues Disziplinierungsinstrument geschaffen hat: So wie er im 19. Jh. den Verlust sozialstaatlicher Kontrolle mit dem Ausbau milieuspezifischer sozialer Kontrollen kompensierte, so ersetzt er jetzt deren Niedergang mit formalorganisatorischer Durchsetzungsmacht (kirchliches Arbeitsrecht, Kirchlichkeitsansprüche), obwohl dadurch die Ausstrahlungskraft der kirchlichen Organisationen nicht ersetzt werden kann, sondern vielmehr an Glaubwürdigkeit einbüßt (vgl. a.a.O., 118).
- Im *Sektor der „Bewegungen"* lassen sich schließlich jene Katholiken zusammenfassen, die dem reflexiv gewordenen Modernisierungsprozeß auf post-moderne Weise begegnen: mit einer Glaubensform, die sich auf den Zusammenhang von Überlieferung und Lebensalltag bezieht und ihn im „dauerreflexiven" Austausch von Glaubenserfahrungen in der Gruppengemeinschaft sichert. Angesichts der Unübersichtlichkeit und Widersprüchlichkeit des gesellschaftlichen Umfelds leben dabei die „neuen geistlichen Gemeinschaften" eher das Ja des Glaubens, die „Basisgemeinschaften" eher das prophetisch-kritische Nein. Auch wenn es sich mehr um expressive Minderheiten handelt, entwickeln sie innerkirchlich und gesellschaftlich eine bemerkenswerte innovative Kraft.

Auch wenn es sich hier bislang nur um Schätzwerte handelt, wird doch deutlich, wie völlig überholt die landläufigen Einteilungen des Kirchenvolkes in aktive Kirchenglieder und Fernstehende, in Kleriker und Laien, in Fortschrittliche und Konservative sind und wie wichtig es für die Zukunft der Kirche ist, sich von derlei dualen Vorstellungsmodellen (und ihrer gefährlichen Neigung zur Bildung von Feindbildern) zu einem pluralen, wahrhaft katholischen Kirchenverständnis fortzuentwickeln.

(3) Abschließend weist Gabriel drei mögliche künftige Entwicklungen der Kirche in Deutschland auf, zwischen denen sie sich wird entscheiden müssen:

- Der *fundamentalistische „katholikale" Rückzug* versucht dem Ende der bürgerlichen Gesellschaft heute mit denselben Mitteln zu begegnen wie im 19. Jh. dem Ende der Feudalgesellschaft - ohne zu realisieren, daß der damals erfolgreiche Weg von den starken traditionalen Ressourcen der unentfalteten Moderne lebte, die inzwischen nicht mehr verfügbar sind;

er würde heute – wie an den Evangelikalen Nordamerikas ablesbar ist – die Kirche „auf die Rolle einer aus der gesellschaftlichen Evolution herausfallenden Sekte festlegen" (a.a.O., 198).

- Das *komplementäre basiskirchliche Christentum* setzt den Entfremdungserfahrungen in Gesellschaft und Kirche ein alternatives, schöpferisches, ganzheitliches Kleingruppenmilieu von beachtlicher Ausstrahlungskraft entgegen, bezahlt aber unter unseren komplexen gesellschaftlichen Verhältnissen (im Unterschied zur Situation in der Dritten Welt) für sein klares Profil einen teuren Preis: die Überforderung und Ausgrenzung des Großteils der eher gemäßigt-konservativen katholischen Bevölkerung. Es ist deshalb wohl nur als Baustein innerhalb des dritten Szenarios vorstellbar:
- Ein *pluriformer Katholizimus* interpretiert die sich ausbildende innerkirchliche Pluralität nicht als Verfall der Tradition, sondern als eine Sozialgestalt, die dem Christentum in einer postmodernen, kulturell und strukturell radikal-pluralen Gesellschaft Ausdruck verleiht. Die eigene Identität sucht er „vom Bild einer durch die moderne Gesellschaftsentwicklung bedrohten, um das Überleben kämpfenden Kirche zu lösen und auf den Dienst am Kommen des Reiches Gottes als Paradigma gesamtmenschlichen, universalen Heils hin auszurichten" (a.a.O., 201). Wenn es ihm gelingen sollte, die solchem Pluralismus entsprechenden Modelle der Konfliktaustragung und der Autoritätsausübung zu entwickeln, gehört ihm „ein Stück empirisch verantwortbare Hoffnung" (a.a.O., 202).

4.4 Überleitung

Rückblickend können wir feststellen, daß die Beschäftigung mit dem „realexistierenden Katholizismus in der BRD" unsere theologischen Fragen nicht erstickt, sondern anschärft. Betrachtet man die Entwicklung des kirchlichen Lebens in den zurückliegenden 40 Jahren, so zeigt sich, daß die Vorstellung der Kirche als des Volkes Gottes unterwegs kein Phantasiegebilde ist, sondern Realität. Es ist eine Kirche auf dem Weg aus der Mehrheits- (Volkskirche) in die Minderheitsposition (Gemeindekirche), aus dem „gelobten Land" staatskirchlicher Abstützung des Glaubens (bis zum Ende der Adenauer-Ära) in die Situation der Diaspora und des Exils.
Aber auch an einzelne Bereiche der kirchlichen Wirklichkeit - an ihr Engagement im Bildungsbereich oder angesichts der sozialen Probleme unserer Gesellschaft oder im Blick auf ihren eigenen organisatorischen Apparat – lassen sich nun mit neuer Schärfe die Fragen stellen, die sich uns beim Nach-

denken über den „Selbstvollzug“ der Kirche bereits gestellt haben: Wird heute ihre Bildungs- und Predigttätigkeit dem theologischen Anspruch der „Martyria“ gerecht? Entspricht ihr Caritasapparat den inneren Maßstäben christlicher Diakonie? Entsprechen die Verbände, die Gremien, die Pfarr- und Diözesanstrukturen der „Koinonia“, von der das Neue Testament spricht? Ist es erträglich, die Ökumene als pastorales Randgebiet zu betrachten und endlos auf die lange Bank zu schieben?

Aus alledem wird die theologische Bedeutung der Humanwissenschaften deutlich: Die Beschäftigung mit ihnen läßt die theologischen Fragen nicht in den Hintergrund, sondern gerade in den Vordergrund treten, schärft sie an und spitzt sie zu!

TEIL II

Fünftes Kapitel

Martyria: Zeugnis des Glaubens – im Wort und Leben

KONRAD BAUMGARTNER

Inhaltsverzeichnis

5.1 Voraus-Fragen an den Leser

Wenn wir von „Verkündigung“ sprechen, dann denken wir zumeist sofort und ausschließlich an die Predigt: der Prediger selbst, der mehr oder weniger unter der Last dieser Aufgabe leidet; die Hörer, die nicht selten klagen über die Welt- und Lebensfremdheit der Predigten, über ihre fremde Sprache oder über die als lang und zu lang erlebten und erlittenen Predigten, die aber auch von so mancher Predigt „leben“: in der ihnen etwas aufgegangen ist für ihren Glauben und für ihr Leben; in der einer betroffen darüber wurde, daß diese Rede ihn „anging“, ihn ermutigt oder getröstet, vielleicht auch zur Änderung seines Lebens bewegt hat.
Lassen wir als erstes diese Frage an uns selbst zu (und sprechen wir untereinander darüber): Wie erleben wir die Verkündigung der Kirche - in Predigten, in Hirtenbriefen, in päpstlichen Rundschreiben? Könnten wir von dieser oder jener Predigt, Ansprache, Rede oder von einem gedruckten Verkündigungs-Text sagen: davon bin ich bewegt worden? Dadurch hat sich etwas bewegt: in meinem eigenen Leben, im Leben unserer Gemeinde, der Kirche, der Gesellschaft - positiv oder auch negativ?
Beim Bedenken solcher Fragen werden uns schon elementare Einsichten zu unserem Thema deutlich: Verkündigung/Evangelisierung meint nicht nur den Vorgang der Predigt. Es gibt vielmehr eine Fülle von Kommunikationsformen des Glaubens. Zudem ist klar: Verschiedenste „Verkündiger“ werden aktiv, erreichen die Wellenlänge des Hörers oder gehen daran vorbei. In den verschiedenen liturgischen Feiern sind es Priester, Diakone, Pastoralassistenten/innen; Frauen und Männer im „Wort zum Sonntag“ oder in anderen kirchlichen Sendungen; Religionslehrer/innen, wenn sie ihr Lebens- und Glaubenszeugnis einbringen im Unterricht; Eltern und Großeltern, wenn sie den Kindern religiöse oder biblische Geschichten erzählen, mit ihnen christliche Feste feiern oder ganz einfach ihren Glauben vorleben im Alltag. Die Zuhörer werden davon angesprochen, beginnen sich zu fragen, halten ihr Leben mit dem zusammen, was ihnen die verschiedenen „Verkündiger“ mitteilen.
Wir sehen: Hörer des Wortes sind gar nicht so passiv, wie man aufs erste meinen könnte. Manchmal sind sie gelangweilt, oft auch betroffen, bewegt, deprimiert oder zuversichtlich geworden durch das Zeugnis des Wortes. Dabei geht es nicht nur um die Frage: Welche Qualität hat diese Verkündigung sprachlich - ist es eine weltfremde Sondersprache, eine Sprache „ohne Bilder und Gleichnisse“, abstrakt und theoretisch? Wichtiger ist, ob diese Rede „erfahrungshaltig“, erfahrungsbezogen ist: verbunden mit den Fragen und Problemen der Menschen, lebensdeutend und lebenserhellend. Wichtig ist auch die Frage nach der Glaubwürdigkeit: Stimmen das Wort der

Verkündigung und das Zeugnis dessen, der verkündigt, überein? – Eine Frage, die nicht nur die Amtsträger in der Kirche angeht, sondern jeden einzelnen Christen. Reden wir wie die Schriftgelehrten oder „in Vollmacht" wie Jesus? Indem wir tun, was wir sagen, besser noch: indem wir sagen, was wir tun? Im Bild gesagt: Ist der Verkündiger wie ein Wegweiser, der den Weg zwar zeigt, aber ihn selbst nicht geht? Übrigens: Auch die Religionslehrer (und solche, die es werden wollen) gehen solche Fragen an!

5.2 Nöte und Chancen der Weitergabe des Glaubens heute

5.2.1 Zur Situation

Der Eindruck, daß Religion und Glaube mit dem Leben des Menschen immer weniger zu tun haben, ergibt sich heute in vielfacher Weise: Abertausende treten aus der Kirche aus, die regelmäßigen Kirchenbesucher nehmen sowohl in Großstadtgemeinden wie im ländlichen Bereich nach wie vor ab. Das Leben der Kirche und ihre Vorstellungen vom Leben werden oft nicht mehr wahr-, geschweige denn ernstgenommen. Religiosität ist zur Privatsache geworden – in der Öffentlichkeit, im Berufsleben, in der Nachbarschaft, zuweilen sogar im Leben der Familien selbst. Eltern sagen zu ihren Kindern: „Das ist deine Sache, ob du betest oder zum Gottesdienst gehst." Der lebendige Austausch von Glaubenszeugnis und Glaubenserfahrung ist in vielen Gemeinden zwar in Gang gekommen, aber gleichzeitig gibt es weit mehr Menschen, welche diese Entdeckung noch nicht gemacht haben.
„Was gibt christlicher Glaube dem Menschen von heute?", so fragen viele. Ist er nicht ein Ballast vergangener Zeiten – ohne Relevanz für die Gegenwart und Zukunft, für die bedrängenden Menschheitsfragen? Dazu kommt, daß Kirche als eine autoritäre und bevormundende Institution erlebt wird, welche die Freiheit des Menschen nicht zuläßt oder sie beeinträchtigt. Für viele scheint es einen unüberwindbaren Gegensatz zu geben zwischen Vernunft und Glauben.
Ja, nicht wenige Zeitgenossen meinen, der Kirche überhaupt den Abschied geben zu können: Sie werde nicht mehr gebraucht in der heutigen Zeit, bestenfalls als Museum vergangener Tage sei sie interessant. Aber wohnen möchte man in diesem Haus nicht – auch nicht vorübergehend. So scheinen Kirche und christlicher Glaube bestenfalls noch zur Bewältigung von Grenzerfahrungen des individuellen Lebens nötig und hilfreich. Oder sie stehen für eine eher diffuse Legitimation von gesellschaftlichen und bürgerlichen Grundwerten: Kirche wird nur noch ernst genommen als soziale Hilfsorganisation für Arme, Kranke und Bedürftige.

Die Krise der Glaubensweitergabe in der westlichen Welt hängt mit diesem Funktionswandel von Religion zusammen. Kommen dazu noch Lebensfremdheit und Realitätsverlust in der Verkündigung der Gemeinden, Abschirmung der Kirche gegenüber dem Alltagsleben der Menschen und ihren Konflikten, Weltfremdheit und Weltverschlossenheit der mit der Verkündigung des Evangeliums Beauftragten, Unbeweglichkeit der Kirche in Fragen der Sexualität, der Stellung der Frau in der Kirche, in der Frage der Geschiedenenpastoral, der Ökumene oder des Zölibats, mangelnde Konfliktfähigkeit und Fixierung auf Nebenschauplätze von Leben und Welt („Das Haus brennt, aber die Geranien müssen gegossen werden"), dann stellen die Zeitgenossen Glauben und Kirche noch mehr in Frage und die Weitergabe des Glaubens wird zusätzlich erschwert. Der alte Glaube und die neue Zeit scheinen nicht mehr in einen lebensnotwendigen Zusammenhang zu bringen zu sein. Gott ist in den Erfahrungen des Menschen unserer Tage vermeintlich nicht mehr auffindbar. Oder man sucht ihn in okkulten Zirkeln und will sich seiner mit magischen Praktiken bemächtigen. Wie sagte ein Kind dieser Tage im Religionsunterricht: „Damals, als es Gott noch gab ..."
Dazu kommt: Wir sehen uns tiefgreifenden Veränderungen in der gesellschaftlichen Lebenswelt gegenüber. Während sich einerseits ungeahnte Möglichkeiten eröffnet haben und erstaunliche Fortschritte im Bereich der Wissenschaft und Technik erreicht worden sind, erfahren wir gleichzeitig, daß die Gefährdung des Lebens, der Um- und Mitwelt, ja der ganzen Menschheit in angsterregender Weise gewachsen sind. Die globalen Herausforderungen der Friedenssicherung, des Ausgleichs zwischen Nord und Süd, zwischen Arm und Reich, das weltweite Flüchtlings- und Migrationsproblem, die Frage, ob Leben und Überleben auf unserem Planeten noch möglich sein wird - sie stellen unsere bisherigen Lebensgewohnheiten radikal in Frage.
Tragen Christen mit ihrer Überzeugung und ihrem Leben dazu bei, Antworten auf diese Fragen zu suchen und zu finden? Solche Herausforderungen zwingen dazu, uns auf unseren ursprünglichen Auftrag zu besinnen und das Unterscheidend-Christliche neu zur Sprache zu bringen: im Dialog mit den fragenden und suchenden Menschen, in unseren Gottesdiensten und Gesprächskreisen, in Solidaritätsaktionen mit außerkirchlichen Gruppen, mit allen, die sich für diese Welt und ihre Zukunft einsetzen. Als entschiedene und überzeugte Christen könnten wir damit deutlich machen, daß unser Gott ein „Freund des Lebens" ist. Was ansteht, ist eine grundsätzliche Besinnung auf die Bedeutung des Christseins in dieser Welt und Zeit. Daraus könnte ein Bemühen um die Weitergabe des Glaubens erwachsen, die situations- und menschengerecht, entschiedener und bewußter und mit mehr Einsatz des einzelnen, von Gruppen und Gemeinden, ja von der Kirche als ganzer geleistet wird.

Das „institutionelle Angebot“ der Kirche ist bei näherem Zusehen gewaltig: In den Handlungsfeldern „Verkündigung“ und „Bildungsarbeit“ geschieht eine Menge. Denken wir im Bereich der Verkündigung an die Katholikentage und kirchlichen Kundgebungen, an den Einsatz der Kirche im Bereich der Kultur, an die Aktionen „Adveniat“, „Misereor“ und „Renovabis“, an das Institut „Missio“, das sich für ein verändertes Bewußtsein von Mission im Sinne der Evangelisierung und der Enkulturation und für eine neue Praxis derselben einsetzt. Wieviel an direkter und indirekter Verkündigung und Glaubensvermittlung erfolgt durch Publikationen von christlich motivierten Autoren und Künstlern, durch die Praxis des Glaubens am Sonntag und während der Woche, wieviel an öffentlicher Bekundung des Christseins geschieht in Prozessionen und Wallfahrten, bei Demonstrationen, in Exerzitienhäusern und durch Volksmissionen, in neuen jugendgemäßen liturgischen Feiern und in der Wiederbelebung des religiösen Brauchtums!

Und auf der existentiellen Ebene können beispielhaft genannt werden die persönliche oder gemeinsame Bibellesung, die Bemühung um Meditation und Stille, die Glaubens- und Gebetskreise in den Gemeinden oder in den charismatischen Gruppen, die Aufgeschlossenheit für religiöse Sendungen im Fernsehen. Nicht übersehen werden darf das Glaubenszeugnis des einzelnen und ganzer Gruppen am Arbeitsplatz, in der Öffentlichkeit von Politik und Wirtschaft, der Protest aus christlicher Überzeugung in Leserbriefen und Unterschriftenaktionen.

Auch im Bereich der Bildungsarbeit geschieht unendlich viel: in den kirchlichen Akademien, in der Publizistik, durch Mitarbeit in den neuen Medien, in den Aufbruchsbewegungen vieler Ordensgemeinschaften, in der Bildungsarbeit mit Zielgruppen (Arbeiterpastoral, Frauenarbeit, Seniorenarbeit, Jugendarbeit), im Religionsunterricht und in den Schulen mit kirchlicher Trägerschaft, in der theologischen Aus- bzw. Fortbildung von ehrenamtlichen und hauptamtlichen Mitarbeitern, bei Tagen der Orientierung und im Kindergarten, durch die Öffentlichkeitsarbeit der Kirche und der einzelnen Gemeinden, in der Gemeindekatechese oder durch die Pfarrbücherei. Nicht zu übersehen sind die Bemühungen um die Befähigung von Eltern für die religiöse Erziehung ihrer Kinder, in Elterngruppen und Familienkreisen, die Schulung von Gruppenleitern in der Jugendarbeit oder im karitativ-diakonischen Bereich – noch vieles andere ließe sich aufzählen.

Wir sehen in solchen „Zeichen der Zeit“ eine Situation des Aufbruchs und der Veränderung, die über die Weitergabe des tradierten Glaubens hinaus nach Evangelisierung ruft. Als Leitsatz dafür kann gelten: Heute pastoral verantwortlich in der Verkündigung und Bildungsarbeit der Kirche dem Glauben dienen heißt: den Schatz der Überlieferung so ins Spiel bringen, daß sich etwas ändern kann.

5.2.2 Die Aufgabe der Weitergabe des Glaubens

„Die Kirche ist von Jesus Christus gesandt, durch die Verkündigung seiner Botschaft und das Zeugnis des Lebens Glaube, Hoffnung und Liebe zu wekken“ (Gemeinsame Synode, Räte und Verbände, 1.1). Die Verkündigung der Botschaft Jesu, zusammengefaßt in dem Wort: „Die Zeit ist erfüllt, das Reich Gottes ist nahe. Kehrt um, und glaubt an das Evangelium!“ (Mk 1,15), gehört also zu den Grundaufgaben der Kirche. Der Glaube ist ja die Wurzel, das Fundament und das Ziel des christlichen Lebens, sowohl des einzelnen wie der christlichen Gemeinde und der Kirche insgesamt. Ohne dieses Fundament des Glaubens sind auch der christliche Gottesdienst und die Feier der Sakramente sinnlos. Und schließlich ist auch christliche Diakonie ohne das Bewußtsein des Glaubens, ohne das Wissen um ihre Motivation nicht echt und wurzeltief. Verkündigung gehört zum Lebensvollzug der Kirche. Und zwar als Glaube, der gelebt und verkündigt wird. Das Wort vom neuen Leben in Christus bliebe hohl und bedeutungslos, wenn nicht Menschen aus diesem Glauben das Leben und die Welt gestalteten.

Grund und Inhalt dieses christlichen Glaubens und seiner Weitergabe ist das Wort Gottes, ist Jesus Christus, das „fleischgewordene Wort“: Er ist für uns „Weg, Wahrheit und Leben“. Es ist allen Christen aufgegeben, dieses Wort vom Leben immer wieder neu und aufmerksam zu hören und in unerschrokkener Zuversicht zu verkünden. Weitergegeben und entfaltet wird dieses Wort Gottes durch die lebendige Überlieferung in der Gemeinschaft der Glaubenden: durch das Wort und durch das Zeugnis des Lebens, durch Treue im Alltag, durch Geduld im Ertragen von Leiden (vgl. Beschlüsse der Rottenburger Diözesansynode 1986, II). Denn Gottes Wort ist nicht nur Trost, Beruhigung und Stärkung für den, der es hört. Es stellt auch in Frage, es weckt Widerspruch und Widerstand. Und viele Christen nehmen auch heute noch für ihr Bekenntnis Nachteile, ja Verfolgung und sogar den Tod auf sich.

Da der Glaube vom Hören kommt (vgl. Röm 10,17), steht in der Weitergabe des Glaubens an erster Stelle die lebendige Verkündigung und Bezeugung des Wortes Gottes: in Predigt und Katechese, in der Familie, im Religionsunterricht und in der Jugendarbeit, besonders aber im alltäglichen Leben. Gerade diese Beziehung der christlichen Botschaft zur Alltagswelt und zu den Lebensfragen der Menschen ist vorrangig wichtig geworden: Christen müssen in der Welt von heute und morgen gleichsam ein „fünftes Evangelium“ sein - durch ihren gelebten Glauben.

5.2.2.1 Was ist mit Verkündigung gemeint?

Mit Verkündigung bezeichnen wir „Faktum und Weise der Weitergabe des Heils, jene Wirklichkeit, durch welche Gott die im Kerygma mitgeteilte Rettung als Gegenwart in der Kirche geschehen läßt. Heilsgeschehen ist Verkündigung, wenn es das Evangelium als seinen Inhalt in einem Handeln Gottes durch Menschen und deren Sprechen, aber auch durch ihr Tun zu Gehör und damit zum Glauben bringt (Röm 10,13–18)" (Feifel 1985, 241f). Wir können auch sagen: Verkündigung möchte in all ihren Formen dazu Mut machen, sich auf den Gott des Jesus von Nazaret als Grundlegung des eigenen Lebensentwurfs einzulassen (vgl. Bucher 1986, 484). Sie richtet sich mit ihren Aussagen über die Glaubenswirklichkeit gleichzeitig auf das Verhältnis von Gottes Offenbarung zum menschlichen Selbst- und Weltverständnis, auf die Korrelation von Glaube und Erfahrung (vgl. Feifel 1985, 242).
Verkündigung ist also Heilsgeschehen: Ihr Inhalt ist die Offenbarung Gottes in Jesus Christus, die uns authentisch, d.h. verbindlich, in der Heiligen Schrift bezeugt wird. Das ist die eine Seite ihrer Inhaltsstruktur: der Bezug zum biblischen Zeugnis, das uns in der kirchlichen Überlieferung übermittelt wird. Die Heilige Schrift „zusammen mit der Heiligen Überlieferung" (DV 21) ist die „Grundlage, die Norm und die Seele aller Verkündigung und alles dessen, was in der Kirche zu geschehen hat (...) An ihr muß sich alles messen und ausrichten" (vgl. Kasper/Lehmann 1970, 72f). Biblisches Zeugnis und kirchliche Überlieferung müssen mit der aktuellen Lebenswirklichkeit zusammenkommen. - Der andere Aspekt der Inhaltsstruktur christlicher Verkündigung ist die Nähe zu Verstehensweisen des Lebens (vgl. Feifel 1985, 244). Daraus erkennen wir das Grundproblem aller Verkündigung: Sie soll „zugleich an der Schrift orientiert sein und der Zeit gerecht werden, sie soll die Überlieferung des Glaubens wahren und die Situation des Hörers treffen" (Gemeinsame Synode, Laienverkündigung. 1.2: „Laienpredigt", 153).
Damit wird deutlich, daß das Evangelium Jesu Christi nicht ein für allemal als „fertig" anzusehen ist. Entscheidend ist, daß das „Wort Gottes" seine Hörer anzieht, sie erkennen läßt, daß hier von ihrem Leben, von ihren Hoffnungen und von ihren tiefsten Bedürftigkeiten gesprochen wird. Erst wenn dies deutlich wird, kommt das „Wort" an sein Ziel und ist wirksames Wort. Erst wenn der Bogen vom ergehenden Wort zum verstandenen Wort und zum angenommenen Dank für dieses Wort geschlagen ist, ist Verkündigung wirklich Verkündigung des „lebendigen Wortes". Das Wort Gottes soll durch die Verkündigung in seiner kritischen und befreienden Kraft zur Geltung kommen. Sie befreit zur herrlichen Freiheit der Kinder Gottes (vgl. Röm 8,21), zur Subjektwerdung unter Gottes Augen, indem sie die Situation „klärt".

Inhaltlich geht es um die Verkündigung des erlösenden und liebenden Gottes, um die Geschichte von Gottes Heilshandeln an Israel und um die Botschaft vom „Abba"-Gott, der den Menschen in Jesus von Nazaret aufgegangen ist. Jesu Wort und Leben, seine Hingabe im Tod sowie die Bestätigung seines Weges durch die Auferweckung sind deshalb zentrale Inhalte christlicher Verkündigung. Es ist die Vermittlung des Glaubens als Frohe Botschaft von der Erlösung aller Menschen, die Gott in Jesus Christus gewirkt hat und zu deren Annahme alle eingeladen sind.
Aufgrund von Kreuz und Auferstehung, die Botschaft und Wirken Jesu bestätigt haben, ist der glaubende und getaufte (= schon erlöste) Christ dem konkreten und radikalen Anspruch ausgesetzt, den Sinneswandel (gr.: metanoia) zu vollziehen und sein Leben „in der Spur Jesu" (vgl. 1 Petr 3,21) zu führen. Dem Indikativ: „Wir sind durch Jesus Christus mit Gott und untereinander versöhnt", entspricht der Imperativ des Christseins: „Wer sagt, daß er in ihm bleibt, muß auch leben, wie er gelebt hat" (1 Joh 2,6). Die Orientierung an den Maßstäben Jesu und an den Weisungen der Kirche als der Gemeinschaft der Jesus-Jünger gehört deshalb unverzichtbar zur Verkündigung in allen ihren Bereichen.

5.2.2.2 Grund und Inhalt der Verkündigung

Grund und Inhalt unseres Glaubens und seiner Weitergabe in den verschiedenen Bemühungen der Kirche, die Glauben eröffnen und vertiefen können, ist das „Wort Gottes". Die Rede vom Wort Gottes, welches Inhalt und Form der Vermittlung zugleich ist, finden wir zunächst in den verschiedensten Religionen. Das Wort der Gottheit wird erfahren und gedeutet als schaffendes, berufendes, unterweisendes, verheißendes und erlösendes Wort (vgl. Seckler 1981, 75). So ist das Thema „Wort Gottes" keine Eigenheit des christlichen Glaubens allein, aber doch die Mitte christlicher Gotteserfahrung und die Grundlage aller christlichen Existenz. „Und das Wort ist Fleisch geworden und hat unter uns gewohnt, und wir haben seine Herrlichkeit gesehen, die Herrlichkeit des einzigen Sohnes vom Vater, voll Gnade und Wahrheit" (Joh 1,14) - dies ist das entscheidende Heilsereignis, das in der Verkündigung, in der Feier des Glaubens und im Dienst am Nächsten „zur Sprache" kommen soll. So wird der Glaube der Christen zur Antwort auf den An- und Zuspruch des Wortes Gottes: durch den „Dienst am Wort", welcher der Kirche aufgetragen ist, ja unter den sie sich selbst hörend und gehorchend zu stellen hat (vgl. DV 1). Mit Wort-Gottes-Verkündigung meinen wir das Erinnern, Verheißen und Vergegenwärtigen all dessen, was das Wort über das Heilshandeln Gottes offenbar gemacht hat und was sich in diesem verkündigenden Wort hier und jetzt als Heil ereignet. „Verkündigung eröffnet Raum für dieses Geschehen und hat teil an seiner Wirksamkeit" (Feifel 1985, 244).

„Wort Gottes" wird in der Heiligen Schrift in dreifacher Hinsicht gebraucht:

- Als *prophetisches Wort:* der Prophet hört den Gottesspruch, den er, „ob gelegen oder ungelegen", ausrichtet. „Wort Gottes tritt hier gleichsam als zitierbares Stück in einer menschlichen Sprechsprache auf" (Seckler 1981, 76).
- Als *Wort der Weisung, der Führung, der Verheißung:* Die Sachaussage ist hier bestimmend. „Es ist das sprechende Ich Gottes, das Menschen beruft, führt, richtet und segnet" (a.a.O., 77). Die Sprachgestalt dieser Erfahrung von Weisung und Führung Gottes erfolgt auf verschiedenste Weise. „Die ganze Biblische Geschichte ist gekennzeichnet vom Eindruck der vielgestaltigen Erfahrbarkeit der Stimme und des Wortes Gottes" (a.a.O., 77).
- Vor allem in der gläubigen Rückschau auf das Leben des einzelnen und des ganzen Volkes wird das *Wort Gottes* zum Grundwort des christlichen Glaubens und zum Schlüsselbegriff für das gesamte Anliegen der Bibel. Im ersten Kapitel des Johannesevangeliums wird das „Wort" als Anfang und Ursprung, als die schöpferische Macht, als Gott selbst vorgestellt – und im selben Atemzug auf Jesus angewandt. „Die Ebene der Sprechsprache ist hier überstiegen, wenn Gott selbst und eine menschliche Person (Jesus) ‚Wort' genannt werden" (a.a.O., 78). Daraus folgt, daß eine Theologie des Wortes Gottes, welche der Heiligen Schrift insgesamt gerecht werden will, sich nicht auf Sprechsprache allein begrenzen darf. Eine solche Einseitigkeit würde zu Mißverständnissen über das „Wort Gottes" führen.

Wenn wir in der Theologie vom „Wort Gottes" sprechen, so erkennen wir viele Bedeutungsarten:

- Wort Gottes als die zweite göttliche Person;
- Wort Gottes als das fleischgewordene, erfahrbar gewordene Wort in Jesus von Nazaret;
- Wort Gottes als Gottesrede, die man zitieren kann;
- Wort Gottes als Benennung der „Stimme Gottes", die insgesamt den biblischen Gotteserfahrungen zugrunde liegt;
- Wort Gottes als kreative Macht Gottes;
- Wort Gottes als das schriftlich festgehaltene Wort von Gott insgesamt;
- Wort Gottes als Wort der Verkündigung in der Kirche (vgl. a.a.O., 78f): „Praedicatio verbi Dei est verbum Dei".

Theologisch gesehen meinen wir mit „Wort Gottes" zunächst das Wort, das Gott spricht, das Gott zum Urheber oder als sprechendes Subjekt hat. Sofort kommt uns die Frage: Ist Gott überhaupt als ein sprechendes Subjekt denkbar? Setzen wir uns dabei nicht dem Verdacht aus, daß wir menschlich von

Gott denken? Was spricht er, wenn er spricht? Woran erkennt man, daß er es ist, der spricht? In welcher Sprache spricht er?
Jenseits dieser Fragen ist uns klar: „Als Wort Gottes darf letztlich nur das gelten, was wirklich und erweislich *Gott* zum sprechenden Subjekt hat“ (a.a.O., 79). Nur die Rede von Gott selbst und von seiner Auslegung in und durch Jesus Christus kann im eigentlichen Sinn „Wort Gottes“ heißen. „Das Wort Gottes ist Gott selbst im Ereignis seiner Offenbarung und im Akt seiner Selbstmitteilung“ (a.a.O., 80).
Über diesen Moment der *Herkunft* des „Wortes Gottes“ hinaus geht es aber darum, daß es *inhaltlich* mit Gott zu tun haben muß: „Als Wort Gottes kann für ein sachgerechtes theologisches Denken letztlich nur das gelten, was *Gott allein* sagen kann“ (a.a.O., 80). Im strengen Sinn ist also „Wort Gottes“ nur dort gegeben, wo Gott selbst sich oder etwas von sich den Menschen mitteilt, das nur er mitteilen kann (das Schöpferische, das Wirkende, das Wirklichkeit stiftende Wort für uns). Zwar werden auch sonstige Texte der Bibel oder des Bekenntnisses „Wort Gottes“ genannt (vgl. die abschließende Formel bei jeder Lesung - kann man das immer als „Wort des lebendigen Gottes“ bezeichnen?). Eigentlich wäre es aber angemessener, solche Texte als „normative oder authentische Sprachfiguren des Wortes Gottes zu bezeichnen“ (a.a.O., 82). Die Gefahren, daß sonst leichtfertig das Wort Gottes auf die Ebene der Sprechsprachen umgesetzt wird und dann in Elementen der Sprechsprache aufgeht oder daß das Wort Gottes auf eine „Lehre der Offenbarung reduziert wird, sind nicht zu übersehen“. In seinem Wort „bringt Gott, der mehr ist als Licht und Lehre, sich selbst in unser Dasein“ (a.a.O., 83).
Zwar läßt sich das „Wort Gottes“ nicht auf die Ebene von Sprechsprachen eingrenzen. Aber es wird in den Sprachen der Menschen und in endlichen Medien der Bezeugung vernehmbar. Es ist im Grund eine „Aufgipfelung der Sprachlichkeit der Menschenwelt“ (a.a.O., 84): Das Geheimnis der Wirklichkeit und die Gegenwart des Heils fügen sich ins Wort und werden in menschlicher Sprache laut.

5.2.2.3 Gotteswort im Menschenwort

Das Wort Gottes, das nur Gott zu sprechen vermag, kommt im Menschenwort zum Ausdruck. Menschen sprechen Sätze, in denen das Wort Gottes vernehmbar wird. Sie sprechen so von ihm, daß darin er selbst irgendwie als der Handelnde, der Ansprechende und Zusagende „zur Sprache kommt“, vernehmbar wird - nicht nur zu Gehör, sondern auch zum Hörer kommt. Die ambivalente Aussage „Wort Gottes“ als *Wort, das Gott spricht* und zugleich als *Wort über Gott,* meint dies. Insofern Gott von seinen Zeugen und Kündern authentisch zur Sprache gebracht wird, kommt er selbst zur Sprache und gelangt zum Hörer. Wenn es also dem Gottkünder „gelingt", von Gott so zu sprechen, daß in diesem Sprechen die richtende, erlösende und befreiende Macht Gottes zur Sprache kommt, dann kann Gott im Wort der Sprache zum Hörer kommen: in einer besonderen Weise der ereignishaften, dynamischen und paradoxen Identität.

Von Gottfried Söhngen stammt der Satz: „Gottes Wort in Menschensprache ist ein Geheimnis der Sprache, aber nicht eine Geheimsprache." Es gibt also keine von den Sprachregionen der Alltagssprache, der Wissenschaftssprache oder der Sprache der Poesie abgehobene Glaubenssprache. Doch es gibt ein Sprechen, „das mittels verfügbarer Sprachzeichen Glaubenserfahrung in zwei abgrenzbaren Dimensionen zum Ausdruck bringt: Verkündigungssprache will Glauben wecken, Glaubensentscheidungen hervorrufen (evokative Funktion) und etwas beim Hörer bewirken, verändern (performative Funktion)" (Feifel 1985, 251). Performative Sprache wird gemessen an ihrer Ernsthaftigkeit, an dem Faktum, daß sie in Vollmacht ergeht und das Bekenntnis des Glaubens weitergibt.

Sprache ist fähig, durch ansagende Rede in Gottes Gegenwart zu versetzen. Sie kann nicht das Wort Gottes verfügend und material in sich aufnehmen, aber sie kann es ansagen. Diese „ansagende Rede" bezieht sich nicht nur auf religiöse Sprache, sondern wohnt als Möglichkeit grundsätzlich menschlichem Sprechen inne. Deshalb kann Verkündigung auch „indirekt" ergehen: in der Dichtung, in der Kunst, im Film; sie ergeht immer dann, wenn Menschen, ihre Situation, ihre Vorstellungen, Nöte und Bedürfnisse, für das Evangelium erschlossen werden sollen. Wir sehen: Die Verkündigung des Wortes Gottes ist nicht exklusiv bindend und bleibend auf bestimmte Sprachmuster angewiesen. Alle Formen des Sprechens können diese ansagende Funktion übernehmen.

Theologisch gesprochen kann das Wort Gottes nicht direkt und unmittelbar *als* menschlich geformtes Wort, sondern nur *im* menschlichen Sprechen von Gott zur Sprache kommen (vgl. Seckler 1981, 87). Die Heilige Schrift aber wird „Wort Gottes" genannt wegen ihrer „gelungenen" Ansageleistung: Sie ist geistgewirktes, geisterfülltes und geistwirkendes Zeugnis des Wortes Gottes. Schließlich kann auch die Predigt „Wort Gottes" genannt werden, weil sie dazu bestimmt ist, durch die Sprachhandlung der ansagenden Rede Gott in seiner Zuwendung zum Menschen zur Wirkung zu bringen.

5.2.2.4 Das Evangelium Jesu und der Dienst der Kirche

Das Evangelium als „Botschaft vom Heil" ist von Jesus den Jüngern zur Weitergabe anvertraut worden: „Geht zu allen Völkern, und macht alle Menschen zu meinen Jüngern ... und lehrt sie, alles zu befolgen, was ich euch geboten habe" (Mt 28,19f) - „Was Gott zum Heil aller Völker geoffenbart hatte, das sollte (...) für alle Zeiten unversehrt erhalten bleiben und allen Geschlechtern weitergegeben werden" (DV 7). Und: Die Apostel haben „Bischöfe als ihre Nachfolger zurückgelassen und ihnen ihr eigenes Lehramt überliefert" (a.a.O.). Denn Gottes Wort bedarf sowohl der Bewahrung wie der je aktuellen Auslegung: durch den „Glaubenssinn der Gläubigen", durch die Theologie und durch das Lehramt der Kirche, die zueinander in einem korrespondierenden Verhältnis stehen sollen. „Diese Heilige Überlieferung und die Heilige Schrift beider Testamente sind gleichsam ein Spiegel, in dem die Kirche Gott (...) auf ihrer irdischen Pilgerschaft anschaut" (a.a.O.). Diese Überlieferung wächst durch das Nachsinnen und das Studium, durch die geistliche Erfahrung und den Austausch darüber.

Es zeigt sich, „daß die Heilige Überlieferung, die Heilige Schrift und das Lehramt der Kirche (...) so miteinander verknüpft und einander zugesellt sind, daß keines ohne die anderen besteht und daß alle zusammen, jedes auf seine Art, (...) wirksam dem Heil der Seelen dienen" (a.a.O., 10).

Die Verkündigung Jesu ist und bleibt dabei Vorbild und Norm aller Verkündigung der Kirche. Sie ist Ansage der Gottesherrschaft, ihr ursprünglicher Ort sind die „Hecken und Zäune", ihr Horizont ist die Welt, ihr Grundmodell ist das Gespräch; das Heil, das Jesus ansagt und schenkt, meint den ganzen Menschen. In seiner Verkündigung ist das Wort vom Verhalten nicht zu trennen (vgl. Zerfaß/Poensgen 1987, 356-363). Im menschgewordenen Wort Gottes, das Jesus als der Christus ist, haben Wort und Tat ihre letzte Einheit und Vollendung gefunden. „Jesus Christus ist ‚das' Wort Gottes an die Menschen und als solches der zentrale und alles in sich schließende Inhalt des Glaubens" (vgl. Kasper/Lehmann 1970, 72).

Gesprochenes Wort und bezeugendes Tun, Wort und Tat müssen in der Verkündigung eine Einheit bilden. Die Praxis der Liebe und des befreienden Handelns der Christen ist notwendiger Ausdruck der Glaubensvermittlung. Damit ist auch die Tatsache angesprochen, daß die Wahrheit Gottes, welche zur Wahrheit der Glaubenden werden will, kognitive, affektive und operative Dimensionen in sich birgt. „Verkündigung will Orientierung vermitteln, Sinnzusammenhänge aufzeigen; Verkündigung muß aber auch glaubwürdig aus eigener Erfahrung heraus an die Erfahrungen anderer appellieren mit einer Sprache, die in die Welt des Glaubens auch die Gefühle aufnimmt (Symbolerschließung) - solches Reden aktiviert ein emotionales Bedeutungserlebnis, das für eine Einstellung oder Beziehung wirbt und vorbereitet; Verkündigung hebt aber auch ab auf Gesinnungsänderung und Handlungsorientierung - ohne fertige Rezepte, aber mit dem Mut zur Einladung an die Hörer, Wege des christlichen Handelns selbst zu finden" (Feifel 1985, 248f).

Verkündigung versteht sich darum als Dialoggeschehen: Im Austausch von Lebens- und Glaubenserfahrungen wird der „Sensus fidelium", der Glaubenssinn der Gläubigen, aktiviert und als konstitutiv für Theologie und Kirche erkannt. „Am Ende solcher Prozesse steht eine neue gemeinsam buchstabierte Sprache des Glaubens, eine 'Theologie des Volkes', als Anfrage an die akademische Theologie und ihre Ausbildungspraktiken" (Zerfaß/Poensgen 1987, 365). Solche provokativ-kritischen Momente enthält die Praxis der Verkündigung Jesu gegenüber einer unkritisch-potenten Verkündigung der Kirche und in ihr.

5.2.3 Die Subjekte der Weitergabe des Glaubens

5.2.3.1 Die Verantwortung für die Weitergabe des Glaubens

Die Verantwortung für die Weitergabe des Glaubens liegt bei der ganzen Kirche, bei jeder Gemeinde und bei allen Gläubigen. „Empfänger, Träger, Zeuge der Verkündigung ist die Kirche, die Gemeinde, jede Gemeinschaft, in der ‚zwei oder drei' im Namen Jesu versammelt sind, jeder Getaufte" (Beschlüsse der Rottenburger Diözesansynode 1986, VI,39). Das Leben eines jeden Christen also soll Verkündigung sein, das bedeutet: Nachfolge Jesu, der in Wort und Tat die Liebe Gottes zu den Menschen verkündet hat. Viele Menschen erwarten heute von den Christen, daß sie glaubwürdige Zeugen sind, die sich auf der Grundlage des Evangeliums den Herausforderungen des Alltags stellen. Aufgrund der Geistbegabungen in der Kirche, an der alle Getauften und Gefirmten im Sinne des „gemeinsamen/allgemeinen Priestertums" teilhaben, haben alle Gläubigen das Recht und die Pflicht, ihre Lebens- und Glaubenserfahrungen in Kirche und Gemeinde einzubringen, ja bei bestimmten Anlässen auch ein liturgisches Zeugnis ihres Glaubens abzugeben. Unübersehbar ist es auch die konkrete Existenz der Kirche selbst, die wie ein Licht auf dem Leuchter allen im Haus der Welt leuchtet oder das Licht des Lebens unter dem Scheffel hält und damit zum Erlöschen bringt. Alle Vollmacht der Verkündigung aber beruht in der aus Berufung und Sendung kommenden Ermächtigung durch Gott.
Aufgrund ihres Amtes der Verkündigung beruft die Kirche amtliche Verkündiger, die als Gesandte und Zeugen, als Übersetzer und Ausleger des Wortes Gottes tätig werden: Prediger und Missionare, Religionslehrer, Katecheten und Theologen in je unterschiedlicher Weise. Sie verkündigen nicht in ihrem eigenen Auftrag, nicht im Auftrag einer Gemeinde oder einer bestimmten Gruppe, sondern immer im Auftrag der Kirche: Ihr Wort ist in Vollmacht gesprochen und hat das Bekenntnis des Glaubens weiterzureichen.

Dabei ist der Verkündiger nicht wie ein bloßes Instrument, das nur Werkzeugcharakter hat, und Verkündigung ist nicht einfachhin Information im Sinne von objektiver Weitergabe wertfreier Fakten und Tatsachen. Der Verkündiger muß sich selbst einbringen mit seinem Leben, mit seinem Glauben, mit den positiven und negativen Erfahrungen seines Christseins. Er selbst ist das wichtigste Medium. „Wer selbst motiviert ist, kann andere motivieren; wer bis in existentielle Tiefen wirken will, muß die Tiefe der eigenen Existenz einbringen" (Feifel 1985, 249). Der Verkündiger spricht in einer Autorität, die von der Sache her kommt, die er verkündet. Und er steht in einer Sendung von Christus her, er wird zur Verkündigung ermächtigt: durch den Geist Jesu in der Beauftragung durch die Kirche. Die Autorität des Verkündigers aber ist entscheidend rückgebunden an seinen persönlichen Glauben. Deshalb muß jeder für die Verkündigung Verantwortliche sich ständig mit den Grundfragen des Glaubens und ihrer theologischen Durchdringung sowie mit der Fülle unserer Glaubenserfahrungen auseinandersetzen und in einer Gemeinschaft von Glaubenden leben, die ihn trägt. Er ist immer auch ein „Mit-Glaubender" (vgl. Beschlüsse der Rottenburger Diözesansynode 1986, VI,45).
In der Liturgie der Priesterweihe heißt es: „Verkündet allen das Wort Gottes, das ihr selbst mit Freude aufgenommen habt. (...) Seht zu, daß ihr im Glauben ergreift, was ihr in den Heiligen Schriften lest; verkündet, was ihr glaubt, und erfüllt im Leben, was ihr verkündet. Eure Lehre sei Nahrung für das Volk Gottes, euer Leben Freude für die Christgläubigen; so erbaut ihr durch Wort und Beispiel das Haus, das die Kirche Gottes ist."

5.2.3.2 Verkündigung als dialogisches Beziehungsgeschehen

Verkündigung ist, wie gesagt, kein monologischer Vorgang, sondern dialogisch angelegt: Selbst noch die Predigt soll ein „virtueller Dialog" sein. Solcher Dialog zwischen Verkündiger und Hörer wird aber nur dann fruchtbar werden, wenn der Verkündiger zunächst sich selbst bewußt dem Wort Gottes als Hörer stellt: er „braucht" die lebendige, persönliche und gemeinschaftliche Gottes- und Schriftbegegnung. Denn auch sein Glaube kommt vom Hören auf Gottes Wort und lebt vom Gehorsam gegenüber diesem.
Die kommunikativ-dialogische Struktur aller Verkündigung ist nicht eingelöst mit Dialogpredigten oder Vor- bzw. Nachgesprächen der Predigt. Notwendig sind eine „dialogische Inhaltsstruktur und das Sprechen aus einer umfassenden Gesprächserfahrung heraus" (Feifel 1985, 250). Das biblische Grundmodell der „Verkündigung im Gespräch" muß wiedergewonnen werden (vgl. Zerfaß/Poensgen 1987, 357), auch wenn die Realität der Gemeindepredigt nicht selten dagegen spricht: mit einer Verkündigung, die sich autoritär gibt und deprimierend/angstmachend wirkt.

Die Hörer sind mit ihren sehr unterschiedlichen Situationen ernstzunehmen: Verkündigung ohne Ortsangabe und ohne Adressaten geht ins Leere. Verkündigung des Wortes Gottes meint immer den situativen Bezug: Es wird aus der Situation geboren, von ihr gefordert, zielt auf ihre Veränderung ab. Verkündigung ist somit ein geistliches Interaktionsgeschehen, dessen erste Aufgabe darin besteht, so zu sprechen, daß wir „miteinander Zuspruch empfangen durch euren und meinen Glauben" (Röm 1,12).
Gerade im Religionsunterricht wird es darauf ankommen, daß im Gespräch mit den Schülern der Lehrer in seiner Glaubwürdigkeit als Orientierungsgestalt des Christseins mit ins Spiel kommt. Denn das Gelingen der Glaubensvermittlung hängt entscheidend ab von der persönlichen Glaubwürdigkeit der Glaubensvermittler. In der Suchbewegung des gläubigen und denkenden Fragens werden die biblischen wie die existentiellen Gottes- und Befreiungserfahrungen von heute zur Sprache kommen: die mit dem Stoff unseres Lebens und der heutigen Welt gesättigte Geschichte Gottes mit uns Menschen, beispielsweise im „Bibliodrama", wo der Gehalt biblischer Texte im Kontext des heutigen Lebens und der konkreten Schülersituation neu erschlossen wird. Mit „Situationen" sind dabei nicht nur die von einzelnen oder von Gruppen gemeint, sondern auch Situationen im Sinne der „Zeichen der Zeit", welche die Kirche allezeit erforschen und im Lichte des Evangeliums deuten muß (vgl. GS 4).

5.2.4 Orte und Formen der Verkündigung

5.2.4.1 Öffentliche Rede

So gesehen sind die Räume christlicher Verkündigung in Wort und Tat nicht bloß die Binnenräume des individuellen christlichen Glaubens, der Gemeinde oder der Kirche, sondern auch die Öffentlichkeit von Gesellschaft und Welt, von Politik und Wirtschaft, von Kultur und Technik. Sicher ist Kirche für die konkrete Gestaltung des öffentlichen Lebens, für die Politik und die verschiedenen Weltbereiche nicht unmittelbar zuständig und kann in diesen Gebieten keinen normativen Anspruch geltend machen. Sie überläßt dies alles der verantwortlichen, vom Evangelium inspirierten Entscheidung der Menschen und Christen. Allerdings erkennt sich die Kirche das Recht zu, gegenüber negativen Entscheidungen auf diesen Gebieten Einspruch zu erheben, wenn sie eindeutig gegen die Grundsätze ihrer Verkündigung verstoßen. Die Kirche und jeder Christ ist zum prophetischen Wort in eine konkrete geschichtliche und politische Situation hinein verpflichtet. Daß dabei der Freiheitsraum verschiedener Meinungen gewahrt bleiben

muß, damit man sich in Verantwortung und Freiheit entscheiden kann, ist inzwischen weithin akzeptiert.
Verkündigung wird so zu einem „komplexen Prozeß, der Öffentlichkeit schafft, weil sich Öffentlichkeit einstellt, wo etwas in Gang kommt, das alle angeht" (Zerfaß/Poensgen 1987, 365). Öffentlichkeit wird so zum Ergebnis von „bewährter Glaubenspraxis an der Basis der Kirche". Ein solches Verständnis von Öffentlichkeit übersteigt den traditionellen Anspruch von Kirche, die Universalität des Heils durch Mission geltend zu machen. Kirche möchte „Salz der Erde" und „Stadt auf dem Berge" sein. Freilich *nicht allein durch ihr Sosein,* sondern *auch durch ihr Aktivwerden:* angesichts von ungerechten Strukturen, von Vergötzung des Staats ebenso wie von Verbürgerlichung des Evangeliums. Dabei taucht auch die selbstkritische Rückfrage an die Kirche auf, ob sie sich nicht seit der „Konstantinischen Wende" trotz der immer neuen Kämpfe zwischen Kirche und Staat zu sehr als stabilisierender Faktor zugunsten der Herrschenden verhalten und zu wenig die Partei der Armen und Machtlosen ergriffen hat und damit oft nicht dem Beispiel Jesu gefolgt ist.
Solche kritische Reflexion gilt auch gegenüber der Verkündigungsform „Mission", die nur allzu oft im Kontext des Kolonialismus und der Überfremdung der vorfindlichen Kulturen durch ein europäisches Christentum gestanden hat.

5.2.4.2 Situationen der Verkündigung

Wir können unterscheiden zwischen *Erstverkündigung* und *Entfaltungsverkündigung* (im Neuen Testament als „Didaskalia" und „Didache" bezeichnet). Heute ist Erstverkündigung im vollen Sinn glaubensweckend, während die Entfaltungsverkündigung angesichts des stets angefochtenen Glaubens unter dem Anspruch der Öffentlichkeit steht: zum einen im qualitativen Sinn, weil solche Verkündigung nicht mehr auf einen ausgesonderten Lebensbezirk, sondern auf die Welt- und Lebenswirklichkeit insgesamt zielt; zum anderen in einem quantitativen Sinn, denn die in der Verkündigung eröffnete Wirklichkeit und ermöglichte Praxis gilt allen Gliedern der Gesellschaft, meint also nicht nur den binnenkirchlichen Raum.

5.2.4.3 Formen der Verkündigung

Bei Verkündigung denken wir, wie gesagt, zumeist und fast ausschließlich an die verschiedenen Situationen der Predigt-Verkündigung. Für die meisten Gläubigen ist die Predigt bis zur Stunde die erste und weithin ausschließliche Zugangsform zu einer ununterbrochenen, die eigene Glaubensentwicklung begleitende, fördernde und korrigierende Verkündigung. Die Bedeutung der Predigt als gemeindebezogene und damit adressatennahe Verkündigungsform ist nicht hoch genug zu veranschlagen. Wenn der Prediger seine eigene Glaubensgeschichte, ihre Höhen und Tiefen, in den Prozeß dieses Glaubenszeugnisses einbringt und sich der Hörer mit seinem Leben und seinem Glauben akzeptiert erfährt, liegt in der Predigt, vor allem über längere Zeit hin, die hilfreiche Chance zum Aufbau, zur Wahrung und zur Vertiefung christlich-gemeindlicher Existenz.

Die Gemeindepredigt als Begegnung mit den in der gottesdienstlichen Versammlung (regelmäßig) hörbereiten, mündigen Christen zielt nicht bloß auf Daseinserhellung und christliches Handeln ab, sondern auch auf die Identifikation mit dem gefeierten Geheimnis (Homilie, thematische Predigt, liturgische Predigt). Die Predigt als gottesdienstliche Rede vermag zumeist auch im Blick auf den Hörer zu differenzieren: je nachdem, ob bei ihm ein gereifter Glaube, ein bloß keimhafter Glaube oder noch Ungläubigkeit vorauszusetzen ist.

Problematischer und schwieriger sind Predigten zu Kasualsituationen, in denen kirchlich distanzierte oder faktisch ungläubig gewordene Christen im Zusammenhang ritueller Feiern zu Not- bzw. Hoch-Zeiten ihres Lebens mit der Kirche in Kontakt kommen. An diesen „Knotenpunkten des Lebens“ bringen diese Mitchristen ihre religiöse Überzeugung zum Ausdruck. Sie zeigen damit: Trotz aller, ja vielleicht gerade wegen der vorherrschenden Rationalität kann auch heute der Mensch nicht ohne Riten und Mythen, ohne Mysterium und Religion leben. In diesen Riten erhofft sich der religiös offene Mensch Deutung (= Wort) und Feier in Gemeinschaft (= Liturgie/Sakrament). Er möchte, daß seine „Zwischensituation“ des existentiellen Ungleichgewichts und der Veränderung seiner sozialen Rolle sakral wird: geweiht; dem Segen und dem Schutz Gottes unterstellt, abgesichert gegen das Böse, geschützt vor Gefahr und Zerstörung. Den entscheidenden Augenblicken des Lebenszyklus wird damit sakraler Charakter verliehen: Man begegnet dem Heiligen, dem Mysterium, der unbedingten, endgültigen Wahrheit.

Dieses Bedürfnis nach der sakralen Dimension als integrierend-stützendes Moment ist zwar ein Bestandteil christlicher Feier, aber nicht dessen christliches Spezifikum; deshalb ist es im Zusammenhang der Kasualpraxis allein kaum möglich, diese religiösen Erwartungen von distanzierten Christen auf eine personale Glaubensexistenz hin zu überschreiten. Wir kennzeichnen sie deshalb besser als „offene Verkündigungssituation“, die zunächst als „Dienst am Mitmenschen und Mitchristen“ zu sehen und zu würdigen ist. Mehr als die Verkündigung in diesen Kasualsituationen sind kirchliche und seelsorgliche Beratung und Begleitung, – nicht vereinnahmendes Gespräch, als offene Räume mit offenen Menschen, als Begegnungs- und Verkündigungssituationen des Glaubens für distanzierte oder nicht mehr glaubende Christen gefragt.

Bevorzugter Ort der Verkündigung in früheren Zeiten - vor allem im Blick auf die von der Kirche Entfremdeten - war die „Volksmission" in ihren verschiedenen Formen: als Predigtmission, als Hausmission oder Gebietsmission. Heute sind sich die Träger der Volksmission bewußt, daß diese nur dann Sinn hat, wenn sie die pastoralen Bemühungen in einer Pfarrei unterstützt, befruchtet, neue Akzente setzt und zu einem Ereignis wird, das in der Gemeinde nachwirkt. Die Volks- oder Gemeindemission und ihre dialogisch-kommunikative Verkündigung drängt auf eine neue Entschiedenheit für ein christliches Leben in Kirche und Welt. Ihr Ziel ist und bleibt die christliche Gemeinde. Vielleicht kann sie stärker auf Kirche aufmerksam machen, doch nur selten gelingt es, große Bekehrungen zu erreichen. Aus diesem Grund kann die Volksmission (heute) auch nicht primär auf die Fernstehenden gerichtet sein.

Ähnliches gilt für die *Medienarbeit* der Kirchen, die kirchliche Predigttätigkeit in Rundfunk und Fernsehen oder auch die Glaubensinformation und -kommunikation durch das Fernsehen oder im Medienverbund (Buch, Fernsehreihe, Gesprächszirkel, Predigt). Eine vorschnelle unkritische Mediengläubigkeit ist inzwischen einer differenzierteren Einschätzung gewichen. Untersuchungen über die Struktur der Hörer/Zuschauer von religiös-kirchlichen Sendungen haben dies gezeigt. Entgegen der weitverbreiteten Annahme, durch die Medien könne man vor allem Fernstehende erreichen, stellte man fest, daß es sich bei den Hörern bzw. Zuschauern vorwiegend um bereits Motivierte handelt, die sich auch sonst am kirchlichen Leben beteiligen. Die Medien geben überhaupt weniger zur Bildung von neuen Meinungen und Verhaltensweisen Anlaß, als daß sie vielmehr die bereits vorhandenen bestätigen. Immerhin besteht die Mithilfe eines Mediums im Verkündigungs- und Evangelisierungsprozeß vorwiegend in einer Art „Bodenbereitung" oder „Prä-Evangelisierung". Die vertiefende Nacharbeit aber, die Schritte auf den Glauben hin, das „Glaubens- und Bekehrungswunder" selbst, setzen Begegnungsmöglichkeiten auf einer anderen Ebene voraus.

Der *Religionsunterricht* ist sicher auch ein Ort von Verkündigung: als Modellfall für die Begegnungen von An- und Zuspruch der Offenbarung mit der heutigen Gesellschaft - eben im Rahmen der Schule. In der Geschichte des Religionsunterrichts hat es Leitbilder wie diese gegeben: Der Religionslehrer solle, und zwar ausschließlich, Künder der Offenbarungswahrheit sein; seine ausschließliche Aufgabe sei die Erweckung und Vertiefung des Glaubens, die Verkündigung der Botschaft Gottes - bis hin zur Aufgabe, für

die möglicherweise fehlende religiöse Erziehung im Elternhaus Ersatz zu leisten: als „Kirche in der Schule". „Religionsunterricht als Verkündigung" – so hieß der Titel eines im Jahr 1961 erschienenen Standardwerks. Religionsunterricht verstand sich in diesem „Kerygmatischen Konzept" als Glaubensunterweisung in der Schule, als kirchliche Verkündigung. Im evangelischen Bereich war es ähnlich. Bis etwa 1960 bestimmte das Konzept der „Evangelischen Unterweisung" die Aufgabenstellung des Religionsunterrichts. Solche Konzepte eines *verkündigenden Unterrichts* wurden später durch den *hermeneutischen Religionsunterricht,* in dem es um kritisch-reflektierendes Verstehen (vor allem von biblischen Texten) ging, und dann durch den *problemorientierten Unterricht* als Unterricht über das Christ- und Menschsein in der Gegenwart abgelöst.
Die „Schule für alle" bietet heute für den Religionsunterricht die Chance (die zugleich Last ist!), sich in einem kontinuierlichen Lernprozeß mit dem ganzen Spektrum von Religiosität und Gläubigkeit auseinanderzusetzen und dabei über die gläubige Existenz des Religionslehrers als Identifikationsangebot zu Glaubensbegegnung und -austausch zu kommen. Im Grund wird durch solches Aufeinander-Hören und Miteinander-Sprechen über Glauben eine neue Sprachgestalt von öffentlicher Glaubensrede konstituiert.
Die Wiederentdeckung der Gemeinde als Subjekt von Glaubensvermittlung und Verkündigung führte zur Form der *Gemeindekatechese*: zunächst als Katechese in der und für die Gemeinde und schließlich als Katechese der Gemeinde. Sie dient dem Austausch sowie der wechselseitigen Hilfe und Bestärkung im Glauben, nicht der bloßen Zuweisung von Christlichkeit. Sie ist auf die Gemeinde angewiesen und inspiriert umgekehrt auch die Gemeinde; solche gemeindekatechetischen Lernprozesse fördern die Subjektwerdung der Gemeinden und ihrer Glieder. Soll mehr Menschen zu einem eigenverantworteten, sinnerfüllten Leben verholfen werden, so müssen solche Lernprozesse gewagt werden, auch wenn die Ergebnisse stets nur fragmentarisch sein können. Gerade für bewußte Christen ist es wichtig, daß sie sich auch im Gemeindeleben einbringen: als Gruppenleiter in Katechese und Jugendarbeit, in der Erwachsenenbildung und Öffentlichkeitsarbeit, als Inspiratoren von Eltern- und Familiengruppen, bei Ehevorbereitungskursen oder beim Aufbau von Gebets- und Bibelkreisen.
Die genannten verschiedenen Orte und Formen der Verkündigung stehen in einem wechselseitigen Zusammenhang: Aus der Verschränkung der Prozesse von religiöser Erziehung und Unterweisung, von Verkündigung und Glaubensbegleitung, von pastoraler Lebens- und Glaubenshilfe mit den verschiedenen Formen der Verkündigung ergibt sich die Rede von der „Evangelisation/Evangelisierung".

5.3 Von der glaubensvermittelnden zur evangelisatorischen Verkündigung

5.3.1 Pastoraltheologische Handlungsperspektiven

Wenn heute statt von „Verkündigung" mehr von „Evangelisation/Evangelisierung" die Rede ist, so ist dies Ausdruck veränderter theologischer Voraussetzungen und neuartiger Schwerpunkte und Perspektiven der Glaubensvermittlung. Bereits das Zweite Vatikanische Konzil stellte die Weichen für dieses Verständnis von Verkündigung, das dann v.a. durch Paul VI. in seinem Schreiben „Evangelii nuntiandi" (1975=EN) entfaltet wurde (vgl. 3.4.2).
Dabei geht es auch um neue Akzente im Kirchenbild gemäß der Konzilskonstitution „Lumen Gentium": Kirche als Sakrament, d.h. als wirksames Zeichen des Heils und als Volk Gottes gegenüber der bisherigen Betonung von Kirche als hierarchisch strukturierter „Societas perfecta". Das Konzil hat darüber hinaus den Blick von der Universalkirche hin zu den Ortskirchen (Bistümer/Gemeinden) gelenkt. Die bisher gängige Auffassung von Mission und Missionskirche wurde abgelöst durch ein wechselseitiges Geben und Nehmen zwischen den Ortskirchen, durch ein kritisches Für- und Miteinander, in dem wechselseitig Inspirationen und Initiativen zur Wirkung kommen. So wird Evangelisierung zum Horizont der Verkündigung in der Öffentlichkeit von Welt, Kirche und Gemeinde.
Kirche evangelisiert, „wenn sie sich bemüht, durch die göttliche Kraft der Botschaft, die sie verkündet, zugleich das persönliche und kollektive Bewußtsein der Menschen, die Tätigkeit, in der sie sich engagieren, ihr konkretes Leben und ihr jeweiliges Milieu umzuwandeln" (EN 18). Im Begriff der Evangelisierung wird auch „die falsche Aufgabenteilung zwischen Verkündiger und Hörer, Glaubenden und Ungläubigen, Amt und Basis, Kirche und Welt aufgehoben. Evangelisiert werden immer beide oder niemand, denn alle sind im Glauben Anfänger und alle haben die Umkehr noch vor sich" (Zerfaß/Poensgen 1987, 359).
Wenn der Gott Jesu zur Sprache gebracht wird, dann erfordert dies unbedingt den entschiedenen Einsatz für gottes-gerechte Verhältnisse unter den Menschen. Wo solcher Einsatz geleistet wird, wo Christen sich im Reden *und* Handeln, im privaten *und* öffentlichen Bereich für den Gott des Lebens einsetzen, dort spricht die nachkonziliare Kirche von „Evangelisierung" (vgl. Bucher 1986, 487). So wird das Evangelium in alle Bereiche der Menschheit getragen, die dadurch von innen her umgewandelt werden sollen: Die Menschheit selbst wird erneuert. Durch den Überstieg des religiösen Bereiches hin auf die zeitlichen Probleme der Menschen wird das Evangelium für den einzelnen und die Gesellschaft zur Wirkung gebracht. Dabei

spielt der gemeinsame Prozeß der Entdeckung und Analyse von Lebenssituationen im Horizont des Evangeliums eine entscheidende Rolle.
Die Konsequenz für die Gesamtpastoral, die nach diesem Konzept der Evangelisierung arbeitet, ist die Ablösung einer nur kleruszentrierten Verkündigung zugunsten vielfältiger Verkündigungsbemühungen, die in eine partnerschaftliche und dialogisch-kommunikative Zusammenarbeit aller Subjekte der Verkündigung einmündet. Alle Glieder des Gottesvolkes sollen dadurch zur christlichen Erfahrungskompetenz geführt und zu ihr befähigt werden.

5.3.2 Der Religionsunterricht im Kontext von Tradierungskrise des Glaubens und der Evangelisierung

In einem Leserbrief einer Tageszeitung war zu lesen: „Eine Schule ohne Religionsunterricht wäre eine bessere Schule. (...) Den Gedanken, diesen an öffentlichen Schulen abzuschaffen und ihn stattdessen auf freiwilliger Basis in den Räumen der Kirchen durchzuführen, halte ich für ausgezeichnet."
Das ist keine Einzelmeinung, ja J. Brechtken stellte die Frage noch schärfer: „Ist der schulische RU noch zu retten?" (KatBl (11) 1988, 776–784).
Die Würzburger Synode hatte sich bewußt für einen „offenen Religionsunterricht" ausgesprochen, in dem glaubende, suchende und fernstehende Schüler zugleich angesprochen werden sollen - im Sinne eines selbstlosen Dienstes der Kirche an der jungen Generation. Und zugleich votierte die Synode für die Gemeindekatechese: als notwendige Ergänzung und Vertiefung des schulischen Religionsunterrichts. Ist dieses Konzept des offenen *und zugleich* missionarischen Religionsunterrichts inzwischen gescheitert? Geht es wieder neu um entschiedene Vermittlung von Inhalten?
Aber steht nicht der Religionsunterricht mittlerweile insgesamt in einer heillosen Inselsituation: ohne besondere Hilfen und Unterstützungen im schulischen Bereich, unbeachtet von der Öffentlichkeit, ohne viel Unterstützung, aber mit um so mehr Widerstand durch das Elternhaus? Selbst die Kirchengemeinden und die Pfarrer interessiert er oft nicht sehr.
Die Krise des Religionsunterrichts hat sicher teil an der angedeuteten Tradierungskrise des Glaubens in unserer westlichen Welt und im modernen Leben überhaupt. Seine Schwierigkeiten sind dieselben, wie sie die Weitergabe des Glaubens in allen Lebensbereichen heute kennzeichnen: lautloses Verdunsten der Glaubenssubstanz, Rückgang der persönlichen Glaubenspraxis, Privatisierung des Christentums, Tendenz zu allgemeinem Desinteresse an kirchlich vermittelten Antworten und vieles andere mehr. Solche Defizite, die das Umfeld des Religionsunterrichts belasten, lähmen ihn

natürlich in seiner Wirkung – selbst die elementarsten Inhalte von Religion und Glaube erscheinen heute Kindern und Jugendlichen wie Relikte aus einer fremden Kultur.
Freilich hängt die Krise der Glaubenstradierung in der Schule auch mit der Negativ-Einschätzung der Schule überhaupt zusammen – ein Erstkläßler sagte vor kurzem: „Die Schule gehört angezündet und die Lehrer gehören vergast!" Die allgemein feststellbare Schulkritik wirkt sich auch auf das Verhalten der Schüler, auf die Einstellung der Kollegen im Lehrkörper und vor allem auch auf die Eltern negativ aus, welche die Sinnhaftigkeit des Religionsunterrichts bestenfalls in der Einübung von sozialen Verhaltensmustern sehen; solche können die Kinder „für das Leben brauchen". Im übrigen wird auch von den Eltern sehr schnell und unmittelbar Front gemacht gegen den Religionslehrer. Kann man auf diesem Hintergrund die Legitimität, besser: die Sinnhaftigkeit dieses Schulfachs in der öffentlichen Erziehung neu plausibel machen? Wo findet der Religionslehrer seinen Ort und seine Identität im Spannungsfeld von Schule, Kirche und Gesellschaft? Kann er eine von ihm geforderte Totalidentifikation mit der Kirche und ihren lehramtlichen Positionen durchhalten? Muß er solches leisten?
Wenn sich Religionsunterricht versteht im Sinne der Evangelisation, der Befreiung des Menschen im Namen Jesu, als „Weitergabe einer Herausforderung, die sich in der Inkarnation Gottes in Jesus von Nazareth ereignet hat, der eine Hoffnung ist für die, die sich mit weniger als Subjektsein, Liebe und Gerechtigkeit nicht abfinden, sondern darauf setzen, daß Gottes Herrschaft kommt, daß sie an-kommt im Zeugnis derer, die Gott Zukunft zutrauen und dabei auf das Senfkorn Hoffnung setzen" (Werbick 1990, 62.66), – dann könnte der Religionsunterricht zu einem der heutzutage seltenen, aber lebens-notwendigen Orte werden, an denen gegen die alltägliche Erfahrung von Kindern und Jugendlichen dezidiert christliche Werte gesetzt und auf die aus der Situation resultierenden Lebensfragen christliche Antworten gegeben werden; ein Religionsunterricht, der sich im Prozeß der Evangelisierung als ein Vertrautmachen mit christlicher Lebensart versteht: durch didaktisch solide Vermittlung von Glaubensinhalten und Wertvorstellungen, vor allem über den Kontakt mit dem Religionslehrer als Person, der seine Lebensart und seine Lebenspraxis aus dem Glauben auch einsichtig zu machen versteht (einschließlich der eigenen Grenzen, Unsicherheiten und Konflikte seines Glaubenslebens) – ein solcher Unterricht könnte sich als „Ort der Ermöglichung von Begegnung" (vgl. EN 24) erweisen: durch das Zeugnis des Lebens; durch das Wort des Lebens oder durch ausdrückliche Verkündigung; durch die Zustimmung des Herzens; durch den Eintritt in die Gemeinschaft; durch den Empfang der Zeichen; durch den Einsatz im Apostolat.

Freilich: der Religionsunterricht ist nur *ein* Moment im Prozeß der Evangelisierung. An dieser Sendung der Kirche zur Befreiung des Menschen im Geiste Jesu hat aber auch der Religionslehrer teil: In seiner Person und durch die von ihm verantwortete Gestaltung des Lernortes RU soll etwas von der Güte und Menschenfreundlichkeit Gottes, von göttlichem Interesse an den Schülern erfahrbar werden" (Schmitt 1989, 863).

„Habt Salz in euch, und haltet Frieden untereinander" (Mk 9,50). Dieses Wort Jesu an seine Jünger könnte zum Leitmotiv des Religionslehrers und des Religionsunterrichts sowie aller in der Evangelisierung tätigen werden.

Der Religionslehrer braucht dabei aber den Rückhalt in einer Überzeugungsgemeinschaft des christlichen Glaubens: im Freundeskreis, unter den Kollegen, in der Hauskirche, in einer Gruppe, in der Gemeinde, vor allem auch von seiten der Kirchenleitung. Dann kann er auch aus einer Haltung engagierter Gelassenheit heraus, die nicht die Frage nach strukturellen Alternativen zum Religionsunterricht übergeht, glauben, leben und handeln.

„Die Grundziele eines Religionsunterrichts im Sinne der Vermittlung christlichen Glaubenswissens fordern geradezu heraus, neu über die Strukturen unseres Schulsystems selbst nachzudenken, inwieweit diese ihren Beitrag zur Vermittlung eines Lebenswissens zu leisten vermögen" (a.a.O., 864).

Schließlich ist der Religionsunterricht nicht *der* Lernort des Glaubens, sondern nur einer von mehreren Lernorten, der mitbestimmt wird von dem, was Schüler und Lehrer für ihren Glauben an anderen Lernorten gelernt haben und lernen können.

Sechstes Kapitel

Diakonia: Option für die Armen

Ottmar Fuchs

Inhaltsverzeichnis

6.1 Grundlagen

6.1.1 Einleitung

Während immer mehr Zeitgenossen in der Gesellschaft die zentrale Aufgabe und Daseinsberechtigung der Kirche in ihren sozialen und diakonischen Leistungen sehen, nimmt die Diakonie im Selbstbewußtsein der Kirche sowie in ihrer Pastoral und Gemeindebildung eine eher marginale Stellung ein. Hier geschieht das „Eigentliche" in der Predigt, in den Sakramenten und Gottesdiensten, auch in der Glaubensvergewisserung beim Bibel- und Glaubensgespräch. Dies zeigt sich empirisch in der Erfahrung, daß kirchennahe und fernstehende ChristInnen mit dem Stichwort „Kirche" solche Wörter wie „Pfarrer", „Kirchenbau" und „Gottesdienst", allenfalls den „Religionsunterricht" assoziieren, höchst selten aber z.B. den Caritasverband und seine Einrichtungen, etwa ein Behinderten- oder Altenheim in kirchlicher Trägerschaft, mit „Kirche" verbinden. Letzteres gilt offensichtlich als „Vorfeld" der Kirche und der Pastoral und damit als Anwendung des Eigentlichen (und nicht als das Eigentliche selbst).

Auch wenn man die „Aktiven" und Pfarrer unserer Gemeinden fragt: „Was ist das Entscheidende am Christsein?", dann wird wahrscheinlich häufig die Antwort kommen: „... daß man an Gott, daß man an Christus glaubt!" Die Pfarreien sind der Ort, wo den Menschen der christliche Glaube in der Predigt und in den Sakramenten verkündigt wird und wo (wenn es sich um eine besonders lebendige Gemeinde handelt) die Gläubigen über ihren Glauben miteinander sprechen lernen. Zunächst einmal gilt: Das alles ist gut so und für die Identität der Kirche notwendig.

Und doch kann dabei mit dem Blick auf Jesus selbst und seine Art und Weise, das Evangelium zu verkünden, eine intensive Unbehaglichkeit nicht leicht weggewischt werden. Zu viele Begegnungsgeschichten und Gleichnisse Jesu gibt es, in denen überraschend deutlich wird: Wenn er vom Evangelium und vom Reich Gottes spricht, dann hat er schon heilend und helfend gehandelt. So erlöst er die Menschen von zerstörerischen Besessenheiten und identifiziert diese Tat mit der Ankunft des Reiches Gottes (vgl. Lk 11,20). Bei Jesus sind Gottes- und Nächstenliebe bis zur Fremden- und Feindesliebe sich gegenseitig gleichstufig auslegende und bedingende Vorgänge (vgl. Fuchs 1993a, 33–42). Dies zeigen seine Worte, seine Geschichte und sein gesamtes Lebenszeugnis; diese *Praxis* erst legt seine Verkündigung zutreffend aus.

Diese wenigen Andeutungen zeigen: Christsein erschöpft sich weder in einem gemeinsamen Bekenntnis zu formulierten Wahrheiten des Evangeliums noch in einer gedanklichen und denkerischen Zustimmung zur wahren „christlichen Weltanschauung“, sondern klagt die Wahrheit seiner selbst in der Tat der konkreten Nachfolge Jesu und damit in der Praxis der Liebe und Befreiung ein. Natürlich bleiben Bekenntnisse, Lieder, Gebete, Bilder und Liturgie unerläßlich, aber sie gewinnen ihre Wichtigkeit für das reale Leben und ihre existentielle Bedeutung - wie bei Jesus, der in der Tat Ausdruck des Wortes Gottes ist - nur in der notwendigen Verbindung mit den konkreten Vollzügen der Orthopraxie, des rechten Handelns und Begegnens für- und miteinander. Läßt man sich die Identität der Kirche dergestalt von der Praxis Jesu her füllen, dann geht es bei ihr nicht zuerst um die Einheit derer, die so recht in ihrem Milieu und ihren Einstellungen vereinsideologisch zusammenpassen, sondern vielmehr um die spannungsreiche und riskante Aufnahme der Kleinen und Schwachen, der Notleidenden und Unterdrückten, der Fremden und der anderen, der Gestörten und der Störer. Eben solches Handeln macht Jesu Reich-Gottes-Verkündigung aus, auch gegen die Einwände seiner Jüngerschaft (vgl. Mt 19,13).

Ohne heilende und befreiende Begegnungen, ohne helfendes und solidarisches Handeln spricht Jesus nicht von Gott. Auf uns übertragen: Ohne eine an Jesus orientierte Praxis hängt der Glaube an Christus „in der Luft“ von lediglich in der Verkündigung behaupteter und in der Liturgie gefeierter Menschenfreundlichkeit Gottes: Als ob letztere nicht auch mit der Menschenfreundlichkeit *der Menschen* zu tun hätte.

Die Diakonie als die Nächstenliebe im Ernstfall des mitmenschlichen und lebensrettenden Umgangs mit Notleidenden und unterdrückten Menschen sowie der Solidarisierung mit Betroffenen und mit denen, die sich ihrerseits um die Betroffenen kümmern, die Diakonie als praktisch-notwendige Basis der Kirchenbildung, der Verkündigung und Pastoral einzusehen und zu verwirklichen, dies steht angesichts der Angstzonen in der Welt und der Notzonen in der Gesellschaft mit höchster Dringlichkeit an. Ereignet sich die christliche Rede von Gott tatsächlich im Horizont der zwischenmenschlichen Diakonie, dann kommt auch wieder mehr in den Blick, daß Gottes Geschichte mit den Menschen *als* Diakonie, als *sein* heilendes und versöhnendes Handeln an den Menschen aufgefaßt und erlebt werden kann. Die Verkündigung dieses Gottes hat demnach selbst diakonische Qualität: Andernfalls macht sie als Herrschaftswissen mehr Unterdrückung und Angst, als daß sie hilfreich ist.

Kümmert sich die Kirche um die diakonische Gestaltung ihres Selbstvollzugs nach innen und nach außen, zugunsten der ChristInnen wie auch zugunsten aller Menschen überhaupt, dann findet sie gerade darin ihre geschichtliche Zukunft, als sie die humanere Zukunft der Menschen miter-

möglicht, miterkämpft und mitgestaltet. Auf institutionsfixierte Rekrutierungsstrategien kann sie dann verzichten.
In einer Zeit, in der die Menschen der kommenden Generation zu befürchten haben, daß ihr individueller Tod mit der „Apokalypse", also mit dem kollektiven Tod des Untergangs der ganzen Menschheit zusammenfällt, in der also die Zukunft als katastrophaler Einbruch in die Geschichte denkbar ist, kann die christliche Hoffnung nicht mehr leicht einem linear-kontinuierlichen Übergang von jetziger Geschichte in das Reich Gottes hinein (etwa in der Phantasierung eines weltweiten ökologischen und handlungsethischen Fortschritts) das Wort reden, ohne für diese „Besserung der Welt" nicht nur die Hoffnungsattitüde bereitzustellen, sondern sich auch für entsprechende möglichst schnelle Veränderungen einzusetzen. Dann aber steht es um so mehr an, in Treue und Ausdauer im konkreten Detail sozial widersprüchlicher Verhältnisse von gegenwärtigen Betroffenen her die Diakonie zu lernen: als höchst notwendige Erfahrungsbasis für die solidarische Mentalität, von den zukünftigen potentiellen Betroffenen her jetzt zu handeln und in Verantwortung diesen gegenüber in höchster Eile alles zu tun, was den kollektiven Tod der Menschheit zu verhindern vermag. Die Bedingung, die dafür nötigen politischen Mehrheitsverhältnisse und überregionalen Handlungsstrukturen aufzubauen, daß also solche solidarischen Mehrheiten zustande kommen, ist eben diese Solidarisierung mit den nächsten und fernsten betroffenen Menschen und Völkern der Gegenwart. Denn wer sagt: „Was neben mir passiert, interessiert mich nicht", wird auch sagen: „Nach mir die Sintflut!"
Zum Begriff der „Betroffenen" sei übrigens folgendes geklärt: Er gilt als real objektiver Sammelbegriff für alle Menschen, die von Unglück, Not, Krankheit, Unterdrückung und Ängsten getroffen sind. Nicht (jedenfalls nicht primär) die vom Leid betroffener Menschen Betroffenen sind gemeint, sondern die vom Leid Betroffenen selbst. Daß Betroffene Betroffenheit auslösen, ist selbstverständlich notwendig, doch ist mehr notwendig als Betroffenheit. Die Betroffenen auszumachen, kann nämlich nicht von den Betroffenheitserfahrungen der Nichtbetroffenen abhängig gemacht werden, sondern nur von den durch die Betroffenen mit buchstäblicher Notwendigkeit einklagbaren Hilfe- und Gerechtigkeitsansprüchen selbst. Die „Selbstevidenz" subjektiver Betroffenheit kann täuschen und vom Entscheidenden ablenken, wenn sie sich nicht zentral an der nüchternen empirischen und analytischen Evidenz der Not- und Betroffenenwahrnehmung orientiert. Schließlich ist „Betroffenheit" nur dann eine theologische Kategorie, wenn sie die auf die Betroffenen gerichtete Barmherzigkeit meint *und* wenn sie die Gerechtigkeit beinhaltet, die Gottes Anwaltschaft für die Betroffenen praktiziert (vgl. Lk 2,19; 7,13; 10,32; 24,32): um des Evangeliums willen zugunsten der Men-

schen und um der Menschen willen zugunsten der Realität, die Jesus Reich Gottes nennt.

6.1.2 Praktische Rede von Gott in der Bibel

(1) Betrachtet man die *Gotteserfahrungen des Alten Testaments,* dann zeigt sich vor allem in der biblischen Uroffenbarung des Jahwe-Namens (vgl. Ex 3,14) etwas ganz Eigenartiges und zugleich Charakteristisches: Dieser Name „Ich bin, der ich bin" bzw. „Ich bin, der ich sein werde!" enthält in sich keine generelle oder abstrakte Eigenschaft, mit der Gott benennbar wäre (etwa durch Superlative wie „allgütig", „allmächtig", „allweise" usw.). Der Name sagt „nur", daß Gott da ist und da sein wird. Er bezeichnet in dieser Form einen personalen Bereich, der offenbar nicht auf einer vom Konkreten abgelösten Ebene bestimmbar ist. In dieser Hinsicht ist der Name „leer", oder besser, er ist offen für eine „Füllung", die es erst noch zu erfahren gilt. Dies trifft sich mit dem alttestamentlichen Anliegen, daß man sich von Gott kein Bild machen darf.

Für Israel wird dieser Eigenname Gottes erst dadurch zum Bedeutungsträger, daß er in Verbindung mit ganz bestimmten Begegnungen und Geschichten erfahren und erzählt wird. Der Name „Jahwe" wird beispielsweise inhaltlich gefüllt, indem er in der Erinnerung mit der Exoduserzählung oder mit dem Gott, wie er den Vorfahren begegnet ist, verbunden wird: Gott ist durch deren Geschichten und Erfahrungen bekannt geworden, und zwar als einer, der auf der Seite der Menschen steht, ihnen seine Treue nicht entzieht und sie von Sünde und Unterdrückung befreit.

Der Jahwe-Name „füllt" sich in Israel also nicht durch ein Summarium von gewichtigen Eigenschaften und autoritätshaltigen Titeln (diese gibt es auch, aber doch auch immer im Kontext bzw. als Resultat konkreter Erfahrungen, insbesondere in der Gebetsbeziehung der Psalmen); Gott gewinnt vielmehr bedeutsame Konturen, indem von ihm hinsichtlich konkreter Erfahrungen der Menschen im *Zeitwort,* also in den Dimensionen von Begegnungen und Handeln, erzählt werden kann. Anders „handelt" es sich nicht mehr um den biblischen Gott. Erst eine „Füllung" des Gottesbegriffs durch solche Erinnerung erlöst und befreit uns davon, Gott selbst in unserem Denken produzieren zu müssen bzw. ihn unserem argumentativen oder auch magischen Zugriff unterzuordnen. Hier zeigt sich, daß gerade die biblische Personalität Gottes insofern das Geheimnis Gottes rettet (und nicht verkleinert), als er in solchen konkreten Begegnungsgeschichten zwar konkret benennbar, aber nicht generell bestimmbar wird. Denn diese Geschichten bleiben in ihrer Einmaligkeit offen für neue Geschichten in der Gegenwart und Zukunft, in

denen Gott mit neuen Menschen auch neue und einmalige Begegnungsgeschichten eingeht, in denen seine in der Erinnerung der alten Geschichten liegende Verheißung immer noch einmal anders eingelöst wird, als sie von uns Menschen kalkulier- und vorhersehbar ist.
Die Geschichten mit Jahwe enthalten schließlich eine bezeichnende inhaltliche Doppelstruktur, die theologisch in der Verhältnisbestimmung von *Indikativ* der Gnade Gottes und *Imperativ* des menschlichen Handelns, von Zuspruch und Anspruch besprochen wird. Gott wird so als der treue Wegbegleiter und Helfer in der eigenen Bedrängungsgeschichte erfahren, daß er ein ganz bestimmtes zwischenmenschliches Handeln herausfordert und ermöglicht, nämlich ebenso helfend und befreiend mit den Menschen umzugehen. Beide inhaltliche Dimensionen der Präsenz Gottes in der Geschichte des Volkes erfolgen in konkreten Geschichten: So erinnert Israel in der Exodusgeschichte an die Befreiung von Gott her; so hält Israel konkrete Prophetengeschichten lebendig, welche ihrerseits nie praxisbeliebig vom Willen Jahwes sprachen, sondern ganz unmißverständlich klarmachten, daß der Glaube an Jahwe, daß sein Wort nur mit einer ganz bestimmten sozialen und politischen Praxis vereinbar ist.

(2) Was so im Alten Testament beginnt, gewinnt in der *Menschwerdung Gottes in Jesus von Nazaret* seine tiefste Begründung und Verwirklichung. In Jesus wird Gott selbst Mensch und nimmt die „geschichtliche“ singuläre und konkrete Definition seiner selbst in die eigene Hand. Wer Gott in Geschichte ist, bestimmt sich seither durch die Geschichte und durch die Erinnerung der Geschichte des Jesus Christus. Um uns zu zeigen, daß er die Liebe ist, riskiert Gott selbst eine Geschichte in Welt und Zeit, in der er sich in den Worten und Taten eines Menschen „zeigt“. Um sich zu „bedeuten“, deutet Gott auf seinen geliebten Sohn, wie es genial in der Geschichte von der Taufe Jesu erzählt und „bebildert“ wird. „Und während er betete, öffnete sich der Himmel (...) und eine Stimme aus dem Himmel sprach: Du bist mein geliebter Sohn, an dir habe ich Gefallen gefunden“ (Lk 3,21b–22). Gott deutet auf den realen Menschen Jesus: Schaut ihn an, dann wißt ihr, wer mit Gott zu tun hat; dann wißt ihr, was Reich Gottes bedeutet! Wer Gott ist und was der Mensch sein könnte und sollte, bekommt seither seinen Inhalt von den Handlungen dieses Menschen und seiner Gottes- wie Menschenbeziehung. Mit brillanter Konsequenz verweigert die Taborgeschichte mit der Verklärung Jesu die anstrengungsarme Zuflucht in die „dünne Luft“ verklärter erdloser Figuren und Hütten: Dafür aber steht das ähnliche Deutewort Gottes, wie es auf einen realen Menschen sowie auf sein Reden und Handeln hinweist: „Das ist mein auserwählter Sohn, auf ihn sollt ihr hören“ (vgl. Lk 9,28–36, hier: 35b). Die Beteiligten müssen wieder hinabsteigen in die

Ebenerdigkeit der Menschen untereinander; und die Verklärung hat keinen Selbstwert, sondern erweist sich als leuchtende „Inthronisation" des konkreten mitmenschlichen Lebens des Jesus von Nazaret und seines Wegs zum Kreuz, das er um der Liebe willen und aufgrund der damit notwendig verbundenen Kritik der Unmenschlichkeit der Machthaber riskiert.

Dementsprechend leistet sich Jesus selbst keine Rede von Gott außerhalb konkreter, heilender und rettender Begegnung. Damit steht er in der Tradition der Propheten in Israel, die einklagten, daß die Menschen handeln sollten, wie Gott an ihnen gehandelt hat; indem sich der Mensch für die Gerechtigkeit aller und für die Barmherzigkeit allen gegenüber einsetzt und nicht durch frommes Gerede Ungerechtigkeit und Gnadenlosigkeit zudeckt. Er spricht vom Reich Gottes, wenn er in der Begegnung mit Armen, Stigmatisierten und Schwachen seine Heilsbotschaft im Heilen tut bzw. indem er den Sündern Gottes Vergebung zusagt. Er spricht auch vom Reich Gottes, wenn er sich in seinen Reden und Gleichnissen mit den Armen und Leidenden solidarisiert: Wenn ich mit dem Finger meiner Hand heile, schlimme Entfremdungen austreibe und wenn ich gegen die Marginalisierung der Leidenden und Ausgegrenzten spreche und handele, dann ist das Reich Gottes zu euch gekommen! So wird in seinen realisierten wie auch erzählten Geschichten dem Begriff „Gott" eine unmißverständlich praktische Eindeutigkeit verschafft. Diese Geschichten verdrängen nicht, sondern nehmen die leidende Welt auf und erzählen eben darin das Wirken Gottes unter den Menschen, welches sich immer wieder auf den elementaren Widerspruch zwischen denen, die Leid schaffen, und denen, die das Leid bekämpfen, konzentriert und in diesem Widerspruch sich aufreibt.

So weist Jesus auf die Anfrage Johannes' des Täufers die „Wahrheit" seines Evangeliums dadurch aus, daß er ihm in Anschluß an Jesaja seine heilenden Taten berichten läßt: „Blinde sehen wieder, Lahme gehen, und Aussätzige werden rein; Taube hören (...) und den Armen wird das Evangelium verkündet" (Lk 7,22). So wird der wiederkommende Herr uns danach fragen, ob wir ihm in den Hungernden zu essen gegeben oder ob wir ihn als den Fremden aufgenommen und als den Kranken besucht haben (vgl. Mt 25,31–46). Dies ist keine metaphorische, sondern eine realistische Aussage: Christus ist hier *real-präsent*. So ist der Ketzer in der Samaritergeschichte der Gerechtfertigte, weil er dem Leidenden hilft; und der Priester, auf den Tempel fixiert, um dort den „eigentlichen" Gottesdienst zu vollziehen, hat nichts verstanden (vgl. Lk 10,25–37). Und auch die Geschichte vom Messiasbekenntnis des Petrus und seiner Flucht vor der riskanten Messiasnachfolge in der Tat (vgl. Mt 16,13–27) gehört hierher: Für das Bekenntnis wird Petrus als der „Fels" der Kirche seliggepriesen, für die Flucht vor der realen Nachfolge des sich hergebenden und gewaltlosen Messias freilich wird er als Satan betitelt.

Dies also sind die Details, in denen das Reich Gottes in den Geschichten der Menschen Geschichte wird. Die erzählten Kriterien sind ausgeprochen praktischer Natur! Die Konflikte mit denen, die zwar auch von Jahwe reden, aber ein demgegenüber kontraeffektives, nämlich die Menschen um ihre Rechte und ihre Freiheit betrügendes Verhalten und Verwalten an den Tag legen, sind vorprogrammiert. Der tödliche Konflikt entzündet sich an der unversöhnlichen gegensätzlichen *Praxis* der Kontrahenten, die sie mit dem Gottesbegriff verbinden.

(3) Die *weite Pluralität unterschiedlicher Lebensgestaltungen* unter dem Gottesbegriff hat demnach ihre entschiedenen Grenzen an der Stelle, wo Menschen benachteiligt, unterdrückt und ins Leid gestürzt werden – ob man nun diese Praxis explizit mit dem Gottesbegriff verbindet oder nicht. (Daß dies nicht perfektionistisch und rigoristisch zu denken ist, zeigen Jesu Umgang mit den Sündern sowie die Botschaft von der Versöhnung Gottes, die immer wieder ermöglicht, neu anzufangen. Wer indes nicht einmal diesen *Weg* mitmenschlicher Praxis und der Umkehrbereitschaft im Angesicht Gottes sucht und versucht, hat sein Recht verwirkt, Gott für seine „Geschichten" zu beanspruchen.) Wer seither von Gott spricht, wird ihn nur dann auch für die Erfahrung des anderen „bewahrheiten", wenn er/sie so zu handeln versucht wie Jesus Christus, also wie in Jesus Christus „Gott in Geschichte" konkret geworden ist. Denn Jesus heilt die durch die Menschen produzierte Sprachzerstörung bezüglich des Gottesbegriffs, indem er diesen Begriff über seine eigene Geschichte aus der paradoxen Kommunikation herausholt, in welcher der Begriff „Gott" mit einer seiner Wirklichkeit widersprechenden Praxis der Unterdrückung und Zerstörung der Menschen verbunden wird. Wer seiner „Geschichte" nachfolgt, beteiligt sich deshalb nicht nur an der Wiedergewinnung des authentischen Gottesbegriffs, sondern gleichzeitig an der ansatzhaften Realisierung seiner Gegenwart unter den Menschen.

Die Freiheit in der Begegnung mit Geschichten aus Bibel und Tradition findet also ihre Grenzen in der *Not-Wendigkeit* ihrer Inhalte in Relation zu den gegenwärtigen Noterfahrungen und Notwahrnehmungen. In dieser „Horizontverschmelzung" liegt das inhaltliche Kriterium alles „Beispielhaften" von Geschichten! Die Diakonie erweist sich damit als die ebenso theoretische wie realistische hermeneutische Bedingung authentischer Begegnungen zwischen ChristIn und Tradition.

Dabei handelt es sich bei näherem Zusehen gar nicht um eine Begrenzung der Freiheit, sondern um eine Abwehr der Beliebigkeit, welche leicht in die Gefahr gerät, die Freiheit der anderen zu gefährden. Wer etwa biblische Geschichten nicht aus der Perspektive der Barmherzigkeit und Gerechtigkeit liest, wird sie rasch ideologisch und (die bestehenden Widersprüche) stabilisierend verwenden und mißbrauchen. Der Horizont der Diakonie kommt nur in den Blick, wenn er auch von den EmpfängerInnen als Anliegen und Erfahrung begriffen wurde. Gerade dieser Prozeß *ist* Kirche in ihrer realen geistreichen Qualität, wo heilende und teilende Handlungen und politische Solidarisierungen in der Begegnung mit Gott erstritten und entschieden werden. Er ist und will das Heil der Menschen und steht allen wegbegleitend zur Seite, die sein Heil und sein Mit-leiden im Unheil in die Geschichten der Menschen hineinzutragen versuchen. Nicht selten entstehen dabei Opfergeschichten, wenn der helfende und gerechte Mensch selbst in Nachteile und Lebensbedrohung gerät. Dafür steht Golgota. Und zugleich sind es Geschichten der Hoffnung, durch Golgota hindurch auf die Lebensmacht des Gottes zu treffen, der die Toten auferweckt und jeder hier noch so erfolglosen Diakonie im Reich Gottes Ewigkeitsrecht verleiht. Dafür steht die Auferstehungsbotschaft.

6.2 Jesus als Vorbild diakonischer Praxis

Wie sieht nun das Handeln des Jesus von Nazaret näherhin aus? Wie geht er mit den Armen um, wie handelt er diakonal und wie nimmt er die Leidenden inhaltlich ernst? Wie werden bei ihm die Benachteiligten nicht nur EmpfängerInnen der Hilfe und Befreiung, sondern auch selbst Subjekte, die Wichtiges zu sagen haben und ihrerseits für die HelferInnen Lebenshilfe und -bereicherung bereithalten? Ich möchte hier nur einige charakteristische Momente beim Namen nennen, die mir im Zusammenhang mit unserer Gesamtthematik ausschlaggebend erscheinen.

6.2.1 Sensibilität, Heilung und Vergebung

Trotz mancher formaler Reduktion der überlieferten Geschichten durch entsprechende literarische (Gattungs- und Formen-)Schemata haben viele Begegnungserzählungen Jesu in den Evangelien den eigentümlichen Charakter unvermiedener Körperlichkeit beibehalten. So läßt Jesus den Aussätzigen nahe an sich herankommen und berührt ihn (vgl. Mt 8,3). So läßt er sich von der blutflüssigen Frau anfassen (vgl. Mt 9,20). Jesus scheut sich auch nicht, seinen Speichel mit Erde zu vermischen und mit den Augen des Blinden in Berührung zu bringen (vgl. Joh 9,6). Zu dieser Manifestation menschenfreundlicher Begegnungen gehört es auch, daß sich Jesus Zeit zum Gespräch nimmt (vgl. Mt 15,21–28) und daß er häufig höchst sensibel und treffsicher bezüglich der beteiligten Personen und Situationen reagiert und handelt: Ich denke hier z.B. an die Begegnung mit der Ehebrecherin (vgl. Joh 8,3–11). Jesus beschuldigt nicht, sondern deklassiert die selbsternannten Richter und ihre buchstäblich steinigenden Moralgesetze; er schreibt schweigend in den flüchtigen Sand und rettet so die Situation und die „Sünderin".

Man kann sich die Gefühlswärme, vertrauensschenkende Vorgabe, die kommunikative und therapeutische Kraft sowie die leibliche Dimension in Jesu Begegnungen kaum farbig und intensiv genug vorstellen! Die Überwindung der Berührungsangst Kranken, Fremden und Aussätzigen gegenüber ist wohl die helfende und barmherzige Frucht des Heiligen Geistes bei allen Heiligen vergangener und gegenwärtiger Tage, welche die Sicherheit ihres Lebens in Gott festmachen und von solchem Glauben her (wie Franz von Assisi) den Aussätzigen küssen und umarmen können.

Jesus hat die konkrete körperliche und geistige Not um sich herum unmittelbar wahrgenommen. Er hat in befreienden Begegnungen die Kranken geheilt, Dämonen ausgetrieben und Sünden vergeben. Daß Jesus dabei als Wundertäter auftritt, ist für die damalige soziokulturelle Umwelt zwar staunenswert, aber nicht prinzipiell ungewohnt. Jesus praktiziert also eine durchaus „konventionelle" Form des Heilens in der damaligen Zeit. So stellt er sich den Schmerzerfahrungen und reagiert möglichst wirksam darauf. Nach A. Suhl sind die Wunder „ein unbedingter Protest gegen konkretes menschliches Leid, gegen das Leid der Kranken, der Verstümmelten und Isolierten" (Suhl 1980, 38). Die Wundergeschichten sind demnach nicht (nur) dazu da, den Glauben an die göttliche Autorität Jesu zu unterstützen (solcher Glaube dürfte ausschließlich in der Auferweckungsbotschaft begründet sein), sondern sie verweisen auf seine Praxis, Not wahrzunehmen, den Notleidenden begegnen zu wollen und ihnen soweit wie möglich zu helfen bzw. sich mit ihnen zu solidarisieren. Über die bereits im Neuen Testament anlaufende Hochstilisierung des Wunderbegriffs sowie über die immer wieder angefragte und je neu „moderne" Diskutierbarkeit der Wunder Jesu darf man diese ebenso nüchterne wie prinzipielle diakonische Basisaussage der Heilungsgeschichten auf keinen Fall hintanstellen! Jesus holt die Leidenden in den innersten Kreis, macht sie zum intersubjektiven Zentrum seiner Worte und Taten. So stellt Jesus den Mann mit der verdorrten Hand (vgl. Mk 2,27–3,6) vom Rand in die Hauptszene und hier noch dazu in die Mitte der Synagoge: Das ist ungeheuerlich. Denn die Mitte ist der Ort, an dem sonst die Thorarolle, das Wort Gottes, Gott selbst Platz hat. Es handelt sich hier nicht nur um eine lokale Mitte, sondern es ist eine inhaltliche Mitte theologischer Art. Die Liebe und die Gerechtigkeit Jesu machen diese „Mitte" konstitutiv für alle, die ihm nachfolgen. Zu erinnern wäre hier neben den erwähn-

ten Geschichten an seinen Umgang mit Aussätzigen, Zöllnern, Dirnen und Sündern. Aber auch viele Gleichnisse gehören hierher. Die Armutsgruppen der damaligen Zeit bekommen ihren Platz in der Mitte allein aufgrund ihrer Hilfsbedürftigkeit (also aufgrund keiner irgendwie gearteten anderen Vorleistung als der der hoffnungsvollen Erwartung) und der Tatsache, daß Jesus mit ihnen in eine solche Begegnung kommt. All dies zeigt, daß die Begegnung mit Hilfsbedürftigen und Schwachen ins Zentrum jeder christlichen Kommunikation und auch der christlichen Sozialform gehört. Im Moment der Begegnung mit einem Hilfsbedürftigen ist nichts anderes mehr wichtig als dieser Mensch, der Anerkennung, Aufwertung und Hilfe braucht. Sein Leben ist in den Augen Jesu und seines Gottes unendlich wertvoll. ChristInnen werden in der Nachfolge des Jesus von Nazaret diesen unendlichen Wert der Notleidenden durch ihr eigenes Handeln erfahrbar machen.
Gerade diese Momente der Begegnung mit den Beschädigten sind die vorzüglichen Orte, an denen Jesus *verkündigt,* an denen er vom liebenden Gott und von der Reich-Gottes-Botschaft spricht. Reich Gottes ist hier nicht eine utopische, ortlose Idealität, an die man glauben muß und auch nur glauben kann, sondern bereits - wenigstens teilweise - eine welthaft verortete geschichtliche Realität, die man sieht! Die Glaubwürdigkeit Jesu liegt nur zum Teil in seinen Worten über das Reich Gottes und über Gott, zu einem weit größeren Teil in seinen diakonischen Taten. Umgekehrt formuliert: Jesus interpretiert mit seiner Botschaft im Grunde „nur", was er tut! Damit hat die diakonische Erfahrung zentralen Verkündigungscharakter, insofern sie stückhaft die Realerfahrung des gerade dadurch glaubwürdigen ganzheitlichen Reiches Gottes ermöglicht. Wie wichtig überhaupt die Tat innerhalb der Botschaft und des Lebens Jesu ist, zeigen etwa die Nachfolgesprüche, zeigt die Geschichte von den zwei Brüdern (vgl. Mt 21,28–32), in welcher der eine Sohn zum Vater auf sein Wort, in den Weinberg zu gehen, nein sagt, aber dann doch handelt, während der andere ja sagt, aber nichts tut. Der erste ist gerechtfertigt.

6.2.2 Inhaltliche Erwartung und öffentlicher Einsatz bis zum Risiko

Wo Jesus leidenden oder stigmatisierten, also irgendwie durch Mangel und Nachteil, aber auch durch Schuld gezeichneten Menschen begegnet (vgl. Fuchs 1993b, 17–25), rückt er diese in die Mitte der aktuellen Kommunikation. So stellt er das Kind in die Mitte, das damals (wie heute) kein „vollwertiger" Mensch ist, weil es noch nicht kultfähig ist (bzw. weil es noch nichts leisten kann, eben noch kein Erwachsener ist). Und er tut dies auch gegen das

Bestreben seiner Jünger, die Kinder abzuwimmeln, weil sie diese für die Begegnung mit dem Rabbi für zu unwichtig halten. Zugleich geschieht aber noch mehr: Die Kinder und ihr Kindsein werden zur inhaltlichen Orientierung für die Erwachsenen, die ihrerseits die Kinder nicht ernst nehmen, hingestellt: zum Maßstab dafür, wie der Mensch mit dem Reich Gottes umzugehen hat. Das Kind wird also nicht etwa nur deswegen in die Mitte gestellt, um dort Objekt des Hilfehandelns zu werden, sondern es wird selbst Kriterium dafür, wie die sogenannten Erwachsenen mit dem Leben, mit den Menschen und mit Gott umzugehen hätten (vgl. Mt 19,13–14; Mk 9,36). So sagt Jesus: „Wer das Reich Gottes nicht so annimmt, wie ein Kind, der wird nicht hineinkommen" (Mk 10,15). Daß die Betroffenen etwas zu sagen haben, zeigt auch die Blindenheilung (Mk 10,46–52): Jesus heilt den Blinden nicht einfach ungefragt, sondern er erkundigt sich ausdrücklich: „Was soll ich dir tun?"

Jesus handelt unerwartet: Gerade von den Kleinen und Schwachen könnt ihr lernen, wie man Gott und den Menschen begegnet. Die Schwachen, nicht die Starken, sind also inhaltliches Gestaltungsprinzip der Nachfolge Jesu. Dies gilt in doppelter Hinsicht, nämlich daß die Starken (hier die Erwachsenen) ihren Kreis öffnen, die Kleinen und Schwachen in die Mitte stellen; *und* daß sie die inhaltliche Gestaltung ihrer Gemeinschaft mit Mensch und Gott von diesen Schwachen her effektiv bestimmt sein lassen. Dies ist auch sehr einsichtig, denn was z.B. Gerechtigkeit in einer ganz bestimmten Situation ist, das kann man nicht über die hinweg definieren, die ungerecht behandelt werden. Letztere haben vielmehr die bevorzugte Kompetenz, Gerechtigkeit einzuklagen und zu bestimmen, wie sie praktisch auszusehen hat.

Die Leidenden sind bei Jesus demnach nicht nur Adressaten einer heilenden Handlung, welche ihre Defizite „behandelt", sondern sie werden gerade aufgrund ihres Leidens als Subjekte wichtig genommen, welche (auch und gerade in ihrer jeweils „gebrochenen" Form) Entscheidendes zu sagen haben. In der Diakonia ereignet sich demnach eine Verkündigung besonderer Art. Denn wenn in den Leidenden der Menschensohn begegnet, dann darf man um so mehr darauf vertrauen, daß sie nicht nur Adressaten, sondern auch schöpferische Subjekte der Martyria und Diakonia sind und werden (vgl. Mt 25,31.35–46).

Bekanntlich hat sich Jesus nicht nur in die „Kleingruppenarbeit" begeben, sondern bei vielen Gelegenheiten auch die „Massenkommunikation" nicht gescheut und in pointierter Weise *öffentlich* seine Positionen deutlich gemacht. Auch die Streitgespräche mit den damaligen religiösen Machthabern gehören zur öffentlich-politischen Dimension seines Auftretens. Und kaum ein Gleichnis hat nicht neben dem interpersonalen Vorgang auch in

der Auswahl der Beteiligten eine strukturpolitische Perspektive: Ein klassisches Beispiel für diesen Sachverhalt liefert die Geschichte vom barmherzigen Samariter. In der Antwort Jesu auf die Frage der Gesetzeslehrer - „Wer ist mein Nächster?“ - erfolgt die Definition dieses Begriffs nicht abstrakt, sondern pragmatisch, also innerhalb eines erzählten Handlungsvorgangs, und zwar mit einer doppelten Stoßrichtung: einmal in Richtung auf den engeren helfenden zwischenmenschlichen sozialen Bereich, zum anderen aber auch in Richtung auf eine scharfe Gesellschaftskritik hinsichtlich der bestehenden Vorurteile; denn der Samariter ist es, der hilft! Hier wird, wie in vielen anderen Geschichten (vgl. Lk 17,11–19), auch der strukturelle Aspekt der Sünde mitthematisiert: Der Prototyp dessen, der zur Negativgruppe in der Umwelt gehört, wird in der Geschichte mit positivem Handeln verbunden. Der religiöse Außenseiter ist es, der dem hilft, der ihm selbst gegenüber fremd und Außenseiter ist. So wendet sich die Geschichte auch gegen die kollektiven Diffamierungsstrukturen der Umgebung.
Der Samariter ist zwar nicht auf der Ebene der erzählten Geschichte, aber doch auf der Ebene der Situation zwischen dem erzählenden Jesus und seinen ZuhörerInnen auch das Opfer: Jesus opponiert gegen sein diesbezügliches „Opfersein“, indem er ihn als Vorbild erzählt und damit die erniedrigenden Stereotypen gegenüber den anderen, die nicht zum eigenen Bereich gehören, angreift. Die biblischen Geschichten sind zwischen Kollektiv und Individuum nicht teilbar, sie entfalten sowohl für die Beziehungen zwischen Personen wie auch für die zwischen Gruppen, Gesellschaften und Völkern ihre inhaltliche Energie. Der sündenträchtige Aspekt zwischen den Völkern wird beispielsweise auch deutlich in Jes 7,1–9, wo es für den König Ahas um die Entscheidung zwischen Militärbündnis und Stillehalten im Horizont des Gottvertrauens geht.
In der authentischen Nachfolge der alttestamentlichen sozialkritischen Prophetie nennt Jesus in seinen öffentlichen Reden (vgl. besonders die Feldrede Lk 6,20–49) die entscheidenden sozialen Widersprüche beim Namen und deckt sie damit auf: „Selig seid ihr Armen - weh euch ihr Reichen!“ Auf dem Hintergrund des Vorbilds Jesu läßt sich also eine Individualisierung der Diakonie in keiner Weise rechtfertigen. Die politische Diakonie bildet vielmehr einen integralen Bestandteil seines heilenden Umgangs mit Kranken und Bedrängten. Denn die Diagnose der sozialen, politischen und institutionellen Wirklichkeit muß als ein unaufgebbares Moment seiner Verkündigung selbst angesehen werden. Zur Diakonie gehört also nicht nur die unmittelbare Hilfeleistung und Verkleinerung oder Abwendung des Leidens, sondern zugleich die Suche nach den leidschaffenden politischen und strukturellen Herkünften und die daraus resultierende sozial- und wirtschaftspolitische Position.

Seine Beziehungen zu den Kranken, Armen und Schuldigen sowie sein öffentliches diesbezügliches Eintreten handeln Jesus seinerseits den Vorwurf der Besessenheit ein. Was er tut, wird von seinem Zeitgenossen als Narretei aufgefaßt (vgl. Lk 11,14–16). Sein Nonkonformismus und sein Dissidententum um der Diakonie willen kommen denen, die etwas zu sagen haben, als gefährliche Verrücktheit vor und bringen ihn schließlich ans Kreuz. Für ihn sind aber gerade die „Reichen" die eigentlichen „Narren", weil sie auf trügerische und zugleich menschenfeindliche Sicherheiten und Strategien setzen (vgl. Lk 12,20), die ins Reich Gottes hinein keine Zukunft haben. Wer mit Leidenden und Unterdrückten radikal helfend und teilend umgeht, zieht sich offensichtlich den Zorn derer zu, die auf Kosten der Benachteiligten ihre Bemächtigungen durchsetzen. Bis zum Schluß jedoch gibt Jesus den Kampf für die Menschlichkeit und die Versöhnung der SünderInnen nicht auf. Noch am Kreuz betet er für die Täter (vgl. Lk 23,34).

6.2.3 Jesu Beziehung zur Diakonie Gottes

Man fragt sich, woher Jesus die Kraft hatte, ein solches Leben konsequent bis zum Ende durch- und auszuhalten. Die Antwort auf diese Frage führt zu seiner Gottesbeziehung. Er glaubt an den Gott Israels und befindet sich in der Begegnungstradition dieses Volkes mit Jahwe. So betet er mit den Worten der Psalmen und prophetischer Texte, so kennt er die alten Geschichten von Gottes helfendem und erlösendem Handeln an seinem Volk. Jesus erfährt diese Gottesbeziehung offensichtlich unüberbietbar intensiv und tragend. Dafür findet er ein eigenes Wort, nämlich die Anrede „Abba", das Kinderwort für einen liebenden und guten Vater. Deshalb zieht er sich wochenlang zurück in die Wüste, deshalb erzählt er in Gleichnissen von der Liebe und Gerechtigkeit Gottes, deshalb glaubt er an das kommende Gottesreich, deshalb klagt er schließlich in höchster körperlicher, psychischer und spiritueller Not mit den Worten des Psalms 22 (vgl. Mk 15,34).
Dies können nur Andeutungen dafür sein, wie sehr die Gottesbeziehung das Herzstück seiner Existenz bildete, wie sehr er sich dafür Zeit nahm und wie vital seine Gebetsbegegnung im Ich-Du-Dialog war. Gott ist für ihn keine Chiffre für Mitmenschlichkeit, sondern selbst ein realer helfender und befreiender Partner in diesem Leben und darüber hinaus, der gerade deswegen in der Geschichte der Menschen nicht anders verkündet und vertreten werden kann, denn als vehementer Anwalt hilfe- und befreiungsbedürftiger Menschen. Für Jesus werden Gott und sein Reich nicht nur konkrete Praxis in der mitmenschlichen Tat, sondern - diese tragend und ermöglichend - im praktizierten Glauben an Gottes erfahrbare Weggenossenschaft in Versöh-

nung und Verheißung. Die zwischenmenschliche Diakonie ersetzt nicht Gottes Diakonie uns gegenüber, sondern benötigt sie.
Jesus scheitert mit seiner Botschaft von einem radikal diakonischen Gott, weil er dessen Diakonie genauso radikal allen Menschen zukommen läßt und sich in Widerstreit setzt zu denen, die einen beängstigenden Gott verkünden und die Menschen unterdrücken. In der Auferweckung jedoch rettet Gott Jesus und setzt damit sein Gottesbild und seine Menschenliebe ins Recht. Christus wird nun selbst die unendliche Anerkennung der diakonalen „Not-Wendigkeit" dadurch endgültig vollziehen, daß er im Tod die Opfer und die SünderInnen rettet.
So gibt es von der unendlichen Liebe Gottes her einen eschatologischen *Überschuß an Diakonie* (in der Verheißung der Rettung Gottes über den Tod hinaus, besonders gefeiert und geglaubt in Verkündigung und Liturgie) gegenüber der immer wieder eintretenden geschichtlichen Erfahrung des *Defizits an Diakonie* zwischen den Menschen: insofern barmherzige, gerechte und befreiende Menschen immer mehr geben als sie von Menschen empfangen (können). Nicht daß diakonische Menschen nichts empfangen. Helfendes und gerechtes Handeln ist bereits zwischenmenschlich kein einseitiges Unternehmen. Nur kann man ein gewisses Gefälle erfahrungsgemäß wohl nicht ableugnen, insofern die Nachfolge Jesu in der Gesellschaft und nicht zuletzt auch in der Kirche selten das „einbringt", was man aufwendet. Das Kreuz Jesu selbst ist ein Ausdruck dafür. Wie sich andererseits die Auferweckung gegen jeden Sinnlosigkeitsverdacht eines solchen Lebens, auch und gerade wenn es an den opfermachenden „Tätern" scheitert, mit der Botschaft aufbäumt: Vor dem lebendigen und lebendig machenden Gott ist die Diakonie nie umsonst, sondern sie hat ins Reich Gottes hinein ewige Zukunft. Gottes eschatologischer Verheißungszuspruch steht wohlfeil bereit, in die zwischenmenschliche Defizitlücke der Diakonie „einzuspringen" und sie in der christlichen Hoffnung (nicht selten wider alle Hoffnung, vgl. Röm 8,24–30) mehr als „wettzumachen".
So strohig-hilflos diese Überlegungen klingen, so unentbehrlich scheint mir doch die darin versuchte konzeptionelle Einsicht für die Erfahrungsvorbilder vieler (nicht nur heilig gesprochener) heiliger Männer und Frauen, denen aus dem entsprechenden *Gottvertrauen* heraus umwerfend und faszinierend viel an Diakonie möglich war und ist. Nicht daß nicht auch Menschen außerhalb des expliziten christlichen Glaubens so leben könnten. Sie tun dies objektiv allerdings nicht außerhalb des Geistes Gottes, der weht, wo er will. Für uns Christen jedenfalls bleibt entscheidend, daß wir (endlich) lernen, Gottes explizit zugesagte Gegebenheit und Verheißung für die zwischenmenschliche Befreiung auszuschöpfen, und damit gründlich darauf verzichten, diesen Gott seiner selbst zu entfremden und ihn als Verhin-

derung der Diakonie zu mißbrauchen. Weil die Diakonie Gottes so notwendig für die Diakonie der Menschen ist, deshalb ist auch die Gottesbeziehung (in Gebet und Gottesdienst) so entscheidend für ChristIn und Kirche. Wenn Gott um des Menschen willen Mensch geworden ist, dann darf man seine Diakonie den Menschen gegenüber auch zugunsten der zwischenmenschlichen Diakonie hemmungslos in Anspruch nehmen.
Auch die Sünder werden, durch das Gericht und durch Läuterung hindurch, gerettet sein (vgl. Fuchs 1988, 269–294). Denn ein diakonisches Leben kann nicht perfektionistisch verstanden werden. Dazu ist man ein Leben lang unterwegs. Ein ständiger Umkehrweg ist dies, mit Sündenanfälligkeit und Scheitern und mit der ständigen Bedürftigkeit, sich Gottes Versöhnung und Hoffnung zusprechen zu lassen. Dies ist so, weil die Diakonie in Wirklichkeit oft gerade deswegen so kostbar ist, weil sie viel Mut und Demut kostet. Allzu idealistisch können ChristInnen in dieser Hinsicht auch nicht in dem Sinne sein, daß sie meinten, sie könnten selbst das Reich Gottes schaffen. Diese Einsicht und die damit verbundene Hoffnung, daß Christus selbst es bringen wird, bewahrt vor Resignation und Gewalttätigkeit und konzentriert sich dennoch auf die Notwendigkeiten, die möglich sind, um unnötiges Leid abzuschaffen und nicht abschaffbares Leid miteinander auszuhalten. Auch Jesus konnte nicht alle heilen und befreien, auch er scheiterte an dem oben beschriebenen „Defizit" zwischenmenschlicher Diakonie. Subjekt des „perfekten" Reiches Gottes ist allein Gott selbst, wie er in Christi Geist letztlich auch das ermöglichende Subjekt der zwischenmenschlichen Diakonie im diesseitigen „Äon" bleibt.

6.3 Vollzugskriterien der Diakonie unter besonderer Berücksichtigung des Religionsunterrichts

Daß der Religionsunterricht auch unter einem „diakonischen Aspekt zu sehen" ist, hat bereits die Würzburger Synode festgestellt (vgl. Religionsunterricht, 2.6.1 - 2.6.2). Dabei ist vom „uneigennützigen Dienst am einzelnen Menschen und an der Gesellschaft" die Rede. Im folgenden möchte ich mich um die Tragweite dieser Einschätzung kümmern, damit diese Perspektive nicht in mancher Tendenz verkümmert, den Religionsunterricht nur als „Missionsstation" zur Anwerbung fernstehender junger Menschen für die Kirche zu verstehen: Analog zu der Vorstellung, daß das diakonische Handeln der Kirche nur ein glaubwürdiges „Vorfeld" zum Zentrum, zum Glauben selbst sei. Aus dieser Sicht hätte der Religionsunterricht immer nur dann Sinn, wenn er durch entsprechende Mitglieder- und Mitmachersteigerung zum Nutzen der Kirche selbst ausginge (was insbesondere am Gottesdienstbesuch abzulesen wäre). Eine demgegenüber uneigennützige Religionspädagogik verausgabt sich über solche „heimholenden" Ziele hinaus. Sie läßt sich nicht für die Kirchenintegration instrumentalisieren, sondern weiß sich als eigenständige kirchliche Sozialgestalt, die um so mehr zum inhaltlichen Zentrum der Kirche hinführt, als sie diakonisch ist.

Obgleich die Begriffe Diakonie und Religionsunterricht, Katechese bzw. Verkündigung selbstverständlich miteinander zu tun haben, darf man sie nicht in einen Topf werden, als wäre alles „irgendwie" miteinander identisch, etwa nach dem Motto: Wer jungen Menschen das Wort Gottes beibringt, dient ihnen gleichzeitig! So richtig dies ist, macht sich doch bei einer solch vereinfachten Deckungsgleichheit von Katechese und Diakonie der „falsche" Zungenschlag bemerkbar, daß nämlich mit dem Wort auch bereits die Diakonie erledigt sei. Dieses Bedenken gilt selbst dann, wenn die Wichtigkeit der Diakonie in der religiösen Unterweisung selbst thematisch vorkommt und wenn sie in ihrer zwischenmenschlichen Durchführung ihrerseits helfenden und befreienden Charakter hat. Denn es gibt auch gegenüber einer solchen „guten" Unterweisung noch eigenständige Diakoniebereiche, die zwar ungetrennt von der Wortverkündigung des christlichen Glaubens, dennoch nicht mit dieser Verkündigung einfach deckungsgleich betrachtet werden können. So primitiv diese Einsicht zunächst klingen mag, so ausschlaggebend ist sie auch: Unter bzw. neben den „eigentlich" diakonischen Handlungsfeldern mit ihrem jeweiligen sozialen Engagement zugunsten eines helfenden und teilenden Umgangs mit benachteiligten und notleidenden Menschen (ein Blick in manche sozialen Initiativen der Gemeinden wie auch auf die vielen Institutionen des Caritasverbandes verschafft eine Ahnung von deren Vielfalt; vgl. Zerfaß, 1992) ist der Religionsunterricht eine durchaus wichtige, aber zugleich auch begrenzte Unternehmung.

Hat man sich der Selbstbescheidung hinsichtlich der diakonischen Qualität des Religionsunterrichts innerhalb des Gesamtprofils christlicher und kirchlicher Diakonie geöffnet, dann kann man sich wiederum um so ungenierter auf die Frage nach der spezifischen diakonischen Qualität des Religionsunterrichts konzentrieren. Vor allem muß erst einmal ein Diakonieverständnis vorhanden sein, von welchem ausgehend man die Glaubensunterweisung als eine diakonische einschätzen kann. Es gibt ja auch Erfahrungen der „Glaubensunterweisung", welche alles andere als ein Dienst an den Menschen waren und sind; wenn die Kirche nämlich die Katechese zu ihrer eigenen Selbstbehauptung und zur Bemächtigung der Menschen mehr braucht, als die Menschen diese Glaubensunterweisung für ihre eigene Lebensvertiefung und Bereicherung nötig haben (vgl. Fuchs 1993b, 61–101). Mit der Diakonie handeln wir uns also einen *kritischen* Begriff ein: sowohl im Hinblick auf die Motive und Wirkungen wie auch bezüglich der Vollzugsweisen

des Religionsunterrichts, seiner Inhalte und seines zwischenmenschlichen Handelns.
Dabei kommen *vier Hauptelemente* zur Sprache, die jeweils kurz dargestellt und zugleich in ihrer erschließenden Kraft für die diakonische Qualität des Religionsunterrichts befragt werden sollen. Es wird sich zeigen, daß die Diakonie kein einseitiges Unternehmen ist, sondern wechselseitige Begegnungsprozesse meint, die ineinander vernetzt sind. Ein erster Definitionsversuch sei vorangestellt: Die *Diakonie* erfüllt sich in einem gegenseitig helfenden und gerechten Umgang miteinander, insbesondere aber mit bedürftigen, notleidenden und benachteiligten Menschen, aus der Quelle der den Menschen von Gott gegebenen unbedingten gegenwärtigen und zukünftigen Solidarität und unerschöpflichen Versöhnung heraus.

6.3.1 Gottes Heilsdienst am Menschen und seine Beanspruchung der Menschen zum gegenseitigen Heil

In der Benennung der *theologischen Grundlage* christlicher Diakonie wird oft übersehen, daß die Diakonie nicht zuerst ein Leistungsbegriff, sondern ein Gnadenbegriff ist. In der Beziehungslogik zwischen Gott und Mensch gibt es nämlich keinen Imperativ ohne den Indikativ: So übergibt der Gott, der Israel aus Ägypten herausgeführt und damit in seine bleibende befreiende Wegbegleitung eingeführt hat, diesem Volk seine Gebote. So ruft Jesus die Menschen auf, nicht mehr zu sündigen, nachdem er sie geheilt und ihnen die Vergebung der Sünden zugesprochen hat. Dies sind nur einige Hinweise darauf, daß Gott die Menschen (als SünderInnen) zuerst liebt und ihnen auf dieser Basis geschenkter Solidarität und nie aufhörender Versöhnung die Ermöglichung dessen schenkt, was die Nachfolge Jesu beansprucht. Gott fordert nicht, was er nicht längst schon gegeben hat. Die wichtigste Diakonie hat er immer bereits getan.
Insbesondere in den Sakramenten kommt diese unbedingte Liebe Gottes auf die Menschen zu: als eine in entsprechenden Symbolhandlungen erfahrbare Vergewisserung seines unverbrüchlichen Heilsdienstes am Menschen. Gerade deswegen hat auch die Wortverkündigung, die in die Liturgie der Sakramente eingebettet ist, die besondere Aufgabe, von dem zu sprechen, was Gott uns gegenüber getan hat, tut und tun wird, und daß uns von einem solchen Vertrauen in Gott her auch die Möglichkeit geschenkt wird, mit der Angst umzugehen, die immer mit dem zwischenmenschlichen Imperativ zur Diakonie verbunden ist (vgl. Fuchs 1990, 168–185). Diese fruchtbare und energievermittelnde Spannung zwischen der von Gott gegebenen und von ihm geforderten Diakonie gilt es nach beiden Seiten hin aufrecht zu

erhalten! Denn der Gottesbegriff wird zur Gesetzlichkeit, wenn er nur *als* zwischenmenschliche Ethik besprochen wird und als blanke Überforderung auf die Menschen zukommt.
Umgekehrt kann erst von den Erfahrungswerten gelebter gegenseitiger Diakonie (einschließlich ihrer Begrenzungen, Sündenanfälligkeit und Hilflosigkeit) ermessen werden, was die Liebe Gottes den Menschen gegenüber ist: in ihrer immer wieder neu nötigen Vergebung und Versöhnung zum Neuanfang. Die Nachfolge des „Imperativs" wird dann zum Ausdruck dafür, daß die Gläubigen die Liebe Gottes für ihr eigenes Leben konkret ernst nehmen (und sie nicht etwa in einem von der zwischenmenschlichen Praxis abgehobenen Spiritualismus zur luxuriösen geistigen Erhebung ihrer selbst ausbeuten).
Für den *Religionsunterricht* bedeutet dieses theologische Diakoniemoment beispielsweise folgendes: Weder im Inhalt noch in der Beziehung darf der Religionsunterricht diese innere Verbindung von Gabe und Aufgabe, von Zuspruch und Anspruch, von Gnade und Ethik aus den Augen verlieren. Nicht daß diese Verbindung immer thematisiert werden müßte (denn unterschiedliche Themenbereiche haben einmal mehr die eine, einmal mehr die andere Seite dieser Verbindung im Auge); nur darf *auf Dauer* das eine ohne das andere nicht stehen bleiben. Vom Leistungssystem Schule her, worin der Religionsunterricht zu fungieren hat, ergeben sich dabei wohl besondere Schwierigkeiten für die beziehungsmäßige Vermittlung der bedingungslosen Gegebenheit von Gottes Diakonie. Umgekehrt ist nun einmal das aus der Glaubensunterweisung kommende Wissen von Gottes befreiendem Handeln in der Geschichte der Menschen die Bedingung der Möglichkeit, sich von ihr beeindrucken zu lassen. Insgesamt wird man dem Religionsunterricht wohl viele Chancen zubilligen dürfen, die Kenntnis von einem Gott nicht in Vergessenheit geraten zu lassen, der den Menschen nicht das Rückgrat krümmt, sondern stärkt.
Der Religionsunterricht ist demnach dann nicht mehr diakonisch, wenn er Gott „ethisiert" und nur noch als Handlungsanleitung „vergesetzlicht". Natürlich ist es gerade im Unterricht viel schwieriger, von der Gegebenheit Gottes in dieser Welt zu sprechen, als von dem zu reden, was die Menschen tun müßten. Hierin sind der Phantasie keine Grenzen gesetzt: von einer wenigstens zeitweise anstrengungsarmen Vermittlung (so daß man sich im Religionsunterricht im besten Sinne geistig erholen kann) bis hin zu einer persönlichen Ausstrahlung des Religionslehrers bzw. der -lehrerin, in der bei allen unterschiedlichen Leistungen die *gleiche* Akzeptanz gegenüber allen SchülerInnen erfahrbar ist. Selbstverständlich rede ich hier nicht dem Ausfall des ethischen Imperativs das Wort, sondern eher seiner Verschärfung und Unausweichbarkeit – indes nicht auf der Basis eines unbedingten

Gesetzes, sondern auf der Basis einer unbedingten Gnade. Gnade freilich, die nicht tätig wird, ist Einbildung (Ernst Käsemann).

6.3.2 Wer hilft, empfängt

Hiermit ist folgendes gemeint: Helfen ist keine Einbahnstraße. Wer hilft, der empfängt auch: eine Infragestellung, eine Bereicherung, eine Intensivierung, manchmal sogar eine Umkehr seines Lebens. Gerade die christliche Opferideologie der Selbstlosigkeit war nicht unschuldig daran, daß der Aspekt des Empfangens in der Hilfe immer wieder weggedacht und weggefühlt wurde. Nicht nur der, dem geholfen wird, sondern auch der, der hilft, darf etwas von der Begegnung „haben". Geschieht dies, dann merkt auch z.B. der behinderte Mensch, daß er als voll- und selbstwertiger Mensch ernst genommen wird, weil ihn der Helfer auch für sich und seine Existenz als wichtig erachtet (und ihn nicht nur insofern wichtig nimmt, als er auf seine Hilfsbedürftigkeit eingeht). Gerade viele, die mit aidskranken Menschen zu tun haben, erzählen und bestehen darauf, daß ihre Wegbegleitungen alle Beteiligten - also auch und gerade sie selbst - in tiefer Weise beeindruckt haben; für sie und ihr weiteres Leben unendlich wichtig waren und sind. Sie erleben, daß die Kraft, in solcher Wegbegleitung durchzuhalten, nicht nur von ihnen zu investieren ist, sondern auch und vor allem von den Betroffenen selbst herkommt. Nur ein fehlgeleitetes Helferverständnis geht davon aus, die Helferin müsse sich ständig verausgaben, ohne daß ihr auch gerade in ihrer helfenden Beziehung wie auch hinsichtlich ihrer ganzen Existenz selbst geholfen wird (vgl. Schmidbauer 1977).

Auch aus dieser Perspektive steht nicht eine neue Moralisierung zur Diakonie an, sondern die Ermutigung, auch und gerade in solchen Begegnungen ausschlaggebende Botschaften für menschlicheres Leben zu erwarten und anzunehmen. Diakonie ist Einladung zu wirklich menschlichem Leben. Dieser Aspekt, daß die helfende und befreiende Begegung mit notleidenden und bedrängten Menschen für alle Beteiligten das Leben notwendiger und unbeliebiger macht, wird oft nicht deutlich und ausgiebig genug gesehen. Dies hängt wohl auch damit zusammen, daß die direkten Begegnungen mit hilfs- und befreiungsbedürftigen Menschen aus den Alltagsbeziehungen herausoperiert wurden: durch Delegation des direkten Umgangs mit ihnen an entsprechende Institutionen und Verbände. Weitergehenden Entmischungstendenzen zwischen Gesunden und Kranken, Einheimischen und Fremden, Unbehinderten und Behinderten usw. muß von daher mit Nachdruck entgegengesteuert werden. Ansonsten verflüchtigen sich noch vollständig die Erfahrungswerte und wertvollen Erfahrungen, in denen die Menschen ihre natürliche Kompetenz zur gegenseitigen Hilfe erleben und ausbauen (und diese nicht nur an die professionellen Helfer abgeben). Wo sich die Schwachen und Starken in Gemeinde und Gesellschaft direkt begegnen und zusammen leben, besteht die Chance auf eine wieder anwachsende Humanisierung und Solidarisierung der Gesellschaft, nicht zuletzt der Kirche.

Dieses Element der Diakonie kann für den *Religionsunterricht* in etwa folgendes bedeuten: Im inhaltlichen Bereich wird im Zusammenhang mit jeder Aufforderung zur helfenden und teilenden Tat unter Menschen und Völkern immer auch davon die Rede sein dürfen, inwiefern ein solches Handeln nicht nur für die Bedürftigen notwendig, sondern auch für die HelferInnen (besonders bezüglich einer Veränderung ihrer Perspektiven) unendlich wertvoll und lebenswichtig ist. Diese Einsichten können durch entsprechende Erzählungen (vielleicht auch Filme) plastisch vermittelt werden.

Auf der Beziehungsebene liegt es dann in der besonderen Verantwortung der Religionspädagogik, diesbezügliche Spannungen zwischen stark und schwach, zwischen bekannt und fremd innerhalb einer Klasse wahrzunehmen und darauf entsprechend einzugehen. Nicht zuletzt gehört auch hierher, daß die ReligionslehrerInnen immer wieder in Dankbarkeit deutlich zeigen, wie wichtig die SchülerInnen für sie selbst und für ihr eigenes Leben, vielleicht auch für manche Veränderung ihrer Einstellung sind. Schließlich darf man auch daran denken, bestimmte Betroffene und/oder HelferInnen in den Unterricht einzuladen, um in direkten Begegnungen entsprechende Erfahrungen möglich zu machen. Lernziel ist die Einsicht: „So kann das also aussehen, wenn wir uns nicht mehr aufspalten in Oben und Unten, in Starke und Schwache, in Gebende und Nehmende; wenn statt dessen klar ist: jeder ist auf Hilfe angewiesen, und jeder kann mittun“ (vgl. Bach 1983, 121).

6.3.3 Barmherzigkeit und Gerechtigkeit

Bei der Logik der Werte, welche für die Diakonie ausschlaggebend sind, geht es vornehmlich um das Spannungsfeld zwischen Barmherzigkeit und Gerechtigkeit. *Barmherzigkeit* meint das unmittelbare, aus dem Mitleid herauskommende Hilfehandeln, um die Menschen von Schmerz und Not zu befreien (vgl. Lk 7,13). Zur Barmherzigkeit gehören aber auch die Institutionen, welche die Hilfeleistung professionell in die Hand nehmen und insgesamt auf Therapie ausgerichtet sind. Die meisten Einrichtungen und Initiativen der Wohlfahrtsverbände sind hier einzuordnen. Aber auch an viele soziale Arbeitskreise, Selbsthilfe- und Initiativgruppen ist zu denken, die unmittelbar vor Ort (nicht zuletzt in den Pfarreien) z.B. gegen die Diskriminierung und gegen die Not ortsansässiger Flüchtlinge und Ausländer kämpfen.

Im Bewußtsein vieler ChristInnen ist die helfende Diakonie mit der Diakonie schlechthin identisch. Dabei wird jedoch die Frage nach den Ursachen der verschiedenen Unterdrückungen und Notzuweisungen übersehen. Damit Armut und Leid aber nicht als Naturzustände akzeptiert, sondern - soweit dies der Fall ist - in ihrer von den Menschen selbst produzierten Realität aufgedeckt werden, ist der andere Pol der diakonischen Wertigkeit die *Gerechtigkeit*. Hier geht es um die politische oder auch strukturelle Diakonie. Wer die strukturellen Ursachen von Benachteiligung und Leid im eigenen Land wie in der Welt aufdeckt und anklagt, kommt zu politischen Optionen, die auch innerkirchlich nicht selten mit Argwohn betrachtet werden. Umgekehrt darf auch die Barmherzigkeit, die unmittelbare Hilfe für die gegenwärtig Leidenden, nicht dadurch beeinträchtigt werden, daß man sie zugunsten des ausschließlich strukturellen Kampfes vernachlässigt. Ein solcher Kampf wäre in sich zynisch, weil er auf den Leibern derer ausgetragen wird, für die er zu kämpfen beansprucht. In der neuen Herrschaft werden es die Betroffenen dann auch nicht besser haben als in der alten.

Bezüglich des *Religionsunterrichts* wäre dahingehend ein Plädoyer fällig, für die politische Diakonie und damit für das Problem der Gerechtigkeit in den verschiedenen kirchlichen und gesellschaftlichen Systemen eine gesteigerte Sensibilität zu entwickeln. Hier geht es nicht etwa um eine Politisierung des Unterrichts, sondern um die praxisbezogene Entdeckung der christlichen Verantwortung für mehr Gerechtigkeit zwischen den Menschen und Völkern.

Die Kraft eines nicht nur in der emotionalen Aufwallung verbleibenden „Mit-Leidens“ zu entwickeln, wird dann das „affektive Lernziel“ zugunsten der Barmherzigkeit sein. Dabei wird man auch nicht übersehen, daß auch diejenigen, die der Ungerechtigkeit überführt sind, ein Recht auf Barmherzigkeit haben. Gerade von der Art und Weise, wie in vielen biblischen Texten die Gerechtigkeit Gottes als Barmherzigkeit auf die sündigen Menschen zukommt, wird man einiges zu lernen haben.

Auf der religionspädagogischen Beziehungsebene wird die Erfahrung der Gerechtigkeit in der Beurteilung der Leistungen ebenso wichtig sein wie ein Verständnis der SchülerInnen in ihrer insgesamten (nicht nur leistungseinbringenden) Persönlichkeit, das sich zwar kaum in den Noten, dafür aber in um so größerer Gesprächsbereitschaft und Zuwendung niederschlagen wird.

6.3.4 Von den Betroffenen her das Notwendige tun

Hier geht es um das Verhältnis von Notsituation und diakonischem Einsatz, um das Verhältnis von Betroffenen und Zielbestimmung im Handeln. Dahinter steht die Ökonomie der Diakonie, insofern keiner und auch keine Gruppe alles an Not bewältigen kann und insofern man sich von den Betroffenen selbst sagen lassen muß, was an konkretem helfenden und politischen Handeln unbedingt notwendig ist. Im Kraftfeld von eigenen Möglichkeiten und den Anforderungen anderer sind dann ganz bestimmte Entscheidungen nötig.

Bei der Konzentration von vielen möglichen Taten auf eine ganz bestimmte, die man dann selbst auch tatsächlich verfolgt, ist der Begriff *Option* (oder Priorität) wichtig zu nehmen (vgl. Fuchs 1990, 95–102). Der Optionsbegriff ist kein purer Leistungsbegriff, weil er prinzipiell auf den Charismen, d.h. auf den spezifischen Gegebenheiten der Personen aufbaut und diese mit ganz bestimmten situativen Notwendigkeiten in Verbindung bringt. Wer sich in einem Arbeitskreis für die Dritte Welt engagiert, wird anderen überlassen müssen, sich um eine gezielte Nachbarschaftshilfe zu kümmern. Keine(r) kann alles tun, aber jede(r) kann etwas in die Hand nehmen. Diese Einsicht schützt vor Selbst- und Fremdüberforderung auch und gerade im Bereich der Diakonie und weiß sich getragen vom Glauben an das Reich Gottes, dessen endgültige Herstellung der Ankunft Christi selbst überlassen ist. „Gotteskomplexe" im Bereich der Diakonie führen leicht zu Mutlosigkeit und Ungeduld, also zu Reaktionen, die der Diakonie die Luft abschneiden können.

Zur Konzentration vieler großer Worte auf eine ganz bestimmte konkrete Tat gehört deshalb auch die Konzentration vieler Worte irgendwelcher Zeitgenossen auf die Worte der Betroffenen. Von den ungerecht Behandelten her ist immer erst zu erfahren, was in einer *konkreten Situation* Ungerechtigkeit ist und was Gerechtigkeit wäre. *Mit* den Leidenden (und nicht getrennt von ihnen oder gar gegen sie) ist die soziale Wirklichkeit zu definieren. Dies erfordert entsprechende unmittelbare Begegnungen ebenso wie den Verzicht auf die Definitionsmacht derer, die über die Köpfe der Betroffenen hinweg den Ton angeben, aber bezüglich dessen, was tatsächlich notwendig ist, nichts zu sagen haben. Bei dieser Struktur der christlichen Diakonie hinsichtlich der Ressourcen- und der Notwendigkeitskonzentration handelt es sich weniger um polare Aspekte als um die zwei Seiten einer Medaille. Denn die Optionsbestimmung kann immer nur in der Begegnung mit den Betroffenen erfolgen. Eine oft entmutigende Spannung schwingt freilich darin mit, daß es zu viele reale Nöte und Ungerechtigkeiten mit zu vielen Opfern gibt, als daß die Optionsbestimmungen und -handlungen der helfenden und befreienden Menschen wohl jemals dafür ausreichen könnten. Die je eigenen Ressourcen hinken immer der objektiven Notwendigkeit nach.

Nicht zuletzt deshalb ist es auch die Aufgabe des *Religionsunterrichts*, möglichst viele junge Menschen für gerechte und solidarische Optionen zu gewinnen. Diese Zielbestimmung der Religionspädagogik ist wichtiger als innerkirchliche Integrationserfolge und ist zugleich ein zur Solidarität öffnender Dienst an der Gesellschaft. Dieses Ziel ist aber auch entscheidend als „praktische Hermeneutik" der Katechese selbst. Wer sich mit den Betroffenen solidarisiert, *hat* die Praxis, die von und mit Gott zutreffend reden läßt und lehrt. Erst von dieser Praxis her werden die biblischen Geschichten menschendienlich verstanden und praktisch weitergegeben. Wenn der Religionsunterricht zur Lernschule mitmenschlichen und solidarischen Denkens und Handelns wird, gewinnt die Glaubensunterweisung die ihr entsprechende praktische Basis. Und wer über Geschichten oder direkte Begegnungen mit Betroffenen (nicht zuletzt durch im Unterricht angeregte Besuche in karitativen Einrichtungen u.ä.) erfahren hat, was die sogenannten Schwachen für die Starken zu sagen haben, der wird dann auch z.B. Jesu Geschichte besser verstehen können, wenn er das Kind in die Mitte stellt, nicht nur um ihm zu helfen, sondern um deutlich zu machen, daß man von diesem Kind selbst lernen kann, wie man das Reich Gottes annimmt.

Letzteres Beispiel ist durchaus auch auf die ReligionspädagogInnen bezüglich der jungen Menschen anzuwenden, denen sie den christlichen Glauben vermitteln wollen. Der Dienst an den jungen Menschen beinhaltet zugleich die Offenheit dafür, daß diese durch ihre eigene Vitalität und Selbstfindung – wird ihnen die entsprechende Freiheit gewährt – den vor ihnen stehenden älteren Menschen etwas, oft sehr viel, nicht zuletzt bezüglich des christlichen Handelns und Glaubens, zu verkünden haben.

Inhaltlich gehört hierher auch die ehrliche Thematisierung der christlichen Tat als erfahrbares Wahrheitskriterium für den christlichen Glauben. Die Geschichte der Kirche und ihre Gegenwart sind auch im Religionsunterricht aus dieser diakoniekritischen Perspektive nicht zu entlassen. Unsere ReligionslehrerInnen können ein gutes Lied davon singen, wie aussagekräftig vor allem die diesbezügliche prophetische Kritik junger Menschen ist: Sie haben ein sensibles Gespür für den unglaubwürdigen Gegensatz von leeren Worten über Gott und unterdrückenden Taten gegenüber den Menschen.

Ein Religionsunterricht, der sich auf den hier nur angedeuteten und durch viele kreative Einfälle ergänzbaren Weg der Diakonie begibt, wird sich zugleich auf den Weg machen, das wohl letzte Vermächtnis Papst Johannes' XXIII. zu verwirklichen: „Mehr denn je, bestimmt mehr als in den letzten

Jahrhunderten, sind wir heute darauf ausgerichtet, dem Menschen als solchem zu dienen, nicht bloß den Katholiken, darauf, in erster Linie und überhaupt die Rechte der menschlichen Person und nicht nur diejenigen der katholischen Kirche zu verteidigen." Für diesen Papst ereignet sich der „Akt des Glaubens" nicht anders denn „zum Wohl der ganzen Welt" (zu diesem Text vgl. Orientierung 52, (1988), 10, 109).

6.4 Kirchenbildung an den Notzonen

Nicht nur der/die einzelne ChristIn, auch die kirchlichen Sozialgestalten (Gemeinschaften und Institutionen mit ihren jeweiligen Organisationen) stehen unter dem Kriterium des Messias, dessen Wahrheit sich für Johannes den Täufer darin erweist, daß Blinde sehen, Lahme gehen und Armen die frohe Botschaft verkündet wird (vgl. Mt 11,5), daß Hungrige gespeist und die Fremden aufgenommen werden (vgl. Mt 25,35–46). Diese Kriterien sind nicht nur ein persönliches Problem der ChristInnen, sondern ein Sozialproblem der kirchlichen Gemeinden. Die Kirche wird sich dann nämlich vornehmlich an den Orten entfalten, an denen sie es mit den Fremden und Benachteiligten zu reden und zu tun bekommt. Angesichts der dabei erlebten Notwendigkeiten handelt man sich innerkirchlich und gesellschaftlich die notwendigen Konflikte ein. Bisherige binnenkirchliche Wichtigkeiten, um die immer wieder heftig gestritten wird, werden dann relativ belanglos.

6.4.1 Neue diakonische Kirchenbildungen

Neben der traditionellen Kirchenbildung (in Pfarreien, aber auch in Orden und Verbänden, die sich nicht selten auch an bestimmten Noterfahrungen und Problemen der Menschen entfaltet haben) wird es zunehmend neue Sozialformen von Kirche geben müssen, die sich unmittelbar an und in den Zonen von Nöten und Bedürftigkeiten konstituieren. Auch wenn es zuweilen so scheint, als entwickelten sich diese neuen Sozialformen an den Rändern der bisherigen Kirchenformen, muß inhaltlich festgehalten werden, daß sie aufgrund ihrer Praxis mindestens genauso zum Zentrum der Kirche gehören wie die etablierten Mittelpunkte. Dabei können durchaus (hoffentlich) entsprechende gegenseitige solidarische Verbindungsformen mit den Herkunftsgemeinden aufrecht erhalten werden.
Von Kirchen rede ich in diesem Zusammenhang deswegen, weil gerade der Tatbestand, daß Christen die direkten Begegnungen mit Betroffenen wählen und in diesen Lebenszusammenhängen ihre Optionen treffen, Kirche kon-

stituiert. Man kann hier auch von Teilkirche sprechen, sofern man nicht vergißt, daß die Teilkirche mit dem Teil, den sie christlich vertritt, selbst Kirche ist (denn keine konkrete Kirchenbildung kann die Totalität aller Kirchenbildungen enthalten oder beanspruchen). Darin besteht der qualitative Übergang von der Kirche *für* die Betroffenen zur Kirche *mit* ihnen. Menschen gehen in der praktischen Nachfolge Jesu auf Betroffene zu und bilden mit ihnen entsprechende Gemeinschaften.

Interessanterweise bilden sich diese „Optionskirchen" nicht selten quer durch die Konfessionskirchen hindurch. Hier eröffnet sich eine Ökumene, welche die Einheit der ChristInnen im vitalen und wesentlichen Konzentrationspunkt christlicher Identität einholt und begreift, nämlich in der gemeinsam verantworteten mitmenschlichen und lebensrettenden Praxis zugunsten bedürftiger Menschen. Der „Konziliare Prozeß" geht diesen Weg für Gerechtigkeit, Frieden und Bewahrung der Schöpfung (vgl. Bundschuh-Schramm 1983, 137–184).

Es sind dies zugleich jene Orte, an denen sich die Kirche um der Betroffenen willen entgrenzt und mit allen zusammenarbeitet, die aus nicht explizit christlichen Motivationen heraus die gleichen Solidarisierungen konkret verfolgen. Hier reicht die Kirche - wenig ghettohaft genug - gerade an den Stellen in die Gesellschaft hinein, an denen sie sich in doppelter Weise mit Menschen (gleich welchen Glaubens und welcher Weltanschauung) solidarisiert: mit den Benachteiligten und Notleidenden auf der einen und mit denen, die sich um die Betroffenen sorgen, auf der anderen Seite. Dieser Gesellschaftsbezug und eine solche „Anpassung" an die Gegenwart ist genau das Gegenteil von einer opportunistischen Verbindung mit der Umwelt, in der man sich besonders mit den mächtigen Menschen und Strukturen um der eigenen Einflüsse willen arrangiert. Die Innen-Außen-Frage der kirchlichen Identität bekommt aus dieser Perspektive neue Konturen durch dynamische Austauschprozesse von Kirche und Welt, zwischen ChristInnen und NichtchristInnen an und in den Angst- und Notzonen und damit an den notwendigen Stellen von Gesellschaft und Erfahrung.

6.4.2 Austausch mit der Welt

Aus christlicher Perspektive handelt es sich dabei um die geschichtliche Verbindung des Reiches Gottes mit allen Kräften guten Willens, um die diakonale Inkulturation des Evangeliums jenseits imperialistischer Attitüden und deshalb zugunsten vielfältiger, weil situationsabhängiger Präsensformen der christlichen Inhalte. Man darf hier nicht vergessen: die Bergpredigt Jesu ist ganz und gar keine „binnenkirchliche" (hier binnensynagogale) Predigt

gewesen, sondern war eine öffentliche politische Rede innerhalb der damaligen Gesellschaft zugunsten der von dieser Gesellschaft marginalisierten Menschen selbst. Daß diese öffentliche Solidarisierung zugleich ganz bestimmte Wirkungen auf die „Predigt nach innen" für diejenigen, die Jesus nachfolgen, hat und auch deren Standortbestimmungen und Themen, Lebenszusammenhänge und Sozialbildungen verändert, liegt auf der Hand.
Wo Menschen sich nicht an der Plausibilität orientieren, daß den Reichen, Perfekten und Mächtigen die Welt gehört, sondern im Umgang mit den Ausgestoßenen die Antithese dazu real erfahren (nämlich daß gerade die Begegnung mit den Armen das Leben intensiv und reich macht und die gängigen Plausibilitäten auf den Kopf stellt), da gestalten sie bereits hier ansatzhaft Reich Gottes. So findet in der Diakonie der christliche Glaube an die Verheißung des Reiches Gottes seinen konkreten Bezug zur Gesellschaft. Wer für diese Wirklichkeit wirkt, hat gleichzeitig Teilhabe am Reich Gottes, weil er dieses Reich in realer Begegnung auf die Erde bringt.
Begibt sich der Sozialkreis einer Gemeinde beispielsweise in die Solidarität mit den ausländischen Flüchtlingen vor Ort, dann konstituiert sich in ihm die Kirche selbst *„als Asylbewegung"* (vgl. Krockauer 1993). Sie bezieht sich demnach in der über die Kirche hinausreichenden Asylbewegung (anderer gesellschaftlicher Gruppen) nicht nur auf die beteiligten ChristInnen, sondern bringt alle Beteiligten in einen (nicht-vereinnahmenden, sondern anerkennenden und befreienden) „Kirchenbezug"; insofern die Betroffenen selbst aufgrund ihrer Noterfahrungen in die Mitte der Kirchenbildung gehören und insofern alle diejenigen, die sich um entsprechende Humanisierungen in Gesellschaft und Politik bemühen, aufgrund ihrer Praxis nicht weit weg vom Reich Gottes sind (jedenfalls nicht weiter als die, die zwar von Gott reden, denen aber diese Praxis fehlt). Kirche zeigt sich hier überaus verklammert mit der „Welt": und zwar in einer nicht-integralistischen, sondern inhaltlich an der Diakonie orientierten „Osmose" mit der nicht-kirchlichen, aber doch faktisch nicht nicht-christlichen Umgebung.
Die Praxis des Reiches Gottes übersteigt die Grenzen der Kirche in erlebbarer Weise an eben diesen Übergängen. Die Kirchenbildung ereignet sich dann hoffentlich im Zentrum der über sie hinausgehenden Vergeschichtlichung des Reiches Gottes, wofür sie sich ihrerseits selbst in den Dienst stellt. Auf unser Beispiel bezogen: Die Kirchenbildung ereignet sich dann im Zentrum der Asylbewegung selbst, ohne diese zu subordinieren, sondern vielmehr im Dienst an und in ihr. Gerade in solcher Diakonie entdeckt sie ihre eigene Mitte und Identität. Solche Kirchenbildungen werden zu analogen Zeichen der Liebe Gottes unter den Menschen, weil sie darstellen, was sie benennen.

6.4.3 Kirche für das Reich Gottes

Innerkirchlich läuft die Auseinandersetzung zwischen zwei Kirchenbildern, die man plakativ auf zwei extreme Positionen bringen kann. Die eine Position lautet: Die Kirche ist zuerst einmal für sich selbst da. Was nicht ihren Aufbau fördert an Teilnehmerzahl und Einfluß, wird in der Pastoral als relativ unergiebig erachtet. Zunehmend kreist die Kirche dann um Probleme, die sie in solch starrer Identitätswahrung letztlich nur noch selbst hat. Die andere Position: Die Kirche ist für die anderen da, sie hat keinen Selbstzweck, sondern steht im Horizont des Reiches Gottes selbst, im Dienst der Humanisierung der Menschen, ihrer Kulturen und Religionen. Wo sie in dieser Hinsicht mithilft, realisiert sie sich in der dynamischen Identität dieses Dienstes selbst, zunächst abgesehen von der Erfolgswirkung für die eigene Institution und Weltanschauung.

„Reich Gottes" meint das Geschenk des Glaubens an einen Gott, der alle Menschen in ihrer persönlichen und strukturellen Gebrochenheit hochschätzt, der sie unbedingt liebt und niemals fallen läßt, auch und gerade nicht im Tod. „Reich Gottes" meint von daher die um so mehr ermöglichte Kraft, in der je eigenen geschichtlichen und gesellschaftlichen Situation für Gerechtigkeit und Solidarität zwischen Menschen und Völkern zu leben, dafür zu arbeiten und zu kämpfen. „Basileia" ist das neutestamentliche Wort für „Reich Gottes". So geht es nicht um eine Verkirchlichung der Welt, sondern um ihre „Basileisierung". Was dabei für die Kirche „herausspringt", darf sie getrost von der Gnade Gottes abhängig machen und als nicht produzierbares Geschenk empfangen.

Ein Beispiel aus der kirchlichen Medienpolitik: Im Sinne der ersten Strategie kämpfen Kirchenleitungen medienpolitisch um die Repräsentanz kirchlicher Organisationen in den gegebenen neuen Medienstrukturen, ohne letztere selbst zu verändern. Dabei lassen sie sich auf Systeme ein, in denen nur etwas zu sagen hat, wer das nötige Geld aufbringt. Selbstverständlich wird der Drang zum Einfluß der eigenen Institution damit begründet, daß man dann auch „Sprachrohr" sein könne für diejenigen, die in den neuen Medienlandschaften nichts zu sagen haben. Eine Kirche dagegen, die ihrerseits von der inhaltlichen Kompetenz benachteiligter Menschen viel hält, wird der Versuchung zu solcher leicht machtförmigen „Fürsorglichkeit" widerstehen und zuerst politisch für solche Medienstrukturen kämpfen, in denen benachteiligte Menschen ohne Vorleistungen und direkt zu Wort kommen können. Im Zug eines solchen Engagements wird die Kirche dann damit zu rechnen haben, daß sie in diesen Medien, wenn letztere sich nicht diesbezüglich verändern lassen, nicht ohne weiteres willkommen ist. Umgekehrt müßte die Kirche damit rechnen, daß die direkte Wortergreifung der

Betroffenen wohl stark über das hinausgeht, was die Kirche als Sprachrohr für sie zu sagen fähig gewesen wäre.
In dieser Auseinandersetzung zwischen den angedeuteten zwei Kirchenbildern bezieht z.B. die „Kirche als Asylbewegung" eindeutig Position für die diakonische Kirche, die sich zugunsten notleidender Menschen entäußert und gerade darin sich selbst (als Kirche) zu gewinnen glaubt. Viele neue solcher Kirchen werden entstehen, je nach Situation, Charisma und Entscheidung der ChristInnen „vor Ort": die Kirche mit den Asylsuchenden und als Asylbewegung, die Kirche mit behinderten Menschen, die Kirchenbildung mit psychisch kranken Menschen (zugunsten ihrer Lebensmöglichkeiten in den Alltagsbereichen der Gesellschaft), die Kirche mit den HIV-infizierten und aidskranken Menschen, überhaupt die Kirche als „Selbsthilfegruppe" bezüglich vieler Probleme, in denen sich Menschen gegenseitig aufhelfen, auch die Kirche der bzw. mit den Frauen, die „Kirche als Frauenbewegung" also (in der die in der Männerkirche offiziell zu wenig wahrgenommene inhaltliche Kompetenz der Frauen um so gründlicher zum Zuge kommt).
Es kann so viele, von ihren Notzonen her unterschiedliche Kirchenbildungen geben wie es eben diese Notzonen gibt. Und doch werden sie alle das eine Wesen gemeinsam haben: daß sie sich zugunsten benachteiligter Menschen verausgaben. Eben dies wird ihre Verbindung und gegenseitige Kommunikation nicht nur ermöglichen, sondern zur wechselseitigen Solidarisierung herausfordern. Immer wieder wird es indes mehr Noterfahrungen als Kirchenbildungen geben. Letztere werden den ersteren nachhinken und nie in totalitärer, Gott ähnlicher Weise beanspruchen können, selbst allenthalben das Reich Gottes zu errichten. Vieles wird nur ein Tropfen auf dem heißen Stein sein. Aber daß dieser Tropfen fällt, dies ist um der Betroffenen und um der Identität der Kirche willen entscheidend. Der ganze Caritasverband wie auch seine einzelnen Einrichtungen können als solche Kirchen mit und bei den angewiesenen und bedürftigen Menschen angesehen werden. Und schließlich gehört hierher auch der soziale Arbeitskreis in einer Pfarrei, der sich z.B. um obdachlose Menschen kümmert: auch er *ist* eine Kirche in der Kirche. (Bislang machte es auch keine Schwierigkeiten, von der Hauskirche, von der Familie als Kirche innerhalb der Gemeindekirche zu reden: Die Quantität also macht nicht die Kirchlichkeit aus, sondern nur die entsprechende Qualität.) Schließlich gehört hierher selbstverständlich auch der bereits erwähnte „Konziliare Prozeß", der sich auf überregionale und deshalb regional zu vertretende Überlebensfragen der Menschheit konzentriert: auf die Frage nach globalen Gerechtigkeitsstrukturen, nach der Ökologie und der Erhaltung der Atmosphäre, nach dem Frieden zwischen den Völkern (die Kirche als Ökologie-, als Friedens- und Gerechtigkeitsbewegung). Diese plakativen Stichworte benennen höchst differenzierte und

zu differenzierende tiefe Ängste, Probleme und dringende Handlungsnotwendigkeiten.
Insgesamt ist also die Frage nach dem Stellenwert solcher Gruppen und Bewegungen von und mit ChristInnen in der Ekklesiologie (als dem theologischen Selbstbewußtsein der Kirche) dahingehend zu beantworten, daß sie aufgrund ihrer Praxis Kirchen eigener Berechtigung darstellen und gleichstufig mit anderen kirchlichen Sozialgestalten einzuschätzen sind. Die (konfessionellen) Herkunftskirchen, vornehmlich in den traditionellen Pfarreiformen, werden ihnen nicht subordinierend gegenübertreten können und dürfen, sondern müssen sie in zwischenkirchlicher Gleichberechtigung innerhalb der einen multikirchlichen Kirche annehmen. Alte Grenzen relativieren sich zugunsten neuer Entgrenzungen, ohne daß die alten Grenzen beseitigt werden müßten. Was ist angesichts solcher Kirchenzukunft mehr zu wünschen, als daß die „alten Kirchen" die neuen diakonalen Kirchenbildungen solidarisch stützen und mittragen, daß sie von ihnen lernen (vgl. Fuchs 1989)!

6.5 Resümee

Die Diakonie bemüht sich um Erfahrungen, die in Begegnungen mit Betroffenen möglich und erhofft werden, insofern die HelferInnen den Hilfsbedürftigen Hilfe geben und von den Hilfsbedürftigen auch Hilfe annehmen: nämlich beunruhigende und letztlich auch heilsame Infragestellungen ihrer eigenen Lebensform, ihrer Einstellungen, ihres Verdrängens von Schwäche und Ohnmacht, ihrer womöglich pathologisierenden und entfremdenden Verhaltensformen, Strukturen und Ideologien. Der leidende Mensch hat immer eine inhaltlich entscheidende, kritische, verändernde und intensivierende Qualität für alle Beteiligten (vgl. Biser 1985, 54). Die wechselseitige Gemeinschaft von Helfenden und Hilfsbedürftigen, von Gesunden und Kranken, von Starken und Schwachen konstituiert erst jene „Ergänzungsgemeinschaft", in der sich die Rollen vertauschen dürfen und in der alle ihre Möglichkeiten und Unmöglichkeiten weder ungenutzt lassen noch verdrängen müssen, sondern zur großen Möglichkeit menschenfreundlicher Gemeinde „zusammenwerfen" (vgl. Bach 1980, 70.83).
Die direkte Diakonie an Leidenden und Stigmatisierten, gleichgültig wie der hilfsbedürftige Mensch im Maßstab der Orthodoxie dasteht, hat vielleicht deswegen zu wenig *gemeindebildende* Funktion, weil solche Orthopraxie gegenwärtige Grenzen der Gemeindebildungen entgrenzt und somit bestehende Sicherheiten und Übereinstimmungen von Gruppen und einzelnen in der Gemeinde gefährdet. Der schwache Mensch gehört allein schon auf-

grund seines hilfsbedürftigen Zustands wesentlich zur Gemeinde; ohne Zutun, ohne Vorbedingung, Verbeugung und Zustimmung fordert er deren uneigennützige und unbedingte Orthopraxie ein. Hier kommt eine Kategorie ins Spiel, die selten von dieser Welt und nicht häufig von der Kirche ist, sondern von der biblischen Verkündigung eines Gottes kommt, der die Menschen unbedingt liebt, gleichgültig, ob sie mehr oder weniger Sünder sind, ob sie mehr oder weniger „Glaubensleistung" aufbringen.
Die Diakonie provoziert eine doppelte Entgrenzung und damit eine permanente Entideologisierung des Glaubens und Neuorganisierung institutioneller Grenzen: einmal die Entgrenzung nach innen, insofern zum Zentrum der Kirche und zu ihrem besonderen Verantwortungsbereich von vornherein alle die gehören, die in Not sind, und zwar allein deswegen, weil sie in Not sind (und nicht etwa weil sie „dazugehören"); dann die Entgrenzung nach außen, indem ChristIn und Kirche mit allen Initiativen und Gruppen, mit allen Menschen guten Willens zusammenarbeiten und sich mit denen solidarisieren, die sich in ihren Aktionen und Parteinahmen für die Leidenden im eigenen Land und in anderen Ländern einsetzen und darauf aus sind, die sozialpolitischen und wirtschaftlichen Ursachen des Leidens aufzudecken und zu bekämpfen.
Dieser dynamische Austauschprozeß von Kirche und Gesellschaft an den „Brücken" der Diakonie ist das Kennzeichen dafür, daß sich die Identität von ChristIn und Kirche *durch* Diakonie verwirklicht. Die Universalität der Diakonie nach innen und außen in und zwischen Kirche und Gesellschaft stellt den geschichtlichen und situativ konkreten Ausdruck der universalen Heilssendung der Kirche dar. Diese „Brücken" sind der Königsweg jeder Inkulturation des Evangeliums.

Siebtes Kapitel

Koinonia: Sammlung der Zerstreuten

Ehrenfried Schulz

Inhaltsverzeichnis

7.1 Einführung und Problemanzeige: Koinonia - ein (neuer?) kirchlicher Grundvollzug

Sichtet man die zahlreichen theologischen Publikationen und kirchenamtlichen Verlautbarungen der letzten Jahre, dann scheinen der Koinoniagedanke (vgl.Kuhnke 1992) und die Communio-Ekklesiologie (vgl. Lim 1991) von zentraler Bedeutung zu sein. Das von uns gesetzte Fragezeichen in der Überschrift will jedoch signalisieren, daß dieser Sachverhalt keineswegs immer so gewesen ist. Befragt man die verbreiteten praktisch-theologischen Lehrbücher der 70er Jahre (vgl. Arnold 1964–1972; Feifel 1974) auf die kirchlichen Grundvollzüge, dann werden lediglich drei genannt: Martyria - Leiturgia - Diakonia. Erst seit den 80er Jahren wurde von sensiblen Kollegen (vgl. Zerfaß 1982; Mette/Steinkamp 1983; Fuchs 1985) die Communio-Ekklesiologie auf deren praktisch-theologische Relevanz ausgelotet - mit der Konsequenz, daß sie die Koinonia/Communio als einen eigenständigen vierten kirchlichen Grundvollzug hinzugefügt haben. Vorausgegangen war das Zweite Vatikanische Konzil (1962–1965), das in seinen großen Konzilsdokumenten (LG, GS) den Koinonia/Communio-Begriff als grundlegende Kirchenidee wiederentdeckt hatte. Vorausgegangen war in dessen Gefolge die Gemeinsame Synode der Bistümer in der Bundesrepublik Deutschland (Gemeinsame Synode, 1972–1975), die namentlich im Beschluß „Die pastoralen Dienste in der Gemeinde“ aus dem Koinonia-Verständnis des Neuen Testaments heraus die Legitimation für die Mitarbeit der Laien in der Seelsorge gegeben sah (vgl. Kap. 2 und 3).
Was versteht man eigentlich unter Koinonia/Communio? Am Anfang jedes Diskurses muß nämlich Klarheit herrschen - respektive geschaffen werden - über den zentralen Verhandlungsgegenstand; denn allzu schnell entsteht sonst die berühmt-berüchtigte babylonische Sprachenverwirrung, nur weil die Teilnehmer sich zuvor nicht diesem Klärungsvorgang unterzogen haben.
Koinonia/Communio meint den Prozeß der Gemeindebildung, wonach Gott es ist, der die Gläubigen zusammenführt (vgl. auch GL 640). Gemeinde ist (ursprünglich) nicht durch parochiale Strukturen definiert, wie sich bei der Jüngerberufung unschwer beobachten läßt. Indem Jesus die Jünger zu seiner Nachfolge aufruft, führt er sie auch untereinander zusammen. Ganz ähnliche Erfahrungen hatte Israel beim Exodus aus Ägypten gemacht. Die Volksstämme sahen sich von Jahwe gerufen und angenommen. Durch den Wüstenzug fanden sie zusammen und wurden „sein“ Volk. So verdankt jede Gemeinde ihre Identität nicht sich selbst, sondern stets der fundamentalen Erfahrung, von Gott gerufen, befreit und angenommen zu sein. Gottes Handeln geht qualitativ und zeitlich jeglichem menschlichen Tun voraus:

„Schon bevor Philippus dich rief", sagt Jesus zu Natanaël, „habe ich dich unter dem Feigenbaum gesehen" (Joh 1,48b). Koinonia/Communio meint biblisch sowohl die Beziehungen der Gerufenen zu Gott bzw. zu Jesus Christus als auch die Gemeinschaft untereinander. Die Bande der Geschwisterlichkeit sind dabei von zutiefst theologischer Qualität. Es sind weder die Bande des Blutes noch die Bande eines Freundschaftsbundes nach Art der griechischen „Philia". Koinonia/Communio stiftet vielmehr ein Milieu versöhnten und heilen(den) Umgangs miteinander. Darum sollte gerade „die Kirche der Ort sein", betont der Erfurter Bischof Joachim Wanke, „wo der einzelne aufatmen kann in einer Gemeinschaft, die jedem zu ihrem Recht verhilft, eben weil jeder Solidarität erfährt: der Behinderte ebenso wie der Geschiedene, das Kind ebenso wie der hilfsbedürftige Rentner, der nicht angepaßte Jugendliche ebenso wie der Suchtkranke" (Wanke 1982, 442).

7.2 Kritische Anfragen an die Gebrochenheit koinonischer Praxis

- Wo, wann und wie erfahren die Schüler heute „Kirche" und „Gemeinde"?
- Erleben die Schüler die Kirche nicht zumeist in beklagenswert anonymen Großpfarreien/Pfarrverbänden?
- Wie lebendig bzw. langweilig ist für sie der sonntägliche Gottesdienst? Wo greifen Texte ihre Themen und Sorgen auf?
- Erfahren sie den Umgang mit Andersdenkenden in der Kirche nicht oft als diffamierend und ausgrenzend?
- Wo können sie in den Gemeinden gegenüber den Distanzierten die theologisch behauptete „Geschwisterlichkeit" beobachten?
- Haben denn Asylbewerber und Flüchtlinge in den christlichen Gemeinden den sie sichernden biblisch bezeugten Gaststatus?
- Berichten die Medien nicht allzu oft vom Streit zwischen Theologieprofessoren und Bischöfen? Zeugt das nicht von einer beklagenswert defizitären Konfliktkultur?
- Verdunkelt nicht Rom selbst viel von der Koinoniamöglichkeit, wenn es sich über die Vorschläge ortskirchlicher Gremien hinwegsetzt und statt dessen bistumsfremde Bischöfe ernennt? Ist das nicht gebrochene koinonische Praxis?

Genug gefragt. Nichts sei verschleiert oder bagatellisiert. Aber wenn schon Welten liegen zwischen der Wirklichkeitserfahrung von Kirche/Gemeinde einerseits und dem biblischen Koinonia-/Communio-Verständnis andererseits, dann gilt es, Ursachenforschung zu betreiben; denn an der Menschheitserfahrung führt kein Weg vorbei: keine hilfreiche Therapie, ohne vorangegangene stimmige Diagnose.

7.3 Das biblische Koinonia-/Communio-Verständnis und seine handlungsanleitende Perspektive

Das Wasser eines Flusses ist stets am klarsten, wenn man sich zu dessen Quelle begibt. Mit zunehmendem Flußverlauf wachsen auch die Verunreinigungen. Da macht die Koinonia-/Communio-Wirklichkeit der Gemeinden keine Ausnahme. Der von der Aufklärung stammende Ruf „Ad fontes" ist demnach auch für Kirche und Theologie bleibend beherzigenswert.
Darum gilt es als nächsten Schritt, Antwort auf folgende Fragen zu finden: Wo und wie spricht die Bibel vom „Geist der Koinonia/Communio"? Welche Kriterien lassen sich bei jenen „Gemeinden des Anfangs" analysieren, damit aus der begrüßenswerten Reformabsicht der Koinoniaoption („Ecclesia semper reformanda") die heutigen Gemeinden wieder zur neutestamentlichen Authentizität zurückfinden?
Zunächst überrascht, daß entgegen dem derzeit erschreckend inflationären Gebrauch der Koinoniakategorie keine Quelle der synoptischen Tradition sprudelt. Erst in der Apostelgeschichte, sodann häufig in den Paulusbriefen, aber auch im Ersten Johannes- und im Hebräerbrief (vgl. Hainz 1982; Lohfink 1982) werden wir „koinonia-fündig".
Koinonia kennzeichnet die soziale Dimension christlicher Gemeindepraxis. In den verschiedenen neutestamentlichen Traditionen kommt dabei eine erstaunliche Breite christlicher Sozialformen zum Vorschein (Klauck 1989). So verschieden die Kontexte sind, in denen der Koinoniabegriff auftaucht, so unterschiedlich ist auch die jeweilige Akzentsetzung der Aussage. In jedem Fall aber artikuliert der Begriff die gemeindliche Praxis als Nachfolge Jesu. In gebotener Kürze seien nun die fünf wichtigsten Aspekte vorgestellt:

(1) *Koinonia und Evangelisierung* (1 Joh 1,1–4). Der Erste Johannesbrief benennt mit der Formulierung „was von Anfang an war" (1,1) didaktisch geschickt seine doppelt perspektivisch angelegte Evangelisierungsintention. Der Briefschreiber will nicht nur die Leser selbst mit der Lehre Jesu Christi vertraut machen, sondern zugleich fordert er die Briefempfänger auf, nun ihrerseits die Botschaft weiter zu tradieren. So umschließt Briefschreiber und Adressaten das Band der Koinonia, das selbstverständlich wiederum in der Koinonia mit Gott und seinem Sohn den Wurzelgrund hat. Koinonia ist somit nach 1 Joh 1,1–4 wesentlich eine Erzählgemeinschaft. Deren thematische Besonderheit liegt im Inhalt der Verkündigung: Gott, der sein Ja

zur Welt und zu jedem einzelnen sagt, einmalig und unüberbietbar durch Jesus Christus.

(2) *Koinonia und solidarisches Teilen* (2 Kor 9,1–15; Apg 2,44f). Der Evangelisierung auf der einen entspricht die Koinonia als universale Solidarität auf der anderen Seite (vgl. 2 Kor 9,1–15). Beide leisten Diakonia, die ihrerseits wiederum zum Anlaß wird, Gott für seine Gnade zu danken (Eucharistia). In der Kollekte, die Paulus bei seinen heidenchristlichen Gemeinden für die materiell darbende Jerusalemer Urgemeinde hält, drückt sich der Wesenszug der Solidarität nachhaltig aus. Und nicht weniger staunenswert: Trotz der Armut, welche die Jerusalemer Gläubigen zu tragen haben, herrscht in ihrer Mitte die gleiche Geschwisterlichkeit. Nach Apg 2,44f leben sie in Gütergemeinschaft, damit jede(r) soviel bekommt, wie zum Leben notwendig ist. Weil besonders nach dem Zeugnis des Lukasevangeliums Jesus selbst in tiefer Armut gelebt hat, wird nach der Überzeugung des Evangelisten der Verzicht auf Besitz und irdische Sicherheiten geradezu zum Kriterium glaubwürdiger Verkündigung. Eine Botschaft, die sich (vornehmlich) an Arme richtet, kann eigentlich nicht von materiell abgesicherten Glaubensboten verkündet werden. Hier dürfte m.E. durchaus eine richtige Antwort darauf gegeben sein, warum die Verkündigungspraxis der materiell begünstigten deutschen Kirche derzeit so mäßige Frucht einbringt.

(3) *Koinonia als Mahlgemeinschaft* (Apg 2,46f; 1 Kor 10,1–11,34). Die dichteste Form des Teilens ist das gemeinsame Mahl. Sowohl der Austausch über Jesu Botschaft als auch die materielle Solidarität ereigneten sich beim Mahl. So sind eigentlich alle Dimensionen christlicher Gemeindepraxis und kirchlicher Grundvollzüge in der „Koinonia des Herrenmahls" zusammengefaßt. Jedenfalls gibt es in der frühen Kirche „noch keine Abspaltung der Diakonie von der Eucharistie oder der Evangelisierung" (Kuhnke 1992, 188). Dementsprechend gab es auch keine Trennung der Koinonia von der Verkündigung und der Diakonie. Koinonia realisierte sich vielmehr in der gemeinsamen diakonischen und evangelisatorischen Praxis, die ihren sakramentalen Ausdruck fand als Koinonia am Leib und Blut Christi, im Segnen des Kelches und Brechen des Brotes.
Nicht zu bestreiten ist, daß die heidenchristlichen Gemeinden Schwierigkeiten hatten, die Eindeutigkeit dieses sakramentalen Zeichens der Koinonia zu bewahren. Allzu leicht geriet das eucharistische Mahl in Konkurrenz zur überkommenen heidnischen Mahlpraxis. Darum attackierte Paulus die Korinther heftig, weil offenkundig Teile der Gemeinde dieser Versuchung erlagen. Paulus ging es dabei weniger um das mangelhafte Solidarverhalten mit den Armen, die von diesen Mahlen - was durchaus auch schädlich ist -

ausgeschlossen waren, als vielmehr um das Verwischen des expliziten Bekenntnischarakters des Herrenmahls. Einzig „durch das Brechen des Brotes symbolisieren die Christen, daß sie ein Leib, nämlich der Leib Christi, sind" (Kuhnke 1992, 188). Wo es um die Eindeutigkeit des Bekenntnisses geht, darf an der Exklusivität des Herrenmahls nicht gerüttelt werden.
Anders verhält es sich bei den sonstigen Mahlfeiern. Jesus hat sich nicht gescheut, in Mahlgemeinschaft mit Pharisäern, Zöllnern und Sündern zu treten. Wenn er mit jenen „von den Hecken und Zäunen" ebenfalls Koinonia hielt, dann realisierte und konkretisierte sich darin antizipatorisch die endzeitliche Wirklichkeit. Schließlich hat nach der Jesaja-Apokalypse (Jes 25, 6–8) Jahwe selbst alle Völker zum Festmahl eingeladen (vgl. Klauck 1989, 281). Insofern würden auch die heutigen Gemeinden gut daran tun, mit den Marginalisierten der Gesellschaft den Kontakt zu pflegen. Im Horizont der Reich-Gottes-Botschaft, die allen Menschen gilt, sind soziale Schranken abgeschafft.

(4) *Neue Beziehungen in Christus* (Mk 10,35–45; Phlm 1–25). Wer in die Nachfolge Jesu eintritt, für den finden alle über- und unterordnenden Beziehungen, so wie sie in der Gesellschaft gang und gäbe sind, ein Ende. Herrschaftsverhältnisse darf es in der Koinoniawirklichkeit einer Gemeinde nicht geben. Sie unterliegen Jesu richtendem Wort: „Bei euch aber soll es nicht so sein" (Mk 10,43). Vielmehr gilt jeder in der Gemeinde als groß, der sich im Dienst an den anderen einbringt. Damit sind selbstverständlich, ohne daß es weiterer Worte bedarf, auch alle Streitsucht und Prahlerei sowie jegliches Geltungsstreben ausgeschlossen.
Geradezu klassisch für die neue Beziehungsstruktur der Koinoniawirklichkeit gilt der Philemon-Brief. Mit dem Ausdruck „Koinonia des Glaubens" (vgl. Phlm 6) fordert Paulus (den vormaligen Sklavenhalter) Philemon auf, den (entlaufenen ehemaligen Sklaven) Onesimus wiederaufzunehmen. Die Koinonia mit Christus kennt, so Paulus, nur ein paritätisches Verhältnis von Schwestern und Brüdern. Ein Herrschaftsverhältnis wäre ein Widerspruch.

(5) *Einheit von Gottes- und Menschenliebe* (2 Kor 13,13). Paulus beendet den Zweiten Korintherbrief mit einer Grußformel: „Die Gnade Jesu Christi, des Herrn, die Liebe Gottes und die Gemeinschaft des Heiligen Geistes sei mit euch allen". Diese kostbare Formulierung, übrigens als eine der Eröffnungsformeln der Eucharistiefeier gebräuchlich, drückt nach U. Kuhnke „in nuce die Einheit von Gottes- und Menschenliebe aus, wenn die Zuordnung der in strenger Parallelität genannten Begriffe - Gnade Christi, Liebe Gottes und Koinonia des Geistes - beachtet wird" (Kuhnke 1992, 192). Der Sinngehalt der Segensformel ist, daß die Gnade Christi, in der die von Paulus

Gegrüßten leben sollen, sowohl auf ihren transzendentalen Ursprung zurückgeführt als auch in ihrer sozialen Dimension entfaltet wird. Die Gnade Christi ist die (immer) zuvorkommende Liebe Gottes. Sie vermittelt den Menschen die Erfahrung des Angenommenseins von Gott. Und diese Gnade Christi bewirkt - jedenfalls wenn sie angenommen wird - die Koinonia des Geistes. Damit sind die neuen geschwisterlichen Beziehungen des Miteinanderumgehens gemeint, es sind die vielen Charismen und Talente, die den einzelnen für den Aufbau der Gemeinde geschenkt worden sind. Weil Paulus jedoch um die Spannung zwischen der transzendentalen Dimension der Koinonia und deren horizontaler häufig defizitärer Verwirklichung weiß, preist er in bekannt alttestamentlicher Weisheitshaltung Gottes Treue, der die Menschen - trotz solcher Gebrochenheiten - in die Koinonia beruft. Auch dieser Lobpreis ist ein zeitlos gültiges Trostwort für die Gemeinden - damals und heute.

7.4 Koinonia-Ekklesiologie des II. Vatikanum: Nicht Sehnsucht nach innerkirchlich heiler Welt genügt ...

Weder vom vorösterlichen Jesus noch vom auferweckten Herrn gibt es einen Hinweis, welche Sozialform von Kirche/Gemeinde seine Jünger verwirklichen sollten. Einzig den universalen Missionsauftrag, in alle Welt und zu allen Völkern zu gehen, hatten sie erhalten (vgl. Mt 28,19). Dementsprechend gingen die Jünger auch pragmatisch zu Werk. Sie gründeten Hausgemeinden, paßten sich dabei den Lebensformen und Traditionen des jeweiligen Ortes an, nahmen auf kulturelle und politische Umstände Rücksicht, integrierten Mentalitäten und geistiges Umfeld. Am christlichen Spezifikum hielten sie jedoch unverbrüchlich fest: Sie kamen in ihren Häusern zusammen, feierten Herrenmahl, lobten Gott und waren bei den Menschen beliebt (vgl. Apg 2,46f).

Wenn Paulus in seinen Briefanreden beispielsweise „die Kirche Gottes, die in Korinth ist", grüßt (1 Kor 1,2; 2 Kor 1,1), dann will er damit ausdrücklich machen, daß die Ortskirche von Korinth in vollem Sinn Kirche ist. Paulus versteht die von ihm gegründeten Haus- und Ortsgemeinden nicht als unmündige Töchter der Gemeinde von Jerusalem. Zwar hat er die Haupt- und Mutterfunktion der Jerusalemer Gemeinde anerkannt und ihr in der schon angesprochenen Kollekte auch die „Koinonia der Solidarität" erwiesen, aber Bevormundungen und Rechtsansprüche ließ er daraus nicht ableiten. Der Ausgang des „Apostelkonzils" (vgl. Apg 15) bestätigte schließlich die Richtigkeit seines apostolischen Selbst- und Missionsverständnisses. Gleichwohl existierten die Ortskirchen nie unverbunden für sich, sondern sie überzogen – wie ein Netzwerk sich fortwährend verdichtend – das damalige Römerreich.

Theologisch summierend läßt sich somit folgendes konstatieren: Die Ortskirche verwirklicht das Wesen der Kirche in einer Weise, wie es ihrer geschichtlichen Situation entspricht. Aber weil die Ortskirche die Darstellung und Verwirklichung der einen Kirche Gottes ist, kann sie nicht isoliert existieren, sondern nur in Gemeinschaft mit allen anderen Ortskirchen. Um diese Einheit und Gemeinschaft hat sich gerade der Apostel Paulus unter Einsatz seines Lebens bemüht.

Anfangs hatte die Gemeinschaft der Hausgemeinden und Ortskirchen ihren Mittelpunkt in der Jerusalemer Gemeinde. Mit der Übersiedlung des Petrus nach Rom und durch die Zerstörung Jerusalems im Jahre 70 ging dieser Vorrang auf die Kirche von Rom über. So bezeichnet der Kirchenvater Ignatius von Antiochien bereits um 110 die Gemeinde von Rom als die „Vorsteherin des Liebesbundes der Ortsgemeinden".

Ohne aus zeitlichem Abstand heraus nun die damaligen Verhältnisse nostalgisch idealisieren zu wollen, prägen die Einheit der Kirche in den ersten Jahrhunderten die Koinonia/Communio. Sie geschah im Austausch des Glaubens, in der gegenseitigen Zulassung zur Eucharistie, in der Fürbitte, in der Gastfreundschaft, im Abhalten von Synoden und Konzilien.

Erst im 2. Jahrtausend, nach dem Auseinanderbrechen der Koinonia zwischen der lateinischen Kirche und den Kirchen der Orthodoxie, bildete sich im Westen ein mehr monolithisches Einheitsverständnis heraus. Die Ortskirchen wurden zunehmend zu Verwaltungsdistrikten der römischen Kirche, weniger theologisch denn praktisch.

Das Zweite Vatikanische Konzil hat die Idee der frühen Kirche, eine „Koinonia der Ortskirchen" zu sein, wieder aufgegriffen und erneuert. Deutlicher als es LG 23 getan hat, läßt sich die Kehrtwende kaum formulieren. Dort steht festgeschrieben, daß „die eine und einzige katholische Kirche nur in und aus den Ortskirchen" existiert. Diese Konzilsentscheidung löste bei Bischöfen, Priestern und Gläubigen begeisternde Zustimmung aus. Inzwischen hat allerdings eine breite Ernüchterung um sich gegriffen. Nicht weil die Kirche nun wieder hinter das Konzil zurückgehen will – das mag lediglich der erklärte Wille der abgespalteten Gruppe um den inzwischen verstorbenen Erzbischof Lefebvre sein –, sondern weil die große Sehnsucht nach einer innerkirchlich heilen Welt sich nicht erfüllt hat und wohl auch nicht erfüllen ließ: auf weltkirchlicher Ebene (Rom), auf ortskirchlicher Ebene (Diözese), auf Gemeindeebene (Pfarrei).

Unter einer Teil- bzw. Ortskirche versteht das II. Vatikanum in der Regel die Kirche unter der Leitung eines Bischofs, also eine Diözese, ein Bistum (vgl. CD 11). Für den einzelnen Christen ist jedoch die Gemeinde mit einem Priester als Vorsteher der unmittelbare Lebensraum, der ihn den Glauben in seiner sozialen Dimension erfahren läßt. Auf diese Beheimatung in einer Gemeinde ist der einzelne Gläubige angewiesen, will er in einer zunehmend säkularisierten Gesellschaft nicht glaubensmäßig „ortlos" werden. Auch dieser Gemeinde erkennt das Konzil die theologische Qualität „Kirche" (vgl. LG 28; SC 42) zu. Doch ähnlich wie das Bistum als Ortskirche nur innerhalb der Gemeinschaft der Gesamtkirche existieren kann, so ist auch die einzelne Ortsgemeinde auf die Gemeinschaft mit dem Bischof und dem Bistum angewiesen.

Aber wie ist es im konkreten Fall um die Beheimatung bestellt? Längst stellt die deutsche Gesellschaft kein geschlossenes christliches Milieu mehr dar. Pfarreien werden mangels Priestern zu Pfarrverbänden zusammengeschlossen. 80 Prozent der nominellen Gemeindemitglieder leben in Distanz zur Kirche. Hinzu kommt die anonyme Wohnsituation in Städten, welche die Menschen voneinander entfremdet. Die Bevölkerung der neuen Bundesländer ist in überwiegender Mehrheit ungetauft, alte Menschen und Minderheiten (Behinderte, psychisch Kranke) leben ghettoisiert in Heimen, jedenfalls von den Familien isoliert. Da wundert es nicht, wenn neu und ungestüm die Sehnsucht nach Gemeinschaft aufbricht: die Sehnsucht nach gelingenden Beziehungen angesichts der Scheidungsanfälligkeit vieler Ehen, die Sehnsucht nach Geborgenheit angesichts unpersönlicher Wohnsilos und Ladenketten, die Sehnsucht nach versöhnendem Umgang angesichts wachsender Auseinandersetzungen um Arbeitsplätze und Wohnraum. Da wundert es nicht, daß von denselben gesellschaftlichen Prozessen verursacht, das innerkirchliche Phänomen der „Koinonia" als *die* Lösung in den Blick tritt. Koinonia wird hier jedoch zur alles vollbringenden Zauberformel, auch wenn homiletisch oft anders beschworen. Koinonia/Communio wird nun als kompensatorischer Begriff (miß-)verstanden, der alles ausgleichen soll, was Gesellschaft, Gesamt- und Ortskirche nicht mehr leisten. Koinonia wird jetzt nicht nur überfordert, sondern blendet bei diesem einseitig anthropologischen Verständnis substantielle theologische Aspekte aus. Die Therapie des diagnostizierten Mangels soll im nächsten Schritt bedacht werden.

7.5 ... sondern Erneuerung durch theologisch-spirituelle Bekehrung

Von *John Henry Newman* (1801–1890), der von 1828 bis 1843 anglikanischer Geistlicher in Oxford war, 1845 zum katholischen Glauben konvertierte, in Rom wegen seiner prophetischen Schrift „Vom Glaubenssinn der Gläubigen" denunziert wurde und deswegen zahlreiche Anfeindungen er-

fuhr, von dieser bekennerhaften Persönlichkeit stammt folgender Ausspruch: *„Herr, erneuere deine Kirche und fange bei mir an!“*
Für mich drückt Newmans (gebetsähnliches) Zitat genau das aus, was unter theologisch-spiritueller Erneuerung zu verstehen ist, bringt es doch zwei theologisch fundamentale Einsichten, die spirituell zusammengehören, ins Wort:
Einerseits die Einsicht, daß die Erneuerung der Kirche (Kyriaké = dem Herrn gehörig) einzig und allein vom Herrn selbst bewirkt wird. Kein Mensch kann sie von sich aus „machen“. Aber Jesu zeitlos gültigem Bußruf „Kehrt um, und glaubt an das Evangelium!“ (Mk 1,15) darf sich ebenso keiner leicht entziehen. Insofern haben Gesamtkirche, Ortskirchen und Pfarrgemeinden unablässig nach dem Willen des Herrn zu fragen, und dazu bedarf es eines hermeneutisch lauteren, d.h. von keinen menschlichen Sonderinteressen geleiteten theologischen Bemühens.
Andererseits die Einsicht, daß Metanoia (Umkehr/Erneuerung) nicht durch noch so gutgemeinte Appelle an die Adresse anderer erreicht wird, sondern einzig durch die Entschlossenheit, bei sich selbst mit dem Neuanfang zu beginnen. Inwieweit andere, gemäß dem geflügelten Wort „Verba docunt, exempla trahunt“ dann diesen Impuls aufgreifen, bleibt unverrechenbar. Gleichwohl besteht begründeter Optimismus, daß innerkirchliche Zeugniskraft ansteckend wirkt.
Wie könnte nun, so ist zu fragen, eine Erneuerung der aktuellen, oft so gebrochen daherkommenden koinonischen Praxis aussehen?
Geht es doch um nichts Wichtigeres, als von einer stimmigen Koinonia-/Communio-Ekklesiologie zu einer handlungsorientierten meliorisierenden Koinonia-/Communio-Pastoral durchzustoßen.
Wiederum geht es nicht ohne Orientierung an der Heiligen Schrift. Näherhin gilt es ausfindig zu machen, wo in frühchristlichen Gemeinden Streit und Mißhelligkeiten auftraten. Aber nicht auf den Streit als solchen richtet sich unser Augenmerk, sondern um daraus zu lernen, wie jene Gemeinden im Geist der Koinonia/Communio mit Schuld und Versagen umgegangen sind. Stets gehört der Transfer zum eigenen existentiellen Standort dazu, mit der Fragestellung: „Wo scheint in der jeweiligen Perikope eine Anregung zur Selbstbekehrung auf?“ Denn die bloße Freude an der Wiederentdeckung der Koinoniaidee bzw. das Infomiert-Werden darüber, daß die Gemeinden der Urkirche ebenfalls schon gestritten haben, genügt nicht. Wenn dieser Schritt zur Selbstbekehrung und Selbstaneignung nicht zugleich gegangen wird, erliegt man jener Gefahr, die so oft in Predigten und Vorträgen, auf Tagungen oder in einer Flut von Büchern und Zeitschriften geschieht: Es wird lediglich „bewußt gemacht“, „erinnert“, „appelliert“. Und dabei bleibt es dann.

Jeder von uns weiß, daß die Kirche nur so weit ihr Wesen lebt, als der einzelne es lebt und je mehr Menschen miteinander den Glauben konkret als ständige (!) Umkehr begreifen. Haben wir mit den Dokumenten des II. Vatikanum und mit den Beschlüssen der Gemeinsamen Synode in Würzburg nicht die gleiche Erfahrung gemacht? „Das Wort in der Kirche", so erinnert uns N. Brox als Kenner der Alten Kirchengeschichte, „entfaltet seine Wirksamkeit (nämlich) nicht magisch. (... Allzu oft sind wir allerdings) versucht, die Verantwortung des Glaubens, wie in den Buchstaben der kerygmatischen, der dogmatischen, der liturgischen Formel, so auch in die anonyme Größe ‚Kirche' (und Gemeinde) zu verlegen, also immer in ein Außerhalb unserer selbst" (Brox 1968, 31f). Die Tatsache des existentiellen Gemeintseins rückt uns nirgends so nah auf den Leib wie im Anspruch der Koinonia/Communio. Diese Forderung meint den einzelnen und spricht zugleich von den anderen. Ihr kann durch keine Ausrede ausgewichen werden; denn Koinonia als die soziale Dimension des Glaubens gehört zur Glaubenssubstanz selbst. Im geschwisterlichen Umgang „verleiblicht" sich der Glaube, wird der Glaube „greifbar". Fehlt dagegen die Koinonia, signalisiert das eklatanten Unglauben.

„Wenn jemand sagt: Ich liebe Gott!, aber seinen Bruder haßt" (das heißt doch: er liebt ihn nicht), so der Autor des Ersten Johannesbriefs, „ist er ein Lügner. Denn wer seinen Bruder nicht liebt, den er sieht, kann Gott nicht lieben, den er nicht sieht. Und dieses Gebot haben wir von ihm: Wer Gott liebt, soll auch seinen Bruder lieben" (1 Joh 4,20f). Das gleiche Kriterium führt nach Mt 25 Gott als Weltenrichter im Mund: „Alles, was ihr dem Geringsten getan bzw. nicht getan habt, habt ihr mir getan bzw. nicht getan."

Wenn demnach das Gottesverhältnis des christlichen Glaubens so sehr über den Menschen führt, dann hat das erhebliche Konsequenzen – für mich als einzelnen Christen und nicht minder für Kirche und Gemeinden. Diese Konsequenzen konturieren und konkretisieren sich in den handlungsorientierenden Stichworten „Annehmen", „Rücksichtnehmen", „individuelle/soziale Verantwortung" und „uneingeschränkte Vergebungsbereitschaft", kurz: in der „Liebe". Daß solches Koinonia-/Communio-Bemühen oft weit weg von erbaulicher Rede ist, machen die nachstehenden fünf neutestamentlichen Modelle zur Konfliktbewältigung deutlich.

(1) *Rechtshändel unter Christen* (1 Kor 6,1–8). Paulus tadelt in dieser Perikope, daß ein begüterter Christ sich die Dreistigkeit herausgenommen hat, einem Mitchristen („ein Bruder den anderen") in einer Vermögens- oder Erbstreitigkeit vor ein ziviles und das bedeutet notwendig vor ein heidnisches Gericht zu ziehen. („Ungerecht" werden von Paulus die heidnischen Richter nicht wegen etwaigen juristischen Fehlverhaltens genannt, sondern weil sie

als Heiden noch nicht durch Gott „gerecht“ gesprochen worden sind.) Zum exegetischen Verständnis sei angefügt, daß es in Israel förmlich verboten war, bei Nichtjuden Recht zu suchen. Deshalb besaßen auch die Juden im Römischen Reich das Privileg einer innergemeindlichen Gerichtsbarkeit. (Davon ausgenommen war die Verhängung der Todesstrafe, vgl. den Prozeß Jesu.)
Paulus ist erstens der Meinung, daß die Christen sich zumindest nicht anders als die Juden verhalten dürften, schließlich seien sie „gerechtfertigte Heilige“. Doch ist sein Hinweis auf die innergemeindliche Schiedsgerichtsbarkeit nur die mindere Seite des Lösungsvorschlags. Ein zweiter Aspekt, der leider oft ausgeblendet bleibt, ist ihm weit wichtiger. Paulus fordert nämlich freiwilligen Rechtsverzicht! Streit unter Brüdern und Schwestern, so der Apostel, zeigt in jedem Fall, daß es mit der christlichen Gesinnung (Rücksichtnahme und Vergebungsbereitschaft) nicht weit her sein kann. Wahre christliche Liebe, die sich am Vorbild Jesu orientieren würde, hätte jedenfalls anders gehandelt. Sie hätte um das Wohl des Friedens willen sogar Unrecht ertragen. Nach diesem der Bergpredigt entsprechenden Vollkommenheitsmaßstab kann Paulus schon das bloße Prozessieren, vor wem auch immer, als Versagen anprangern.
Ich meine, der paulinische Ratschlag müßte so etwas wie die „Magna Charta“ christlich-kirchlichen Umgangs sein.

(2) *Ein Fall von grober Unzucht* (1 Kor 5,1–13). Bei dieser Begebenheit zeigt Paulus, wie die Gemeinde mit einem solchen Skandal umgehen soll. Im Brief an die Korinther wird zwar kein Name genannt, doch dürfte wohl jeder in der Gemeinde gewußt haben, wer damit gemeint war. Ein Gemeindemitglied lebt mit seiner geschiedenen oder verwitweten Stiefmutter, die selbst wohl keine Christin war, in einem eheähnlichen Verhältnis zusammen. Eine solche Verbindung mit der zweiten Frau des Vaters war im Alten Testament unter Androhung der Todesstrafe verboten. Auch das römische Recht, das sicher in Korinth gegolten hat, untersagt nämliches Verhalten und bestimmte dafür als Strafe die Deportation. Das eigentliche Ärgernis liegt für Paulus darin, daß die Gemeinde nichts dagegen unternimmt, obwohl die Reinheit und Heiligkeit des neuen Gottesvolkes durch solche Duldung aufs höchste gefährdet wird. Paulus verlangt den Ausschluß des Betreffenden aus der Gemeinde, aber er ruft weder nach der Todesstrafe noch nach Übergabe an das weltliche Gericht. Paulus will lediglich, daß die Gemeinde den Blutschänder nicht in ihrer Mitte behält. (Unseligerweise hat die Kirche im Hochmittelalter gerade diese für den Schuldumgang wegweisende Perikope mißachtet und sich zur fatalen Inquisition hinreißen lassen.) Für mich als Christen ergibt sich daraus: Schuld wird nicht mit Vergeltung aus der Welt geschafft.

(3) *Der Betrug des Hananias und der Saphira* (Apg 5,1–11). Die Exegeten konnten bislang mehr auf das Dunkel dieser Begebenheit verweisen, als Licht durch plausible Deutung erbringen. Dunkel an dieser Perikope ist: Wenn jemand sein Hab und Gut verkauft für eine Gütergemeinschaft, wozu er ja nicht verpflichtet ist, wie kann ihn deshalb ein solches Strafgericht treffen ...? Hell und verständlich dagegen ist die Perikope insoweit, als die Unehrlichkeit (des Mannes) und die Lüge (der Frau) schon in der Jerusalemer Urgemeinde vorfindlich sind, diese aber nicht geduldet werden. Petrus tritt mit seinem scharfen Wort als „Exkommunikator" auf. (Zwar geht es in der Kirche heute manchmal beim Umgang mit Spenden und Steuergeldern nicht viel besser zu. Ob jedoch dafür die vorliegende Perikope „als geistliches Richtschwert" herangezogen werden kann, müssen die Exegeten beantworten.)
Für mich als Christ ergibt sich jedenfalls die Lernanregung: weniger scheinen wollen als sein. Das vermindert zumindest das Geltungsgehabe und die Prahlerei.

(4) *Von der Ausübung der Zucht durch die Gemeinde* (Mt 18,15–18). Wenn das Matthäusevangelium erst an vierter Stelle rangiert, dann deshalb, weil dessen zeitliche Abfassung erst nach den Apostelbriefen und nach der Apostelgeschichte anzusetzen ist. Offenkundig handelt es sich bei der Ausübung der Gemeindezucht um ein festgefügtes judenchristliches Ritual. Die brüderliche Zurechtweisung war nach Lev 19,17f bereits fester Brauch im alten Israel. Davon findet sich auch bei der Qumrangemeinde ein Zeugnis.
Zur Kurzcharakteristik der Perikope: Wiederum geht es um Versagen in der Gemeinde. In diesem Fall soll der Bruder, der das Vergehen des anderen bemerkt, den ersten Schritt tun und ihn zur Einsicht führen. Schön wäre es, wenn dadurch bereits der Irrende zurückgewonnen werden könnte. Verschließt er sich aber, soll ein zweiter Versuch unternommen werden und zwar nun justitiabel, d.h. eine rechtskräftige Zurechtweisung mit mindestens zwei Zeugen (vgl. Dtn 19,15). Bringt auch dieser Versuch keinen Erfolg, dann soll die Gemeinde mit ihrer Autorität das Urteil fällen. Letztlich bestätigt damit die Gemeinde nur, daß jener Übeltäter sich längst (innerlich) von ihr entfernt hat.
Die Anweisung klingt hart, wird aber einsichtig, wenn man den seelsorglichen Ernst, der hinter der Weisung steht, erfaßt. Ob dieser Ausschluß von Dauer ist oder nur bis zur (erhofften bußfertigen) Rückkehr gilt, bleibt offen. Jedenfalls wird mit dem Logion „Vom Binden und Lösen" auch an die Rückkehr gedacht. So wird selbst in der härtesten Form der Zurechtweisung, im Ausschluß, noch die Sorge um das Heil des Bruders und die Sehnsucht nach einer Metanoia spürbar.

Für mich persönlich erscheint das Ausüben bzw. das Annehmenkönnen der „Correctio fraterna" notwendig, wenn es auch eines großen Freimuts bedarf.

(5) *Von der Pflicht zur Vergebung* (Mt 18,21–22). Petrus, das ist für die Matthäusgemeinde wichtig, tritt (wiederum) als Sprecher auf. Seine Worte haben ein besonderes Gewicht. Petrus fragt Jesus nach dem Maß der Vergebungsbereitschaft. Gibt es dafür einen Maßstab? Die Siebenzahl, die Petrus nennt, ist die Zahl der Vollkommenheit, des Ganzen, des Heiligen. Petrus ist danach bereit, weit über das gängig rigide jüdische Verhalten hinauszugehen (das noch heute das sog. Ius talionis, d.h. „Auge um Auge, Zahn um Zahn" praktiziert). Jesu Antwort an Petrus lautet: siebenundsiebzigmal (oder siebzigmal siebenmal, wie manche andere Übersetzungen formulieren) und meint damit die unbegrenzte Bereitschaft zur Vergebung. Jesu Wille ist eindeutig und klar: Einzig durch die vergebende Nachsicht kann die Sturzflut des Bösen überwunden werden. In die gleiche Richtung zielt Paulus, wenn er in Röm 12,21 schreibt: „Laß dich nicht vom Bösen überwinden, sondern besiege das Böse durch das Gute!"
Für mich als Gemeindemitglied ist die Forderung nach unbegrenzter Vergebungsbereitschaft sicher der schwerste Prüfstein zur Koinoniabereitschaft.

7.6 Koinonia-Option heißt: Annehmen der Unterschiedenheit als Reichhaltigkeit

Der Blick auf die biblische Koinoniatradition hat deutlich werden lassen, daß sich die Nachfolge Jesu sozial als Gemeinschaft des Erzählens, des Teilens, des Mahlfeierns, des Einander-Annehmens und Zurechtweisens realisiert. In solcher Koinonia wird in neuen, transformativen Beziehungen ein Subjektsein aller vor Gott und von ihm her auch untereinander möglich (vgl. 1 Kor 1,9). Der Blick auf die Koinoniawirklichkeit der Kirche in Geschichte und Gegenwart hat einerseits viel an gebrochener koinonischer Praxis erkennen lassen, andererseits aber auch sichtbar gemacht, daß geradezu eine unstillbare Sehnsucht nach jener fundamentalen Einheit von Gottes- und Menschenliebe fortexistiert.
Zum Abschluß soll nun die aus den vorangegangenen Überlegungen erwachsene Koinoniaoption in einigen Grundzügen für das kommunikative Handeln heutiger Gemeinde- und Kirchenglieder bedacht werden. Die Beschränkung auf „Grundlinien kommunikativen Handelns" erklärt sich aus der Erkenntnis, daß die konkrete Umsetzung zugleich individuell-singulär und multifaktoriell zu erfolgen hat, so daß dies nicht vom Schreibtisch

aus leistbar ist, sondern letztlich im Diskurs „vor Ort“ und zwar mit den Beteiligten geschehen muß. Denn soll beispielsweise die biblische Koinoniaoption für die Rekonstruktion der Identität einer bestimmten Gemeinde „treffend“ und damit „fruchtbar“ sein, dann muß nach dem Parameter des handlungstheoretischen Dreischritts „Sehen - Urteilen - Handeln“ zunächst die Lebenswelt besagter Gemeinde sowie deren soziokulturelles Umfeld analysiert werden. In einem Folgeschritt wäre das erhobene kommunikative Handeln der Gemeinde zu reflektieren und die dort beobachtete defizitäre Wirklichkeit theologisch mit der biblischen Koinoniatradition zu konfrontieren. Schließlich müßte dann im dritten Schritt die Relevanz der angestrebten meliorisierenden Koinoniapraxis für die Subjekthaftigkeit der Gemeindemitglieder bedacht werden. Da dies jedoch - selbst bei vereinfachter theoretischer Abhandlung - hier nicht zu leisten ist, seien in vier thematischen Blöcken erste Konkretisierungen vorgelegt. Sie könnten ein Bauelement abgeben für einen noch zu entwickelnden „Entwurf von Koinoniakultur in Kirche und Gemeinden“. Ausdrücklich wird dabei als Stilmittel das Desiderat bzw. die (Selbst-)Anfrage gewählt. Sie will die Leser zum Nach- und Weiterdenken einladen sowie - falls sich die Möglichkeit bietet - zur Disputation mit Gleichgesinnten anstiften.

(1) Es fällt uns Menschen in aller Regel schwer, die Andersartigkeit von Mitmenschen zu ertragen, geschweige denn zuzulassen. Selbst dort, wo der Sympathievorrat am größten ist (Familie, Freundschaft) oder wo der christliche Prägecharakter am stärksten verwurzelt sein sollte (Gruppen der Kerngemeinde, Konvente der Klöster, Kreise der pastoral Hauptamtlichen), trifft diese Beobachtung zu. Während der letzten Jahrzehnte haben die Humanwissenschaften eine Fülle von wertvollen kommunikationstheoretischen Einsichten erbracht, welche für Theologie und kirchliche Praxis hinsichtlich der Verbesserung der innerkirchlichen Kommunikation wertvolle Hilfen leisten könnten. Sie müßten nur von den verantwortlichen Leistungsorganen (in Bistümern und Pfarreien) studiert und rezipiert werden. Warum eigentlich gibt es so viele Reibungsverluste zwischen kirchlichen Leitungsorganen und Gläubigen (Bistum Chur u.a.)? Warum nehmen die gewählten Räte als korporative Verantwortungsträger für Gemeinden (Pfarrgemeinderat), Dekanate (Dekanatsrat) und Bistümer (Diözesanrat) nicht wirklich partizipativ an der Ausübung der Leitung teil? Weil weithin beim Klerus Delegationsangst besteht und weil den Laien zu wenig fachliche Kompetenz zugetraut wird, obwohl viele von ihnen in beruflich gehobener Position Respektables leisten.

(2) Die Andersartigkeit der anderen als Reichhaltigkeit in Unterschiedenheit zu begreifen, fordert zur Selbstanfrage heraus. Wie geht es mir mit mei-

nen eigenen Ansichten? Bin ich mit mir so identisch, daß ich die Vielfalt und den Pluralismus nicht als (persönliche) Gefährdung (des/meines Glaubens) verstehen muß? Wieviel Staunen und Bewunderung zolle ich dem anderen und seinen Fähigkeiten? Wo habe ich ihm gegenüber (bewußt/unbewußt) Vorurteile? Entdecke ich in der Fremdheit des anderen so etwas wie eine Verstehenshilfe oder gar Brücke zum oft an mir fremdartig handelnden Gott?
Während eines Kollegengesprächs über diese Thematik zur Kostbarkeit der Vielfalt entstand das Bild von der farbenprächtigen Frühjahrswiese: So reichhaltig wie ein Feldblumenstrauß sei die von Gott den Menschen geschenkte Charismenfülle. Wo aber klingt heute in den Gemeinden dafür Dank auf, so wie Paulus Gott als den Geber alles Guten gepriesen hat?

(3) Der Grund der Menschwerdung Jesu liegt in der Erlösungsbedürftigkeit von uns Menschen. Nicht zufällig stellt Markus den Umkehrruf Jesu an den Beginn seines öffentlichen Wirkens (Mk 1,15). Sonntag für Sonntag erbitten wir im Bußritus der Eucharistiefeier von Gott Vergebung. Bußgottesdienste und Bußsakrament geben uns Gelegenheit, Gottes Versöhnungsgeste anzunehmen, wann immer wir uns (gegen den Geist der Koinonia) versündigt haben. Wenn wir also um unsere Vergebungsbedürftigkeit wissen, warum gestehen wir voreinander so ungern unser Versagen ein? Weithin bemänteln wir unsere Fehltritte oder wälzen die Schuld auf den anderen ab. Und was noch schlimmer ist: Wie wenig üben wir mit den Fehlern anderer Nachsicht? Wie prinzipienhaft und damit unbarmherzig ist oft die kirchliche Rechtspraxis mit wiederverheirateten Geschiedenen; mit Priestern, die ihr Amt aufgeben; mit Theologen bei der Erteilung/Nichterteilung der Lehrerlaubnis (Nihil obstat).
Nun sei hier nicht behauptet, kirchlich ungebundene Gruppen gingen humaner miteinander um. Aber deren Ethik leitet sich auch nicht aus der Koinoniaoption her. „Koinonia meint eben nicht Geselligkeit von Gleichgesinnten", so bringt es Martina Blasberg-Kuhnke auf den Punkt, sondern das „Sich-aufeinander-Einlassen angesichts vorhandener Unterschiede und Gegensätze, die wahr- und ernstgenommen werden, weil Gott sich zuvor vorbehaltlos auf Menschen eingelassen hat, die zugleich radikal von ihm verschieden und (doch wiederum) ihm ähnlich sind" (Blasberg-Kuhnke 1990, 251).

(4) Koinonische Praxis soll nicht nur theologisch postuliert, sondern vor allem in unseren Gemeinden erfahrbar werden; beispielsweise wie durch eine transparente Gemeindeleitung, d.h. konkret durch den Fluß von Informationen, gemeinsame Entscheidungen möglich sind. Koinonische Praxis

soll beobachtbar sein im Umgangsstil der pastoralen Mitarbeiter, im kontaktstiftend geführten Pfarrbüro, in der Gastfreundschaft des Pfarrhauses, durch unbürokratische Hilfe in den Wechselfällen des Lebens. Koinonische Praxis gerät auf den Prüfstand bei Kasualien für Gemeindeferne und kirchlich Distanzierte, denen der Seelsorger durch seine Zuwendung Gottes „Mitsein" erschließen kann. Eine besonders aufstörende Anfrage an die Ernsthaftigkeit der Koinoniagesinnung kommt von den Asylbewerbern sowie von allen sog. Themen von außen. Koinonia postuliert weiterhin Formen politisch-sozialer Diakonie. Kirche und Gemeinden haben sich überall dort einzumischen, wo es um die Lebensmöglichkeiten der Schwachen geht. So wichtig eigene Hilfswerke sind (Caritas, Innere Mission), es gehört auch die Stimme des prophetischen Protestes dazu, wenn anders die Bedrohung von Leben nicht gestoppt werden kann. Von ihrem Wesen her läßt sich Koinonia nicht auf Pfarrgrenzen einsperren. Insofern gehört die Ökumene mit den christlichen Schwesterkirchen selbstverständlich hierher, aber auch der christlich-jüdische Dialog und nicht zuletzt das Engagement beim „Konziliaren Prozeß" für Gerechtigkeit, Frieden und Bewahrung der Schöpfung. Der von allen christlichen Konfessionen getragene „Konziliare Prozeß" bindet gewissermaßen sämtliche ökumenische Bemühungen zusammen, „indem er sie auf ein Ziel ausrichtet, das in den Shalom Gottes, sein Reich der Gerechtigkeit und des Friedens, mündet" (Blasberg-Kuhnke 1990, 262).
Die Koinoniaoption nimmt Kirche und Gemeinden radikal und umfassend in Anspruch, nicht in der Weise, sich gegenüber der Welt als Kontrastgesellschaft zu verstehen, sondern vielmehr in ihr zu wirken als Salz und Sauerteig. In den eigenen Reihen gilt es, geschwisterlich-heilen(den) Umgang zu praktizieren und damit der Erwartung des Reiches Gottes Ausdruck zu verleihen; denn nur so wird der vom Propheten Sacharja geschilderte Zustand erreicht, wonach alle Noch-nicht- bzw. Nicht-mehr-Christen staunend sagen: „Wir wollen mit euch gehen; denn wir haben gehört: Gott ist mit euch" (Sach 8,23). Kirche und Gemeinden in solcher Koinoniagestalt bewirken dann wieder, wie in der Anfangszeit geschehen, die Sammlung der Zerstreuten.
Empfehlenswert ist das Lesen folgender biblischer Texte und kirchlicher Dokumente: Apg 2,42–47 (Das Leben der jungen Gemeinde); Apg 4,32–37 (Die Gütergemeinschaft der Urgemeinde); 2 Kor 9,1–15 (Aufruf zur Sammlung für Jerusalem); 1 Joh 1,1–10 (Das Leben in der Gemeinschaft mit Gott); LG 23 (Einträchtige Vielfalt der Ortskirchen); LG 26 (In Jesus Christus geeint); GS 42 (Sorge für die menschliche Gesellschaft); Gemeinsame Synode, Dienste und Ämter 2.2.2 (Die Sendung der Kirche); Gemeinsame Synode, Dienste und Ämter 2.3.3 (Wesen und Formen der Gemeinde).

Achtes Kapitel

Leiturgia: Verherrlichung Gottes - Heiligung des Menschen

Hanspeter Heinz

Inhaltsverzeichnis

8.1 Situation: Gottesdienste - eine abbröckelnde Tradition

8.1.1 Äußeres Erscheinungsbild

Verschaffen wir uns zunächst eine Übersicht, welche liturgischen Feiern stattfinden, wer sie vorbereitet und durchführt, wer an ihnen teilnimmt oder von ihnen Kenntnis nimmt. Vorerst verwenden wir den Begriff Liturgie in einem weiten Sinn als gemeinschaftliches Beten; die nötigen Differenzierungen werden später folgen. Wir gliedern unseren Überblick nach den liturgischen Räumen Haus (Familie), Pfarrgemeinde und „Kirche im großen“, wie es der allgemeinen Wahrnehmung und auch der Tradition entspricht.

8.1.1.1 Häusliche Liturgie

Schon zur Zeit Jesu und bis heute war und ist das Haus ein bedeutsamer liturgischer Raum für die Juden. Kaum eine andere Religion ist so stark in der Familie verwurzelt wie die jüdische. Die täglichen Gebete, die Feier des Sabbats und auch der höchsten Feste (zur Zeit Jesu das Paschafest) werden hauptsächlich in der Familie begangen, aber auch in der Synagoge. Hauptliturge ist der Familienvater. Die Mutter bereitet das Haus, die Speisen, die Kleidung, die Atmosphäre. Die Kinder sind aktiv ins Geschehen einbezogen. Die liturgischen Symbole (Sabbatlicht, Verzehr des Paschalamms) und die Volksbräuche wie auch die Einführung ins Beten und Singen, das Erzählen der Heilsgeschichte und des persönlichen Lebens aus dem Glauben sind vom Familienleben her vertraut. Von alters her gilt das gleiche in etwa auch für die christliche Tradition.
Gehen wir von der Geschichte zur Gegenwart über: Wie wird der Glaube heute in christlichen Familien gefeiert? Eine signifikante Stichprobe ist der Rückgang des täglichen *Tischgebets.* 1982 gaben 11 Prozent der Bevölkerung in der Bundesrepublik Deutschland über 16 Jahren an, daß sie regelmäßig vor oder nach den Mahlzeiten beten; 1965 waren es noch 29 Prozent. Für die junge Generation (16–29 Jahre) lauten die Daten: 1982 5 Prozent, 1965 24 Prozent; und für die Erziehergeneration (30–44 Jahre): 1982 6 Prozent, 1965 27 Prozent. Aus ihrer Kindheit können sich an diesen Brauch des Tischgebets 1982 noch 47 Prozent der Bevölkerung erinnern, 1965 waren

es 62 Prozent.[4] Solche Zahlen spiegeln allerdings nicht einen allmählichen Traditionsschwund, sondern einen Traditionsbruch wider, der auch die ländliche Bevölkerung einbezieht und sich bereits seit einigen Generationen vorbereitet.

Im Verschwinden sind *traditionelle Formen der Hausliturgie* wie der tägliche „Engel des Herrn", Maiandachten und Rosenkranzgebet. Segnungen finden - besonders im dörflich geprägten Bereich - weiterhin Anklang: Dreikönigssingen mit Haussegnung, Stallsegnung und Flurprozession, Segnungen von Haustieren, Fahrzeugen u.a.m. Gefeiert werden im Freundes- und Familienkreis auch die Lebenswenden von Geburt, Taufe, Hochzeit, Beerdigung, desgleichen die Erstkommunion (weniger die Firmung) und zum Teil die Namenstage. Im unterschiedlichen Maße fühlen sich von solchen liturgischen Gebräuchen Männer und Frauen, Kinder und Jugendliche angesprochen und einbezogen. Der religiöse Charakter dieser häuslichen Feiern tritt jedoch weithin gegenüber dem geselligen Beisammensein zurück.

Die häusliche Feier der *Hochfeste* Weihnachten und Ostern ist ebenfalls rückläufig, weil nicht mehr das *Kirchenjahr* das Bewußtsein prägt, sondern mehr die Gliederung des Jahres durch Urlaubs-, Ferien- und Reisezeiten. Gerade für viele Jugendliche ist das Weihnachtsfest ein Alptraum, weil die Erwartung eines zeitweisen Familienfriedens erfahrungsgemäß zu besonderen Spannungen führt - ein Grund mehr zum weihnachtlichen Ortswechsel. Jeder kennt die Schwierigkeiten, eine familiäre Sonn- und Feiertagskultur zu entwickeln.

Für die meisten Zeitgenossen ist das familiäre Leben ebenso „chemisch rein" von religiösen Akten und Zeichen wie der berufliche Alltag.

8.1.1.2 Liturgie in der Gemeinde

Seit dem Babylonischen Exil (6. Jh.v.Chr.) und erst recht nach der Zerstörung des Jerusalemer Tempels im Jahre 70 n.Chr. ist neben der Familie das andere Zentrum jüdischer Kultur, jüdischen Glaubens und Betens die Synagoge. Dieses griechische Wort bedeutet: Haus der „Versammlung". Seit dem Mittelalter beginnen die deutschen Juden, sie auch als „Schule" zu bezeichnen. Dieser Name kommt wohl ihrer Bedeutung im jüdischen Gemeindeleben am nächsten und zeigt auch deutlich den Unterschied zur christlichen Kirche auf. Die Synagoge dient nämlich nicht nur der Liturgie

[4] Einige Daten und Fakten sollen für einen generellen Überblick genügen. Diese Übersicht versteht sich als Einladung zu einer gründlichen Analyse der eigenen Glaubensgeschichte und der Lebensräume, für die christliche Sozialisation bedeutsam ist. Denn der statistische Durchschnittsbefund gilt eben nur im allgemeinen, aber nirgends vor Ort.

am Sabbat und an den Feiertagen, sondern ebenso zum Unterricht in Bibel und Tradition. Die Verbindung von Beten und Lernen ist charakteristisch für das Judentum. Um die Synagoge aber spielt sich noch mehr ab, eigentlich alles, was zum Leben gehört, einschließlich der Einfädelung von Geschäften und Freundschaften.

Das entsprechende christliche Zentrum des Glaubens und Betens sind die Kirche und der Sonntagsgottesdienst. Religionssoziologische Untersuchungen belegen, besonders für Katholiken, daß der regelmäßige Besuch der *Sonntagsmesse* ein wichtiger religiöser Indikator ist (vgl. 4.2.3). Mit der Abnahme des Meßbesuchs verblaßt das Gottesbild, löst sich die Verknüpfung zwischen Glauben und alltäglichem Leben auf, und lockert sich die Bindung an das kirchliche Glaubensbekenntnis und die Glaubensgemeinschaft. Offenbar stützen sich Glaube, Gemeinschaft und Liturgie gegenseitig. Um so bedenklicher muß der Rückgang des sonntäglichen Meßbesuchs gewertet werden. Trotz der Einführung der Sonntagvorabendmesse geht die Teilnahme daran kontinuierlich zurück, und der Trend konnte bisher nicht aufgefangen werden.

„Ein besonders starker Einbruch ergab sich zwischen 1968 und 1973. Während 1969 48 % sonntags den Gottesdienst besuchten, waren es 1973 35 %, 1980 31 % und 1985 24 %. Wenn die Gottesdienstzahlen auf das Alter hin ausgewertet werden, ergibt sich, daß weniger als 20 % der katholischen Jugendlichen den Gottesdienst besuchen und daß 1980 bereits über 50 % der Gottesdienstbesucher über 65 Jahre waren. Außerdem waren 1985 66 % der Gottesdienstbesucher Frauen. Es zeigt sich also ein Defizit hinsichtlich der Jugend und hinsichtlich der Männer“ (Maier 1988, 8). Die Einbußen sind stärker im städtischen als im ländlichen Bereich. So hatte beispielsweise die Erzdiözese Köln mit ihren vielen Großstädten 1985 eine durchschnittliche Gottesdienstteilnahme von nur mehr 19,3 Prozent (Bundesdurchschnitt: 24 Prozent). Im Erzbistum werden in einzelnen Bezirken noch 30 Prozent oder gar 40 Prozent Kirchgänger gezählt. Bei einem Diözesandurchschnitt von 19,3 Prozent müssen dann entsprechend viele andere Pfarreien mit zehn oder weniger Prozentpunkten vorhanden sein.

Von der Gestaltung des Gottesdienstes einmal abgesehen, müssen sich bei dieser Zusammensetzung der Gottesdienstgemeinde nicht ganze Bevölkerungsgruppen fehl am Platz vorkommen? So nimmt es nicht wunder, daß die meisten Kinder und Jugendlichen den normalen Sonntagsgottesdienst als „langweilig“ empfinden, als eine fremde Kultur mit minimalen Partizipationschancen. Weil in der Liturgie Männern die führende Rolle zukommt, fehlt auch Frauen und Mädchen immer mehr das Gefühl der Beheimatung in der Liturgiefeier, insbesondere in Anbetracht des gewachsenen weiblichen Selbstbewußtseins in der Gesellschaft.

Voll sind die Kirchen noch zu *Weihnachten* und an *Ostern*, am Erstkommuniontag und bei Primizmessen, in ländlichen Gebieten auch bei Beerdigungen und Trauungen. In *Urlaubsgebieten* ist ein recht erfreuliches Echo auf ansprechende Gottesdienste festzustellen. Auch Familien-, Kinder- und *Jugendgottesdienste* finden bei attraktiver Gestaltung erfreulichen Zuspruch. Diese positiven Feststellungen können freilich den negativen Gesamttrend nicht wenden.
Der starke Rückgang von traditionellen Andachten muß wiederum durch einige Kontrasterfahrungen ergänzt werden, die jedoch quantitativ das Defizit nicht ausgleichen können. Das *Stundengebet* (Laudes und Vesper) wurde im Zug der Liturgiereform in vielen Gemeinden angenommen. Auch entwickeln sich neben den „alten" Andachten (Kreuzweg, Maiandacht, Rosenkranz) neue *jugendspezifische Liturgieformen* (Wallfahrt, Frühschicht, Jugendkreuzweg, Bußfeier, Nachtwache).
Trotz allem muß freilich auch der relative Proporz zum menschlichen und gesellschaftlichen Leben bedacht werden, um das Phänomen richtig einschätzen zu können: Wer außer dem Sport bringt in unserem Land noch acht Millionen Menschen auf die Beine wie die beiden großen Konfessionen - und das Sonntag für Sonntag ...

8.1.1.3 Wallfahrt zu liturgischen Orten

Der dritte liturgische Ort war im Judentum bis zu seiner Zerstörung des Jerusalemer Tempels, zu dem das Volk an den drei großen Wallfahrtsfesten aus allen Teilen des Landes pilgerte: Pascha (christlich: Ostern), das Wochenfest (christlich: Pfingsten) und das Laubhüttenfest (christlich: Erntedankfest). Sie bestärkten die nationale und religiöse Einheit und die Erinnerung an die Heilstaten Gottes in der Geschichte.
Der christliche Glaube besitzt kein lokalisierbares religiöses Zentrum. Dennoch hat er mit seinen Wallfahrtsgebräuchen eine Funktion des damaligen Tempels geerbt. Zu den klassischen Pilgerfahrten an eine religiöse Stätte (Hl. Land, Rom, Tschenstochau ...) sind in neuerer Zeit auch Fahrten zu religiösen Bewegungen gekommen: Taizé, Zentren von neuen geistlichen Gemeinschaften sowie Katholiken- und Kirchentage üben eine beachtliche Anziehungskraft auf Gläubige *aller* Altersschichten aus. Die Größe und Farbigkeit dieser Veranstaltungen stärken für den mühsamen Alltag in der eigenen Gemeinde. Die Möglichkeit intensiver, aber kurzer Aufenthalte läßt in vielen eine religiöse Offenheit aufbrechen, die nur im Abstand von zu Hause gewagt wird.
Macht sich bei Wallfahrten der einzelne auf den Weg, kommt bei der Verbreitung von Liturgie durch Rundfunk- und Fernsehübertragungen Liturgie ins

Haus. So ergibt sich für viele, die sonst verhindert wären, die Gelegenheit, an gut vorbereiteten Gottesdiensten teilzunehmen. Freilich ist zu bedenken, daß eine TV-Präsentation nicht mit einer unmittelbaren Teilnahme gleichzusetzen ist.

8.1.1.4 Biographischer Längsschnitt

Die Mitglieder der schrumpfenden „Kerngemeinde" nehmen regelmäßig mit biographisch bedingten Pausen am liturgischen Leben teil. Doch bedeutet „regelmäßig" für eine wachsende Zahl unter ihnen nicht unbedingt sonntäglich und nicht ausschließlich in der eigenen Pfarrkirche. Mehr als drei Viertel aller Katholiken nehmen an der Liturgie nur noch gelegentlich der Lebenswenden und Hochfeste teil: zur Zeit der Erstkommunion ihrer Kinder, zu Weihnachten und an Ostern, bei kirchlichen Feiern im Freundes- und Familienkreis.
Sowohl unter den regelmäßigen wie auch in erstaunlicher Zahl unter den gelegentlichen Kirchgängern gibt es offenbar viele, die an ansprechend gestalteten, lebendigen Gottesdiensten unterschiedlicher Art interessiert sind. Doch ist hier offenbar die Nachfrage erheblich größer als das Angebot - besonders Angebote in erreichbarer Entfernung und in der gewünschten „Qualität".

8.1.2 Hintergrund: gesellschaftlicher Wandel

Es wäre vorschnell, vom äußeren Erscheinungsbild direkt zu Postulaten an die Adresse der Kirche übergehen zu wollen. Um diesen Kurzschluß zu vermeiden, müssen wir die Gründe und Hintergründe des kulturellen Wandels ins Auge fassen und sie auf ihre Relevanz für den Grundakt des Feierns auswerten: Die Richtung der modernen Entwicklung sei durch die beiden Leitworte *Freiheit* und *Fortschritt* charakterisiert.

8.1.2.1 Hunger nach Freiheit

Die bürgerlichen Revolutionen des 18. und 19. Jh. haben das klassische Bündnis von „Thron und Altar" aufgelöst. Die Gesellschaft und ihre mündigen Bürger haben nunmehr das Sagen, nicht mehr die Autoritäten „von Gottes Gnaden". Die Menschen wollen sich nicht mehr bevormunden lassen und nehmen selbst die Verantwortung wahr. Mit Recht gilt die Epoche der Aufklärung als eine einschneidende geschichtliche Zäsur. Nach Kant bedeutet sie die „Überwindung der selbstverschuldeten Unmündigkeit durch ver-

nünftige Selbstbestimmung". Das bedeutet: selbst denken und selbst handeln. Dies wiederum schließt die Achtung der Selbständigkeit aller anderen ein. Autonomie und Toleranz heißen die neuen Tugenden. Dieses Bewußtsein ist inzwischen voll durchgeschlagen, dafür steht symbolisch die Jahreszahl 1968. Alle Institutionen, d.h. alle vorgegebenen Einrichtungen, Gesetze und Regeln können nicht mehr auf selbstverständliche Zustimmung rechnen, sondern müssen sich vor dem Forum der kritischen Vernunft rechtfertigen.
Die katholische Kirche, die sich bis vor kurzem nicht nur Mißbräuchen und Übertreibungen, sondern grundsätzlich dem modernen Autonomiestreben entgegenstellte, hat im Zweiten Vatikanischen Konzil auf ihre Weise diesen Schritt mitvollzogen. Das Konzil hat die Kirche als Volk Gottes, in dem jedem seine Rolle zukommt, gewürdigt. Es tritt für die Freiheit gegenüber dem Staat durch das Postulat der Religionsfreiheit (vgl. DH 14) und der anderen Menschenrechte ein und befürwortet die Selbständigkeit nach innen durch das Postulat der Gewissensfreiheit (vgl. GS 16) und der Beteiligung an allen kirchlichen Prozessen.
Die radikale Entdeckung der Freiheit kostet ihren Preis. Der formale Appell an den Gehorsam, etwa die Einschärfung der Sonntags- und Osterpflicht, genügt nicht mehr zum Erhalt der gewünschten Praxis. In Gesellschaft und Kirche kann sich die Autorität nicht mehr ohne eine intensive Überzeugungsarbeit Gehör verschaffen. Selbst eine einsichtige Argumentation für die Bedeutung von persönlichem Gebet und liturgischer Feier allein reicht nicht, auch eine ansprechende Gestaltung und eine ernsthafte Beteiligungsmöglichkeit am Geschehen werden gefordert. Empfindlich gegen Verletzungen der Freiheit, fragen die Leute beispielsweise: Wo überfremdet Macht die Liturgie (z.B. durch die Ausbeutung von Ängsten im Zusammenhang der Sakramentenspendung oder durch Herrschaftsansprüche, Klerikalismus genannt)? Selbstbewußte Menschen wollen ernst genommen werden, sie erwarten Zustimmung, Auseinandersetzung, Kritik, auf jeden Fall aber eine Antwort.

8.1.2.2 Verlangen nach Fortschritt

Nicht weniger einschneidend als die Revolutionen für die bürgerlichen Freiheiten war die industrielle Revolution im 19. Jh., die in immer rasanterem Tempo die Menschen in die Zukunft treibt: Fortschritt heißt die Parole. Wer möchte schon auf die Segnungen des Fortschritts verzichten? Doch auch er kostet seinen menschlichen Preis, er ist ambivalent.
Unsere Industriegesellschaft lebt von der Arbeitsteilung, und Arbeitsteilung verlangt Mobilität. Zum Produzieren wie zum Konsumieren wechseln wir

ständig die Räume, aber in jedem Raum gelten andere Gesetzmäßigkeiten und treffen wir auf andere Menschen. Wir pendeln zwischen Arbeits- und Freizeitwelt, zwischen Wohn- und Kulturwelt, zwischen evangelischer und katholischer Welt, zwischen der Welt der jungen und der alten Generation usw. Ständige Mobilität aber lockert die wachsende Gemeinschaft und hat *Anonymität* zur Folge: nirgends daheim sein. Wieviel schwerer fällt deshalb (selbst im ländlichen Raum) auch die sonntägliche Gottesdienstgemeinschaft!

Fortschritt ist ein Resultat von Anstrengung und Leistung. Im technischen Zeitalter greift der Mensch so grundlegend in alle Abläufe der Natur, des menschlichen Lebens und der Gesellschaft ein, daß ohne eine ständige Wachsamkeit, Planung und Steuerung die Ordnung zusammenbräche. Die einseitige Leistungsanforderung bis zur Überforderung absorbiert fast alle Kräfte und alle Zeit, hat *Streß* und Hetze zur Folge. Die führende Rolle der Ökonomie in unserer Gesellschaft verändert den Zeitrhythmus - anstatt Sonntag und Werktage nun Arbeitstage und Wochenende. Sie verändert auch den Charakter der Zeit: Der Mensch ist so sehr in den „Betrieb" eingespannt, daß er in der Freizeit Gefahr läuft, nur noch abzuschalten oder umzuschalten, also entweder nichts zu tun oder sich in den anderen Streß des Freizeitbetriebs zu stürzen. Wie können am Wochenende der Sonntag und der Gottesdienst neu ihren Platz finden? Wie sollen bei einer einseitigen Leistungsmentalität - arbeiten und Arbeitskräfte regenerieren - die menschlichen Grundvollzüge des zweckfreien (nutzlosen, aber nicht sinnlosen) Dankens, Lobens und Feierns gelingen? Bei allem Fortschritt bleibt daher das unheimliche Gefühl, ums Leben betrogen zu sein: *Frust.*

Fortschrittliche Menschen pflegen anspruchsvoll zu sein, auch gegenüber der Kirche und ihren Angeboten. Sie verlangen nach Qualität für die Einrichtung einer Kirche, für Gesänge, Texte und Verkündigung. Und sie suchen Heilung von ihren Zeitkrankheiten (Anonymität, Streß, Frust). Aber wächst paradoxerweise mit dem Wunsch nach Gemeinschaft, Muße und Feier nicht zugleich die Unfähigkeit zu diesen Grundvollzügen?

Der moderne Mensch will nicht im „Betrieb" auf- und untergehen, er fürchtet um sein Menschsein. Deshalb steigt er wenigstens zeitweise aus der Welt des Rationalen, Funktionalen, Machbaren aus und sucht eine Alternative (z.B. im Verlangen nach Meditation und Innerlichkeit, Mythen und Märchen, Esoterik und Kult). Wie aber kann die Kirche in dieser religiösen Suchbewegung zu einer Einladung werden, die den nach Geborgenheit und Tiefe fragenden Menschen heilt, anstatt ihn durch einen „kirchlichen Betrieb" nur noch mehr in seine Not hineinzutreiben? Und welchen Beitrag kann dazu gerade die Liturgie beisteuern?

8.1.3 Herausforderungen an Pastoral, Liturgie und Religionspädagogik

Unsere Diagnose enthält bereits wichtige Hinweise für die Therapie. Die folgenden Thesen sind daher mehr als eine Problemauflistung, sie sind eine Überleitung zur theologischen Reflexion.
Ein Rückgang der Gottesdienstteilnehmer in allen wesentlichen Industrienationen ist angesichts der langfristigen gesellschaftlichen Entwicklung unvermeidlich. Das entlastet von ungerechten, moralisierenden Klagen und Selbstanklagen sowie von ehrgeizigen pastoralen Kraftanstrengungen. Dieser Befund steht im Zusammenhang mit der „Verdunstung des Christlichen" und mit der Kirchen-, Gesellschafts- und menschlichen Krise unserer Epoche. Die geschichtliche Reflexion kann vor Resignation und Utopie schützen. Anstatt über unsere Situation zu klagen und (vergeblich) gegen sie aufzubegehren, sollten wir sie beherzt als Chance und Geschenk Gottes nützen, indem wir nach unserem Auftrag fragen.
Trotz allem ist die Faszination gelungener liturgischer Feier ungebrochen. Sie ist eine göttliche Hilfe für die Sehnsucht des modernen Menschen nach echtem Leben, und sie ist zugleich Verherrlichung Gottes durch den Menschen, dessen Größe gerade in der Selbsttranszendenz liegt. Billige Anpassung an den Zeitgeist, Imitation des gesellschaftlichen durch einen liturgischen „Betrieb" wäre kontraproduktiv.
Liturgie braucht einen entsprechenden Nährboden geistlicher Stätten bzw. geistlicher Gemeinschaften (wie etwa Taizé), um kraftvoll und schöpferisch zu wachsen. Bloß „gemachte" Liturgie wäre ein Trugschluß. Die „Attraktivität" einer „flotten" Liturgie wird bald unattraktiv.
Unsere katechumenale Situation verlangt nach vielfältigen Formen der Liturgie. Eine „sakramentale Engführung" (Reduktion der Pastoral auf Sakramentenspendung) und eine Beschränkung auf das Pfarrprinzip verbieten sich von daher.
Blindes Vertrauen auf die Selbstwirksamkeit der Sakramente wird von der pastoralen Erfahrung nicht eingelöst: Bekehrungen bleiben aus. Noch törichter wäre ein Vertrauen auf den „Schutz der Verfassung". „Nicht Gültigkeit, sondern Fruchtbarkeit" muß die Maxime für die Gestaltung liturgischer Feiern lauten.
Außenstehende dürfen nicht ins religiöse Niemandsland verwiesen werden, weil dies ebenso dem missionarischen Auftrag der Kirche wie dem religiösen Verlangen der „Randchristen" widerstreitet.

8.2 Theologische Reflexion: Gottesdienst als Gebet und Liturgie

Nicht nur Christen beten. Beten ist ein menschlicher Grundakt in allen Kulturen. Bei einem unbefangenen Blick in die Religionsgeschichte kann man unmöglich einem Großteil der Menschheit die Gottbedürftigkeit und die Gottfähigkeit absprechen. „Nur die Beter kennen Gott. Nur die Beter kennen den Menschen" (Hemmerle 1986, 14). Aber Christen beten anders, weil sie eine andere Gotteserfahrung gemacht haben.
Nicht nur Christen feiern. Feiern ist ebenfalls ein menschlicher Grundakt in allen Kulturen. Unmöglich kann man anderen das Urbedürfnis und die Urfähigkeit absprechen, den Ursprung wahrzunehmen, aus dem sich geheimnisvoll alles Leben speist. Im Doppelrhythmus von Alltag und Fest, von Arbeit und Ruhe, von Anspannung und Entspannung vollzieht sich menschliches Leben für den einzelnen und die Gemeinschaft. Aber Christen feiern anders, weil sie nicht die Kräfte der (göttlichen) Natur feiern, sondern den Gott der Geschichte, der sich in grundloser Freiheit - zuhöchst und unübertrefflich in Jesus Christus - der Menschheit selbst mitgeteilt hat.
Nicht nur Christen kennen Liturgie. Zu allen Zeiten und in allen Völkern zeigen Menschen das Bedürfnis und die Fähigkeit, Riten zu entwickeln. Ein Ritual setzt in den tiefsten Augenblicken des Lebens das Innere frei, auf daß sich Freude und Trauer äußern können, der Mensch nicht stumm bleibe, und es setzt dieser Äußerung doch Grenzen, damit der Mensch nicht „aus der Fassung gerät". Aber Christen feiern ihre Riten anders, weil Liturgie der höchste Selbstvollzug von Kirche ist, Kirche aber eine Glaubensgemeinschaft eigener Art inmitten der Religionen darstellt.

8.2.1 Beten als persönlicher Gottesdienst

Im Unterschied zu intuitiven Vorformen (z.B. Naturbetrachtung) ist der Grundakt des Betens mit Sprache verbunden. Eine „Hochform", mit der sich aber auch Vor- und Grundformen aufschließen lassen, ist das Eucharistische Hochgebet. Hier wollen wir zunächst einsteigen, um von dorther auch das Beten in anderen Religionen zu beleuchten.

8.2.1.1 Die Hochform: Das Eucharistische Hochgebet

„Der Herr sei mit euch." - „Und mit deinem Geiste." - „Erhebet die Herzen." - „Wir haben sie beim Herrn." - „Lasset uns danken dem Herrn, unserm Gott." - „Das ist würdig und recht." An diesen dialogischen Rufen zwischen Priester und Gemeinde zu Beginn des Eucharistischen Hochgebets läßt sich ablesen, was christliches Beten ist: Gespräch mit Gott und den Menschen.

Christliches (biblisches) Beten nimmt seinen eigentlichen Anfang nicht im Menschen, nicht in seiner Sehnsucht nach Tiefe, Innerlichkeit, Transzendenz, es steigt nicht aus unserem Innern auf wie etwa die Sinnfrage und das unwillkürliche Verlangen nach Glück. Gebet ist nicht Wort, sondern Antwort; denn es fängt an dank der Initiative Gottes. Gott offenbart sein Geheimnis, er ruft sein Volk, seine Gemeinde zusammen, er eröffnet den Dialog. Unser Beten ist *responsorisch.*

Dominus vobiscum. - Der Herr sei mit euch! Beten heißt, den auferstandenen Herrn in unsere Mitte bitten. War der irdische Jesus unter den Seinen und folgten sie ihm nach, so ist der erhöhte Herr im Heiligen Geist in uns und zwischen uns. Der Schlüssel, der uns das innerste Geheimnis Gottes eröffnet, ist der Heilige Geist. Niemand kann sagen „Jesus ist der Herr" außer im Heiligen Geist (vgl. 1 Kor 12,3). In diesem Geist können wir zugleich sprechen: „Abba, lieber Vater" (vgl. Röm 8,15; Gal 4,6). Wahrhaft christliches Beten ist daher erst seit Ostern bzw. Pfingsten möglich. Weil der Auferstandene in unserer Mitte ist, erreicht unser Gebet den Vater, vermag es gleichsam, den Himmel an die Erde zu binden (vgl. Mt 18,19f). Weil der Geist mit unaussprechlichem Seufzen in uns betet, dringt unser Stammeln durch bis zum Vater (vgl. Röm 8,26f).

Sursum corda. - Erhebet die Herzen. Der eigentliche Ort des Gebets ist das Herz. „Herz" meint in der biblischen Sprache das Innerste, die Mitte des Menschen. Käme das Gebet nicht von Herzen, wäre es heidnisches Plappern und Beschwichtigungsversuch der Götter durch Opfer (vgl. Mt 6,5ff). Beten bedeutet Aufschauen, Erhebung des Herzens zum Vater. Darum wird seit alters her das Eucharistische Hochgebet stehend verrichtet: Ausdruck der Würde des Gottesvolkes. Mit dieser Begründung verbot schon im Jahr 325 das erste Konzil von Nicäa am Sonntag und in der Osterzeit grundsätzlich das knieende Gebet in der Liturgie. Und Gott hört uns, er sieht uns: Unser Gebet erreicht sein Ohr, sein Herz. Das Gehört- und Gesehenwerden von Gott ist weit wichtiger, als daß wir Gott hören und sehen.

Gratias agamus. - Lasset uns Dank sagen! Danksagung heißt auf griechisch „Eucharistia". Von diesem Wort hat das Hochgebet und die ganze Feier ihren Namen. Danken und Lobpreisen heißt die volle Übersetzung dieses griechischen (und des entsprechenden hebräischen) Wortes. Der höchste Akt des Gebets ist die Verherrlichung Gottes. Entsprechend mündet das Hochgebet der Liturgie in den Lobpreis des dreifaltigen Gottes: „Durch Christus und mit ihm und in ihm ist dir, Gott, allmächtiger Vater, in der Einheit des Heiligen Geistes alle Herrlichkeit und Ehre jetzt und in Ewigkeit!" Grund des dankenden Lobpreises ist das geschichtliche Wirken Gottes von der Schöpfung bis zur Vollendung der Welt und in dessen Mitte das Christusereignis. Deshalb ist christliches Beten dankendes „Gedenken": „Tut dies zu meinem Gedächtnis!"

Nur wer zum christlichen Beten durchgestoßen ist, kann rückblickend den Unterschied und die Gemeinsamkeit zu allem anderen Beten ermessen. Der Christ läßt sich hineinfallen in Jesus Christus und mit ihm durch den Geist zum Vater tragen. In Jesus Christus hat Gott ein „Gesicht"; denn er ist das Wort des Vaters (vgl. Joh 1). Dies ist die einzigartige Auszeichnung christlichen Betens im Unterschied zur religiösen Verehrung des unfaßbaren göttlichen Geheimnisses.
Das große Gebetbuch Israels, der Psalter, ist auch das Gebetbuch der Kirche geworden. Ohne die Verwurzelung im Beten Israels wären das Beten des Juden Jesus und das Gebet der Kirche nicht möglich. Von daher nimmt es nicht wunder, daß die Liturgie der Kirche nicht im Gebet Jesu und im Wirken des Pfingstgeistes oder auch in der jüdischen Tradition verwurzelt ist (vgl. Klauser 1965, 17)[5]. Christliches Beten unterscheidet und verbindet zugleich das Beten der Kirche mit dem Geist Israels und dem Gebet aller Religionen.[6] Die christliche Tradition ist zutiefst davon überzeugt, daß der Vater durch seinen Geist auch in anderen Religionen den Betern nahekommt.

8.2.1.2 Gebetsformen und -gesten (vgl. Guardini 1986; Schaeffler 1988)

Der Grundakt Beten vollzieht sich konkret in vielfältigen Formen und „Tonarten".
Grundlegend für biblisches Beten ist zunächst die *Anrufung des göttlichen Namens.* Die Namensoffenbarung markiert den entscheidenden Einschnitt in der Geschichte Israels. Gott tut Mose im brennenden Dornbusch seinen unsagbaren Namen „Jahwe" kund (vgl. Ex 3,13–15). Seitdem will Gott für den biblischen Beter anrufbar sein. In der Gottesanrede „Abba, Väterchen" drückt sich nicht nur dem Wortlaut nach, sondern für uns Christen noch mehr im emphatischen Ton das einzigartige Gottesverhältnis Jesu aus. Deshalb rufen wir in Christus den Vater an: „ ... Das erbitten wir durch Christus, unseren Herrn." Die magische Beschwörung des Gottesnamens wäre ein Rückfall ins Heidentum, weil sie einer eigenmächtigen und eigennützigen Verfügung über Gott gleichkommt.
Andere Tonarten des biblischen Gebetbuches, des Psalters, sind *Bitte* und *Klage.* In ihnen hält der Beter - oft unter Tränen - sein persönliches Schicksal und das Los des Gottesvolkes sowie der Menschheit Gott vor Augen, legt es

---

[5] Klauser listet dort alle christlichen „Anleihen" der Alten Kirche am Judentum und an der hellenistischen Kultur auf.

[6] Dies ist der theologische Grund, warum Papst Johannes Paul II. gemeinsam mit Vertretern anderer Religionen in Assisi um den Frieden beten konnte.

ihm ans Herz. Damit sind die „Probleme" keineswegs gelöst, aber sie sind erlöst, weil aufgehoben bei Gott. Eine dritte Tonart des Betens heißt *Danken, Preisen, Anbeten.* Hierin gipfelt das Gebet, weil es absieht von menschlichen Bedürfnissen sowie Not und sich selbstvergessen öffnet für Gott allein.

Körperhaltung und *Gesten* pflegen das Beten zu unterstützen. Die Orantenhaltung - stehend mit ausgebreiteten Armen - ist uns aus den Katakombenzeichnungen bekannt als die „normale" Gebetshaltung der Christen, besonders in der Liturgie. Verneigung, Kniebeuge (in der westlichen Tradition) und das Zu-Boden-Strecken unterstützen die Haltung der Anbetung und Verehrung, das büßende Flehen oder eine inständige Bitte. Sitzen entspannt den Körper zum aufmerksamen Hören. An-die-Brust-Schlagen und Selbstbekreuzigung sind Ausdruck der Verinnerlichung. Die ausgestreckte Hand bietet Frieden und Versöhnung an. Das Gehen, die Prozession, lädt ein, sich mit dem Herzen auf einen Weg zu machen, einen personalen Prozeß zu vollziehen. Waschung symbolisiert den Akt der Reinigung, Handauflegung den Akt von Segnung und Sendung, Opfer den Akt der Hingabe und Fürbitte, Salbung die Heiligung, die Inbeschlagnahme für Gott, Mahl die Gemeinschaft usw. Symbolen und Symbolhandlungen ist es eigen, nicht eindeutig zu sein. Erst im Kontext des Wortes lassen sie sich recht deuten und vollziehen.

Vielfältig wie Tonarten und Gesten sind auch die *Formen* des Gebets. Das gemeinsame Gebet ist typisch für die biblischen Religionen, die sich als Volk Gottes verstehen. In östlichen Religionen hingegen beten viele gleichzeitig im Tempel zu Gott, aber sie tun es nicht gemeinsam. Im persönlichen Gebet tritt jeder in seiner unvertretbaren Einmaligkeit vor Gott. Im frei formulierten Gebet will sich die Originalität des gegenwärtig waltenden Geistes offenbaren. Vorgegebene Symbole, Handlungen und Formeln sind ein sprechendes Zeichen, daß der Mensch letztlich und zutiefst ein Empfangender ist.

Der Vergleich dieser Variationsbreite des Betens mit dem real existierenden Christentum unserer Tage macht augenfällig, wie sehr unser Beten in Liturgie und im persönlichen Vollzug verarmt ist und wie schwer es überhaupt dem modernen Menschen fällt. Vor allem in dieser allgemeinen Entfremdung vom Beten liegt auch die Krise des Schulgebets und des Betens im Religionsunterricht begründet. Anstatt „selbstverständlich" (aus dem Stand) den Unterricht mit einem Gebet zu eröffnen oder zu beschließen, müssen erst ein Zugang (auch für die Lehrer/innen selbst) und ein entsprechender Raum für das Beten bereitet werden.

8.2.1.3 Hinführung zum Beten

Einige wenige Hinweise für die Hinführung junger Menschen zum Beten - auch im Religionsunterricht - sollen unsere Überlegungen beschließen:

Das Leben aus dem Glauben, insbesondere die Nächstenliebe, bereitet den Boden zum Beten. Eine Bestätigung hierfür ist die gute Erfahrung von Religionslehrern/innen, eine wirklich gelungene Unterrichtsstunde mit einem Gebet zu beschließen. Wer nicht mitbeten kann oder will, wird zur Achtung vor der freien Entscheidung seiner Mitschüler/innen eingeladen.
An geistlichen Orten wie Assisi und in geistlicher Gemeinschaft (charismatische Gottesdienste oder „Kloster auf Zeit") können auch Jugendliche eine authentische und oft tiefe (Erst-)Erfahrung im Beten machen. Auf diese Chance sollten Religionslehrer/innen und Katecheten/innen bei Blockfreizeiten für Klassen und Fahrten achten. Orts- und Milieuveränderung kann neue Chancen schaffen.
In der Zeit der Krise nach dem religiösen Aufbruch brauchen Jugendliche erfahrene geistliche Ratgeber, die es selbst erst zu suchen und zu schulen gilt.[7] Für den Religionsunterricht stellt sich hier eine anspruchsvolle Aufgabe, die sich kaum im Rahmen einer Schulstunde lösen läßt: Es gilt, Räume ohne Zeit- oder Notendruck zu schaffen (z.B. Einkehrtage); es gilt, sich selbst mit auf den Weg zu machen, nicht primär als Lehrer, sondern als Christ, als Mitbeter; es gilt, die Intimsphäre der Schüler zu achten (Gefahr der Bildung eines „Religionsstunden-Ichs"); es gilt vor allem, die Grenze des Unverfügbaren zu respektieren, dem Anruf Gottes Raum zu schaffen, ihn aber nicht als „Lernziel" zu operationalisieren. Entsprechende Aufgaben stellen sich für Elternhaus und Pfarrgemeinde.

8.2.2 Liturgie als Selbstvollzug der Kirche

Persönliches Gebet und gemeinsames Feiern erreichen im Leben der Kirche und des einzelnen Christen ihren dichtesten und höchsten Vollzug in der Liturgie, insbesondere in der Eucharistiefeier. Sie gilt daher als Gipfel und Quell allen kirchlichen Lebens.

8.2.2.1 Kultkritik durch den Glauben

In allen Kulturen hat der Kult (Gottesverehrung, Gottesdienst) den Sinn, den Kreislauf des alltäglichen Tuns und Lassens, Arbeitens und Betens,

[7] Auch heute zeigt sich das von der Tradition bezeugte Phänomen, daß nach einer religiösen Aufbruchsphase aufs neue eine Phase der Trockenheit, der göttlichen Entzüge folgt, auf daß der Mensch den Geber mehr liebe als seine Gaben. Aber es fehlt weithin eine weise geistliche Führung in dieser Phase der Ernüchterung, so daß sich gerade junge Menschen in der Zeit der Krise als „Versager" fühlen und sich zurückziehen, anstatt sich in diese für das geistige Wachstum entscheidende Phase vorzuwagen.

Säens und Erntens aufzusprengen, um den Menschen freizumachen für die Begegnung mit dem Göttlichen. In allen Kulturen gehören Kult und Gastfreundschaft, Opfer und Opfermahl, Öffnung über sich hinaus und Öffnung füreinander, gerade auch für den Fremden und den Gast, zusammen. Nicht selten sind die Menschen jedoch der heimlichen Versuchung erlegen, den Kult zu verzwecken, das Göttliche als zusätzliche Energiequelle für die Entfaltung des menschlichen Lebens und für die Erhaltung der Fruchtbarkeit der Natur in Dienst zu nehmen. Während falscher Kult bloß Unterbrechung und Fortsetzung des Bisherigen ist, bedeutet wahrer Kult echtes Abbrechen alles Früheren und echten Neuanfang aus dem göttlichen Ursprung, aus dem der Mensch - wie zum ersten Mal - alles von Gott empfängt, um alles Gottes Willen gemäß zu verwalten und schließlich wieder alles Gott anheimzugeben. Auch der christliche Kult hat diesen Sinn. In der Feier der Liturgie wird das Leben der Menschen, wird ihre Zeit vom göttlichen Ursprung her heil und gesund.

Kultkritisch ist der biblische Glaube mithin gegen jede Verfälschung des Kults durch die Manipulation Gottes für menschliche Interessen. Eine solche Fehlform ist beispielsweise die heidnische, antike Vorstellung, durch die pflichtgemäße, öffentliche Gottesverehrung im Interesse des Staats die Götter zu beschwichtigen. Demgegenüber bezeugt der biblische Glaube, daß nicht wir die göttlichen Mächte versöhnen, vielmehr Gott selbst aus seiner Freiheit heraus und ohne Eigennutz uns Versöhnung schenken will. Unserem Gottesdienst liegt der Dienst Gottes an uns voraus!

Kultkritisch ist der christliche Glaube aber nicht bloß gegenüber Fehlformen, sondern auch grundsätzlich. Für die Naturreligionen ist die Gottheit immer zugänglich, durch kultische Handlungen erreichbar und beeinflußbar, weil die Gottheit zeitlos als mythische Größe hinter allen Phänomenen der Welt gesehen wird. Kult bedeutet für sie das Einschwingen in den ewigen Naturrhythmus des „Stirb und Werde", um durch den symbolischen Mitvollzug der Fruchtbarkeitsriten die Fruchtbarkeit der Natur zu unterstützen.

In der Feier des *Sonntags,* des ursprünglichen christlichen Feiertags, bezeugt die Kirche Woche für Woche die revolutionäre Neuheit des Christlichen und meldet zugleich ihren Widerspruch an gegen den alten (und wieder modernen) mythischen Lebenskult. Schon der Ursprung des Sabbats liegt in der authentisch israelitischen Gotteserfahrung von der Errettung aus der Knechtschaft in Ägypten. Der „siebte Tag" wird begangen als Tag der Befreiung, kalenderunabhängig, d.h. unabhängig vom Rhythmus des Jahres- und Mondzyklus. Die christliche Neuheit ist nochmals unabhängig vom jüdischen Kalender, ein neuer Eingriff Gottes durch die Auferweckung Jesu Christi - nicht am Sabbat, sondern am ersten Tag der Woche, der deshalb für die Kirche zum Herrentag wird, dessen Mitte das Herrenmahl ist. So feiert

die Kirche in ihrer Liturgie nicht die zeitlose göttliche Natur, sondern den Gott der Geschichte, den Gott Abrahams, Isaaks und Jakobs, den Gott Jesu Christi. Christliches Beten und kirchliche Liturgie sind daher unlöslich mit dem Vorgang des Gedenkens und Erzählens der Heilstaten Gottes verbunden, die in den christlichen Symbolhandlungen wirklich und wirksam da sind.
Aber auch christliche Praxis ist nicht gefeit gegen den Rückfall in heidnisches Denken: Verzweckung Gottes oder Sich-Berauschen an den Tiefen der (eigenen) Natur, worin der Mensch sich selbst feiert.

8.2.2.2 Liturgie als „Gipfel und Quell" des kirchlichen Lebens

„Aus der Liturgie, besonders aus der Eucharistie, fließt uns wie aus einer Quelle die Gnade zu; in höchstem Maß werden in Christus die Heiligung der Menschen und die Verherrlichung Gottes verwirklicht, auf die alles Tun der Kirche als auf sein Ziel hinstrebt" (SC 10). - *„Mit Recht gilt (...) die Liturgie als Vollzug des Priesteramtes Jesu Christi; durch sinnenfällige Zeichen wird in ihr die Heiligung des Menschen bezeichnet und in je eigener Weise bewirkt und vom mystischen Leib Jesu Christi, d.h. dem Haupt und den Gliedern, der gesamte öffentliche Kult vollzogen"* (SC 7). Diese umfassende Charakterisierung der Liturgie durch das Zweite Vatikanische Konzil gilt es nun aufzuschlüsseln.
Wer feiert Liturgie? Der eigentliche Liturge ist Jesus Christus - und zwar im Vollzug seiner Selbsthingabe an den Vater für die Welt. Neben ihm und ohne ihn kann es fortan kein Priestertum mehr geben. Wohl aber will der Priester Jesus Christus die Seinen in seine Hingabe an den Vater für die Welt hineinnehmen - gemäß dem Ausspruch der Kirchenväter: „Was Gott für uns tut, das will er auch mit uns tun." Nach ihm und in ihm nimmt daher die Kirche als sein „mystischer Leib" zwar nicht am Erlösungswerk teil - das wäre Selbsterlösung -, sondern als erlöste feiert sie dankbar und demütig *seine* Hingabe an den Vater, vollzieht sie *seine* Hingabe nach und mit. In Christus feiern wir - genauer: mit und in uns feiert Christus selbst - sein Pascha-Mysterium, das Geheimnis seines Todes und seiner Auferweckung. Der eigentliche Liturge ist daher der Auferstandene inmitten der versammelten Gemeinde, die nicht aus Gottesdienstbesuchern (wie Museumsbesucher), nicht aus Zuschauern, sondern Teilnehmern besteht. Wo das „Grundsakrament Kirche" nicht zustande kommt, weil die Einheit in Jesus Christus fehlt, verkehrt sich der Segen in Fluch (vgl. 1 Kor 11,27), wird die Feier der Liturgie zur Lüge.
Was ist Liturgie? Sie ist Verherrlichung Gottes und Heiligung des Menschen. In der Liturgie dient Gott dem Menschen, indem er ihn teilnehmen läßt an

den heiligen Mysterien und ihn so zur Personenwürde erhebt: Heiligung als Gottes Dienst an uns. Die Antwort kann keine andere sein als Dank und Lob, verbunden mit Umkehr und Glaube: Verherrlichung Gottes als Gottesdienst der Kirche. Die aufsteigende Bewegung verdankt sich also der absteigenden Bewegung Gottes, die in ihrer Dynamik auch unseren Aufstieg allererst ermöglicht. Im Gotteslob der Kirche verherrlicht sich Gott selbst in unserer Mitte.

Welcher Rang hat die Liturgie? Sie ist „Gipfel und Quell" allen christlichen und kirchlichen Tuns. In ihr gründet und vollendet sich alles andere Tun wie etwa Predigen, Arbeiten, Helfen. Deshalb feiern wir Liturgie, insbesondere die Eucharistie als die Mitte unserer Existenz, an allen Angel- und Höhepunkten des Lebens: Die übrigen Sakramente sollten möglichst in der Eucharistiefeier gespendet werden, das Zentrum des Herrentags ist das Herrenmahl, das Sterbesakrament ist die Eucharistie als Wegzehrung (viaticum = Pilgerspeise). Niemals kommt die Kirche oder ein Christ in einen Zustand der Vollkommenheit, in dem die Eucharistie als überholte Stufe zurückgelassen werden könnte. Deshalb gilt: In der Feier der Liturgie ist Kirche ganz realisiert, ganz „da".

Was kann die Liturgie nicht leisten? „In der heiligen Liturgie erschöpft sich nicht das ganze Tun der Kirche" (SC 9). „Das geistliche Leben deckt sich aber nicht schlechthin mit der Teilnahme an der heiligen Liturgie" (SC 12). Das Leben einer Gemeinde muß daher reicher sein als die Feier der Liturgie. Ohne die anderen drei Grundvollzüge der Kirche kommt die Liturgie nicht zum Leuchten: Ohne den Glauben entartet sie zum Rätsel, ohne den Dienst an „Witwen und Waisen" zum Ärgernis, ohne Gemeinschaft zum Heilsegoismus („Rette deine Seele!"). Liturgie und christliches Leben, Sonntag und Alltag wachsen entweder miteinander oder sie verkümmern gleichzeitig. Wenn beispielsweise die Versöhnung zwischen Nachbarn in einer Gemeinde gleichgültig auf sich beruhen bleibt, wird der Friedensgruß zum Hohn. Oder wenn Jugendliche in der Gemeinde nicht ernstlich gefragt und gebraucht werden, sind die Riten der Geistverleihung, d.h. Taufe und Firmung, unglaubwürdig. Worte, Symbole und Symbolhandlungen benötigen den Kontext des Lebens, damit sie authentisch vollzogen werden können.

8.2.2.3 Die Liturgiereform des Zweiten Vatikanischen Konzils

Das *Grundanliegen* der Liturgiekonstitution, des ersten Konzilsdokuments, drückt sich in ihrem Leitwort aus: *„Participatio actuosa"* (SC 14). Die offizielle Übersetzung „tätige Teilnahme" gibt das Gemeinte nur unvollkommen wieder. Es geht dem Konzil um die Beteiligung aller in der Gemeinde und um das Einbeziehen des ganzen Menschen mit allen seinen Fähigkeiten des

Verstehens und Gestaltens, des Lebens und Leidens. Das Kriterium für gelungene Liturgie heißt nicht mehr wie nach der Tridentinischen Liturgiereform „Gültigkeit" (Einhaltung der Rubriken, d.h. der liturgischen Handlungsanweisungen), sondern nunmehr „Fruchtbarkeit". Der Sinn der liturgischen Feier ist nicht ihr korrekter Verlauf, er liegt in der Hineinnahme der Gemeinde in den Vollzug des Pascha-Mysteriums (Tod und Auferweckung Jesu Christi). Die Wirkung der Liturgie im Leben der Gläubigen ist nicht äußerer Zusatz bzw. nachträgliche Wirkung, sondern das Leben und die Lebenserfahrung der Gläubigen gehören konstitutiv zur Feier hinzu. Es geht im letzten nicht um den reibungslosen Ablauf der Liturgie: „Es klappt!", sondern um den engagierten Mitvollzug: „Es lebt!"

Die *Entfaltung des Grundanliegens* läßt sich an einer zweifachen Reform ablesen: Das Konzil verlangt einerseits die Neuordnung der *liturgischen Rollen,* andererseits die Neuordnung der *liturgischen Handlung.* Die Maxime für das erste Anliegen lautet: „Bei den liturgischen Feiern soll jeder, sei er Liturge oder Gläubiger, in der Ausübung seiner Aufgabe nur das und all das tun, was ihm aus der Natur der Sache und gemäß den liturgischen Regeln zukommt" (SC 28). War die Liturgie seit dem Hochmittelalter zu einer Domäne des Klerus geworden (Klerikalisierung; der Priester „liest" die heilige Messe), so werden unter Rückgriff auf die alte, gesunde Tradition die vielen liturgischen Dienste wieder ins Leben gerufen: Lektor und Kantor, Chor und Schola; die Gläubigen übernehmen die Fürbitten und bringen die Gaben zum Altar. Männer und Frauen, Buben und Mädchen sollen ihren ureigenen Part selbst wahrnehmen und sich nicht durch den Priester bzw. die Ministranten/innen vertreten lassen.

Ferner sollen die Sinne des Menschen ihre genuinen Aufgaben wieder übernehmen: Hören, Sprechen und Schweigen, Sehen und Verstehen, Essen und Trinken, Gehen (Prozession), Stehen, Knien und Sitzen. Sonst nimmt nicht der ganze Mensch an der Liturgie teil. Die Maxime für dieses zweite Anliegen lautet: *„Bei dieser Erneuerung sollen Texte und Riten so geordnet werden, daß sie das Heilige, dem sie als Zeichen dienen, deutlicher zum Ausdruck bringen, und so, daß das christliche Volk sie möglichst leicht erfassen und in voller, tätiger und gemeinschaftlicher Teilnahme mitfeiern kann"* (SC 21). Deshalb müssen die Symbole wieder eindrucksvoll und durchsichtig werden (anstatt der Hostie Brot und Wein), muß die Dramatik der liturgischen Handlung klarer gegliedert sein (Abfolge von Wort- und Sakramentsgottesdienst) und müssen die deutenden Worte eine anschauliche Sprache sprechen (Muttersprache anstatt des Lateins, Schaffung eines eigenen Ritus der Kindertaufe anstatt des reduzierten Ritus der frühchristlichen Erwachsenentaufe für Säuglinge).

Der *Fortschritt der Konzilsreform* springt durch einen Vergleich mit der vorkonziliaren Liturgie ins Auge. Schon Jahrhunderte vor Trient hatten die Gläubigen bereits die Augenzeugenschaft verloren: Der Priester zelebrierte vom Volk abgewandt die Messe. Sie hatten auch die Ohrenzeugenschaft verloren: Die liturgische Sprache war das Latein, die Texte wurden vom Priester geflüstert. Sie hatten ferner die Gemeindebeteiligung eingebüßt: Ihr Part wurde ihnen von Priester und Ministrant abgenommen, während sie in stiller Andacht der Messe „beiwohnten".

Die *Durchführung der Liturgiereform* erfolgte in einer ersten Phase durch eine Revision aller liturgischen Bücher durch Rom. Die Reform der Bücher aber ist weiter vorangeschritten als die Erneuerung der liturgischen Dienste und der liturgiefeiernden Gemeinde; die liturgischen Rollen stehen noch längst nicht ausreichend Frauen, Ausländern, Behinderten und Kindern offen; die Liturgiereform war zu dirigistisch (Rationalismus, Verbalismus, Didaktisierung, liturgischer Protz; vgl. Lorenzer 1981) und trug zu wenig der Einsicht Rechnung, daß die Fähigkeit zur Participatio actuosa in gegenseitiger Achtung und mit Behutsamkeit erst langsam erlernt werden muß; die „eucharistische Engführung" ist nicht überwunden, nichteucharistische Gottesdienste sind zu wenig entwickelt und akzeptiert; die Freiheit der Liturgie, ihr absichtsarmer Charakter, wird durch eine Überfrachtung der Liturgie mit didaktischen, kirchenpolitischen und moralisch-disziplinären Nebenzielen weithin verdeckt.

Die *Zukunft der Liturgiereform* kann daher nicht eine Festschreibung des Ist-Zustands sein. Liturgie läßt sich nicht auf dem Stand von Trient oder des Zweiten Vatikanischen Konzils einfrieren. Die Liste der unbewältigten Aufgaben zeigt an, wie viel noch vor uns steht, um dem mutigen Beginn der Liturgiereform durch das Konzil in der Kirche zum Durchbruch zu verhelfen. (Zur Übersetzung in die bundesdeutsche Situation vgl. Gemeinsame Synode, Sakramentenpastoral.)

8.3 Konkretion: Die Feier der Taufe und der Eucharistie

8.3.1 Sakramentenpastoral heute

8.3.1.1 Zur Situation der Sakramente

In der Bundesrepublik Deutschland genießt die Kirche noch ein ausgesprochenes „Ritenmonopol". Sie ist nach wie vor gefragt bei der Gestaltung der biographischen Hauptereignisse wie Heirat, Geburt und Tod. Allein in den fünf neuen Bundesländern hat sich mit der (ehemals sozialistischen) Jugendweihe eine säkularisierte Form der Initiation Jugendlicher erhalten (auch nach dem Wegfall seines weltanschaulichen Hintergrunds). Dies und die jüngste Renaissance der Hochzeitskultur zeigen ein tiefes Bedürfnis der Menschen an, existentiell Wichtiges zu ritualisieren.

Gleichzeitig befindet sich die volkskirchliche Gestalt der Kirche in einer Übergangsphase. Das ungefragte Hineingetauftwerden in eine Konfession und die fraglose Akzeptanz all der damit einhergehenden Verpflichtungen geraten immer mehr in den Verdacht der Fremdbestimmung bzw. der Routine. Gläubigkeit ist angesichts der faktischen Diaspora rechenschaftspflichtig geworden. Ein Christ kann sich in nachvolkskirchlicher Zeit immer weniger darauf verlassen, von Familie und Schule religiös sozialisiert oder von seinem Umfeld gestützt und motiviert zu werden, seinen Glauben zu leben. Er hat die Beweislast. Dem entspricht auf der anderen Seite eine entscheidungskirchliche Gemeindetheologie, wonach jedes Mitglied seine Zugehörigkeit durch Engagement im Gemeindeleben unter Beweis stellen soll, anstatt bloßer Sakramentenkonsument zu bleiben. Wo ein solches Gemeindeideal auf die gesamte Pfarrei angewandt wird, ist es exklusiv und der einzelne gerät unter Bekenntniszwang. So besteht die Gefahr, daß die Forderung nach einer privaten Entscheidung den alten Individualismus der volkskirchlichen Praxis beerbt (Sakramentenvollzug als Geschehen zwischen Spender und Empfänger unabhängig von Gemeinde). Der Tendenz zur Beliebigkeit in religiösen Dingen will auch innerhalb der Großkirche ein Fundamentalismus begegnen, der keine Halbherzigkeiten zuläßt, indem er auf einen unveräußerlichen Wahrheitskatalog verpflichtet: Wer dies nicht leisten will, hält damit sein eigenes Gericht und ist nicht würdig dabeizusein.

Hieraus ergibt sich für die Sakramentenpastoral ein Paradox: Einerseits herrscht eine weitverbreitete und anhaltende Nachfrage nach den sakramentalen Feiern der Kirche, andererseits wird bei den Sakramentenspendern die Frage laut, inwiefern ein echtes Verlangen nach Christusbegegnung dahintersteht. („Darf man das Heilige großzügig austeilen, Perlen vor die Säue werfen?" fragen Seelsorger, die schon kurze Zeit nach der Erstkommunion nur noch ein paar Prozent der Kommunikanten im Gemeindeleben wiedersehen.) Einerseits wachsen die Ansprüche der Seelsorger an die Entschiedenheit, die sich am deutlichsten in ehrenamtlicher pfarreilicher Aktivität dokumentieren soll, andererseits nehmen die Ansprüche der kirchensteuerpflichtigen Katholiken zu, einmal etwas ohne Gegenleistung geboten zu bekommen. Die Bereitschaft, sich an der Sakramentenkatechese (z.B. als Tischmutter bei der Erstkommunion oder als Leiterin von Firmgruppen) zu beteiligen, ist deutlich im Abnehmen begriffen; die Erwartung, daß kirchliche Angestellte dies leisten, hat dagegen zugenommen.

„Viele Menschen, die noch von volkskirchlichen Traditionen geprägt sind, suchen aus biographischen und familialen Anlässen den Kontakt mit der Kirche. Hiermit ist die Chance des Austauschs mit ihnen gegeben, auch wenn die Spannung zwischen ihren Erwartungen an die Kirche und dem, was die Sakramente feiern und bekräftigen, oft nicht zu übersehen ist.
Angesichts der sich abzeichnenden Entwicklung sind auch mögliche Engführungen zu bedenken:

- Volkskirche war immer durch grundsätzliche Offenheit für alle bestimmt; sie darf nicht zugunsten einer sich abschließenden Elitekirche disqualifiziert und aufgegeben werden.
- Bei aller Betonung entschiedener Nachfolge hat die Volkskirche immer unterschiedliche Formen des Engagements und verbindlichen Mittuns akzeptiert. Die immer gegebenen Gefahren von Laxismus und Minimalismus dürfen nicht durch Rigorismus und Perfektionismus ersetzt werden.
- Die Vielfalt unterschiedlicher Spiritualitäten und Formen christlichen Lebens darf nicht nivelliert werden.
- Die Wirkkraft der Volkskirche in die Gesellschaft hinein darf nicht durch einen Rückzug ins kirchliche Binnenleben abgebaut werden.

Eine Sakramentenpastoral, die derlei Engführungen vermeiden will, muß notwendigerweise vielgestaltig sein" (Sakramentenpastoral im Wandel, 14f).
„Gegen eine Überbetonung der persönlichen Glaubensentscheidung ist die Einbettung des Glaubensvollzugs wie der Feier der Sakramente in das Leben der Kirche bzw. der Gemeinde zu betonen, aber auch deren mögliche und faktische Ausstrahlung und Wirksamkeit in die verschiedenen Lebensbereiche des Alltags und der Gesellschaft hinein" (a.a.O., 23).

8.3.1.2 Pastoraltheologische Kriterien

- Sakramente sind *Begegnungen mit Christus.* Wer in den Sakramenten nur eine Sache (Glaube mit Gnadenmitteln) sieht, fällt in eine magische Religiosität zurück und verfehlt das spezifisch Christliche. Sakramente sind nämlich personale Beziehung, deren (keineswegs ebenbürtige) Partner Gott, Kirche und der einzelne sind. Die Würzburger Synode führt in diese Sicht des Konzils auf verständliche Weise ein:
  „In den einzelnen Sakramenten entfaltet sich das sakramentale Wesen der Kirche in die konkreten Situationen des menschlichen Lebens. In den sakramentalen Zeichen, die aus dem Lebensbereich des Menschen genommen sind, begegnet uns Christus und schenkt uns sein Heil. Voraussetzung für diese Heilsbegegnung mit Christus ist das Geschenk des Glaubens, der den Menschen das Heil in Christus suchen läßt. In diesem Glauben erkennt er in menschlichen Zeichen das Wirken Gottes und öffnet

sich ihm. Der Empfang seines Sakramentes ist deshalb nicht ein Vorgang, in dem man nur ‚etwas' bekommt, eine Sache von noch so hoher Qualität, sondern das Sakrament zeigt eine persönliche Beziehung an und schafft sie. (...) Die Sakramente als Zeichen der Nähe und Liebe Gottes findet der Mensch in der Kirche. Durch sie erfüllt die Kirche in der ausdrücklichsten Weise ihren Auftrag, das Heilswerk Christi den Menschen zu vermitteln.
Wer ein Sakrament empfängt, wird deshalb in der durch das Sakrament bezeichneten Weise in das Leben der Kirche hineingenommen. Für den einzelnen Menschen wird dies erfahrbar in seiner Gemeinde. Sie lädt ihn zum Empfang der Sakramente ein und nimmt ihn damit in ihre Gemeinschaft hinein, in der er der Kirche begegnet. Gleichzeitig wird die Gemeinde am Ort und damit die Kirche bereichert und aufgebaut durch jeden Gläubigen, der sich ihr anschließt" (Gemeinsame Synode, Schwerpunkte heutiger Sakramentenpastoral A).
Daher dürfen Sakramente nicht als Umrahmung individueller Lebensstationen oder Glaubensentscheidungen dienen. Sie sollen eingebettet sein in das Leben der Gemeinde. Zum Beispiel ist Taufe ein Gemeinde-, dann erst ein Familienfest. Hieraus ergibt sich auch die Problematik der gemeindefernen Schulfirmung. Sakramentenpastoral ist Aufgabe der gesamten Gemeinde, nicht nur ihres Leiters; deshalb ist die Bildung von begleitenden und vorbereitenden Gruppen zu fördern (Taufelternkreise, Brautleutegruppen).

- Sakramente sind darüber hinaus *Zeichen von Gnade,* die sie darstellen. Ohne den wenigstens impliziten Glauben an Gottes wirksame Hilfe ist ein Sakrament bloßer Ritenvollzug. Gott ist immer schon im Menschen geheimnisvoll am Werk, noch bevor dieser sich explizit zu ihm bekennt (vgl. 3.4.1). Diese vorgängige Gegenwart gilt es zu entdecken mit der sensiblen Begleitung eines Mystagogen (= geistlicher Führer in der Zeit der christlichen Spätantike, der die Taufanwärter stufenweise in die Geheimnisse des christlichen Glaubens einführte). „Die Sakramente werden dann im mystagogischen Prozeß als Höhepunkt und Verdichtungen der Geschichte Gottes mit den Menschen zu erschließen sein. In ihnen wird die gnadenhafte Zuwendung Gottes durch den Dienst der Kirche ausdrücklich, im Zeichen sinnenhaft erfahrbar. Diese Erfahrung in und durch die Feier der Sakramente wird selbst wieder zur Weckung und Vertiefung des Glaubens beitragen. Mit der Feier der Sakramente ist der Glaubensweg nicht abgeschlossen (Sakramentenpastoral im Wandel, 27).
  Heirat ist in diesem Sinn nicht nur Beginn des gemeinsamen Wegs, sie ist die öffentliche Symbolisierung eines Höhepunkts in der schon begonnenen Geschichte zweier Liebender. Daher erfordert die Feier eines Sakraments eine Vorbereitungsphase (nicht nur auf den Ritus), deren Ziel der

Empfang selbst ist. So wie Glaube ein offener Weg und kein abschließbares System ist, so hat auch das Sakrament Wegcharakter. „Entscheidend ist dann nicht zuerst, ob jemand in allem das volle Ziel erreicht, sondern ob er für seine Möglichkeiten und Verhältnisse sich überhaupt bewegt hat" (a.a.O., 19). Daher kommt der Sakramentenkatechese und einer begleitenden Pastoral besondere Bedeutung zu.

- Sakramente sind *Werkzeuge für die Gnade,* die sie bewirken. Sie sind Antworten auf die zentralen Lebensfragen des Menschen und Hilfen zu ihrer Bewältigung. Vor allem für die unabwendbaren und sinnlos erscheinenden Nöte (Buße, Salbung und Eucharistie) und für die irreversiblen Entscheidungssituationen (Heirat, Weihe und Firmung) wollen sie Stärkung sein. Die Pastoral darf demnach nicht allein Forderungen stellen und Lasten aufbürden, sondern soll durch sakramentale Vermittlung der Nähe Gottes beitragen, daß Leben glückt und gelingt. Besonders empfänglich hierfür sind Menschen an den kritischen Punkten ihres Lebens: Geburt, Wachstum, Schulderfahrung, Heirat und Krankheit. Hier können Sakramente helfen, damit die Lebenswenden nicht oberflächlich überspielt und vertan werden. Weil die sakramentalen Feiern von anthropologischen Gegebenheiten ausgehen, werden sie auch in einer nachchristlichen Zeit noch gefragt bleiben. Solche Hilfen vorzuenthalten, bedarf einer eingehenden Prüfung: Was ist zu tun angesichts abnehmenden Glaubens (der Voraussetzung für Sakramente) und zunehmender Bedürftigkeit (der Notwendigkeit der Sakramente)?

8.3.1.3 Notwendigkeit von Abstufungen

Sowohl die Weltkirche als auch die Deutsche Bischofskonferenz lehnen Alles-oder-Nichts-Lösungen ab (vgl. Instruktion über die Kindertaufe, 24; Sakramentenpastoral im Wandel, 25). Wenn die Sakramente ein Geschenk und der Glaube ein Weg sind, dürfe es Verweigerung nur dann geben, wenn keinerlei Gewähr für einen hinreichenden Glauben gegeben ist - etwa im Fall von Brautleuten, die entschieden achristlich sind und auf Druck der Eltern um die kirchliche Trauung bitten. Doch das sind Extremfälle.
Die Sakramentenpastoral hat flexibel auf das Spektrum von Intensitäten heutiger Kirchenzugehörigkeit zu antworten. Nicht nur die Tatsache, daß sich ein Großteil der praktizierenden Katholiken bereits in dieser Grauzone zwischen Überzeugtsein und Abwendung befindet, sondern vor allem jüngere Entwicklungen innerhalb der Theologie geben dazu Anlaß. So empfiehlt das Konzil bereits, auf die „Fassungskraft der Gläubigen" (SC 34) Rücksicht zu nehmen. Die kirchliche Heilsvermittlung begibt sich unter die Bedingungen der Heilsaneignung durch die Gläubigen. Es ist alte katholi-

sche Tradition, daß Glaube zwar vorausgesetzt werden muß, aber nicht in seiner Vollform erwartet werden darf. Diesen graduellen Abstufungen des Glaubens kann mit abgestuften Zeichen und Formen im „Vorraum der Sakramente" entsprochen werden (Sakramentenpastoral im Wandel, 26). Oft wollen Eltern mit ihrer Taufbitte weniger ihr Kind in die Kirche eingliedern, als es unter den Schutz Gottes stellen, wofür eine feierliche Segnung angemessener wäre. Hier besteht ein neuer Bedarf an den klassischen Sakramentalien und an neuen Formen. Sie sollten jedoch ihren Charakter als Einladung und Vorform behalten, um die Empfänger für den weiteren Glaubensweg zu interessieren.

Letztlich wird man zwischen vier Gruppen zu unterscheiden haben (vgl. auch die in 4.3.4 entwickelten Perspektiven): Der seltene Extremfall der explizit *Ungläubigen,* deren Sakramentenempfang wenigstens aufzuschieben, wenn nicht gar zu verweigern ist, muß zweitens von den *Traditionschristen* unterschieden werden, die um eine Feier für ein Lebensereignis nachfragen. Bei ihnen „müssen wir es gut sein lassen, wenn wir ihnen etwas in ihr Leben mitgeben können. In solchen Begegnungen ist der Zeitaufwand und das innere Engagement zu begrenzen, im Blick auf das in der jeweiligen Situation Mögliche und Gewollte" (a.a.O., 34). Drittens gibt es das Gros der wohlwollend *Interessierten,* die bis dahin durchaus kirchendistanziert gewesen sein können; diesen „können wir eventuell viel mitgeben. Vielleicht vermögen einzelne sogar ihre Berufung als Mitträger kirchlicher Sendung für unsere Zeit neu und vertieft wahrnehmen und ergreifen. Es wird dann darauf ankommen, mit der nötigen Zeit und Kraft verfügbar zu sein" (a.a.O.). Und schließlich die *Engagierten,* die über die eigene Glaubensvertiefung hinaus auch zur aktiven Verkündigungsarbeit bereit sind. Aus ihnen rekrutieren sich die ehrenamtlichen Mitarbeiter in der Sakramentenpastoral.

An den beiden Hauptsakramenten (vgl. SC 10), Taufe und Eucharistie, soll das liturgische Geschehen der Begegnung des Menschen mit Gott in der Kirche illustriert und konkretisiert werden. Um der Wechselbeziehung zwischen Liturgie und Leben gerecht zu werden, wird in diesem Kapitel der Bogen von der Liturgie zur Pastoral geschlagen und umgekehrt in anderen Kapiteln von der menschlichen und pastoralen Situation her („Sitz im Leben") zu den Sakramenten.

8.3.2 Die Feier der Kindertaufe

8.3.2.1 Ablauf und Erläuterung

Im Rituale „Die Feier der Kindertaufe" (1971), das wie alle liturgischen Bücher ausführliche pastoral-liturgische Vorbemerkungen enthält, entwikkelt die Kirche erstmals in der Geschichte einen eigenen Ritus für die Taufe von Säuglingen. Wie bei jedem Ritus entfaltet sich die dramatische Handlung in vier Akten - ein äußerer Vollzug, der zum personalen Mittun einlädt.

Eröffnung am Portal

Die „Grundform" sieht vor, daß die Taufe möglichst am Sonntag, für mehrere Kinder unter Beteiligung der Gemeinde stattfindet. Am Sonntag, weil die Taufe das Mitsterben und Mitauferstehen mit Christus besagt. Unter Beteiligung der Angehörigen und der Gemeinde, weil Christsein nicht ein individualistischer Heilsweg ist. Eröffnung am Portal, weil die Taufe nur der erste Schritt in die Kirche und die erste Stufe der Eingliederung in Christus ist, die Firmung und Eucharistie vollenden werden (Trias der Initiationssakramente). Im Eröffnungsdialog werden vom Priester Eltern und Paten mit ihren spezifischen Aufgaben für den weiteren Weg des Kindes angesprochen, die Rollen werden geklärt. Ziel des ersten Schritts ist der Akt der Versammlung, auf daß aus den vielen Gemeinde und Kirche werde. Das Subjekt der Handlung ist konstituiert.

Wortgottesdienst am Ambo

Das Ziel des zweiten Akts ist die Läuterung und Formung des guten Willens der Versammelten durch das Wort Gottes. Deshalb der Weg zum Lesepult (Ambo). Die Verkündigung (Schrift und Auslegung) will zur Tat führen: Besiegelung mit dem Kreuzzeichen (Symbol der Christen), Anrufung der Heiligen (Aufnahme in die Kirche, die größer ist als die jetzt lebende Christenheit), Fürbitten (um die Annahme des Kindes und seiner Familie durch Gott). Die Salbung mit Katechumenenöl (Stärkung zum Kampf) beschließt den Wortgottesdienst. Seine Elemente sind also Wort und Symbolhandlung mit vielerlei Partizipationsmöglichkeiten für die Teilnehmer.

Sakramentsgottesdienst am Taufbrunnen

Die nächste Prozession führt zum Ort des Sakraments. Im Sakrament ereignet sich das Bundesgeschehen, das Ja-Wort: Übereignung des Kindes an Gott bzw. Inbeanspruchnahme des Menschen durch Gott. Das Übergießen mit Wasser geschieht unter der Anrufung des dreifaltigen Gottes über dem Täufling (vgl. Jes 43,1: „Ich habe dich beim Namen gerufen, du gehörst mir"). Diesem zentralen Akt, der im Nu passiert, gehen bedeutsame Riten voraus: die Weihe des Taufwassers (Lobpreis und Anrufung Gottes über dem Wasser - eine Entsprechung zum Hochgebet) und das Glaubensbekenntnis (Wiederholung des Taufgelöbnisses durch Eltern und Paten sowie Glaubensbekenntnis der Gemeinde). Ausdeutende Riten entfalten das Geschehen: Chrisamsalbung (Hinweis auf die Firmung), weißes Kleid (Neuschöpfung), Taufkerze (Christus und Christ als Licht der Welt), Effata-Ritus (Hörer und Zeuge des Wortes). Wort und Symbolhandlung bekunden miteinander: Durch die Taufe geschieht Verwandlung von Finsternis in Licht, Mitvollzug von Kreuz und Auferstehung, Neuschöpfung bzw. Neugeburt.

Sendung vom Altar her
Die Taufe verlangt nach der Eucharistiegemeinschaft; deshalb wird am Altar das Vaterunser gesprochen. Und der Empfang der Taufe verlangt nach dem Leben aus der Taufe; deshalb beschließen Segen und Sendung für Mutter, Vater, Paten und alle Versammelten die Feier.

8.3.2.2 Würdigung

Legen wir die Kriterien der Liturgiekonstitution an, muß diese Feier im ganzen wohl als überzeugend beurteilt werden:
Der *Rang der Handlung* wird durch den österlichen Charakter der Feier und die Zeitwahl (Sonntag) ebenso deutlich wie der kirchliche Charakter (Einladung der Gemeinde, Anrufung der Heiligen). Die Taufe als Beginn, Grundlage und Wurzel des Christseins sollte nicht mehr wie früher in aller Stille im Krankenhaus erfolgen.
Die *handelnden Personen* sind ernstgenommen und beteiligt: Dies kommt darin zum Ausdruck, daß im Zug der Liturgiereform auch ein eigener, sehr anpassungsfähiger Ritus zur Eingliederung Erwachsener in die Kirche und entsprechend zur Eingliederung von Schulkindern (vgl. Die Eingliederung von Kindern im Schulalter in die Kirche, 18–21) entwickelt wurde; ferner darin, daß jetzt die Spendung der Säuglingstaufe mit einem vorherigen Taufgespräch und die Spendung der Initiationssakramente an Heranwachsende und Erwachsene mit einem mindestens einjährigen Katechumenat verbunden ist.
Die *Dramatik der Handlung* in vier Schritten ist schlüssig.

8.3.3 Die Feier der Eucharistie

8.3.3.1 Ablauf und Erläuterung

Eröffnung am „Priestersitz"
Die Meßfeier wird eröffnet mit dem Zeichen des Kreuzes und dem Gruß: „Der Herr sei mit euch" (in eurer Mitte). Die Gemeinde antwortet: „Und mit deinem Geiste." Der zur Rechten des Vaters Erhöhte ruft sein Volk zu sich, im Heiligen Geist will er die *Mitte ihrer Versammlung* sein. Dazu bedient er

sich des Bischofs bzw. des Priesters, der in der Kirche augenfällig macht, daß sie als ganze von oben gerufen und in Vollmacht gesendet ist, sich nicht wie ein Verein aus eigener Initiative und zu selbstbestimmten Zielen zusammenschließt. Erst im Akt der Versammlung um ihren gegenwärtigen und gegenwärtig wirkenden Herrn ist die Gemeinde ganz da, ganz bei sich, weil ganz bei ihm. Ihr gilt „ganz besonders die Verheißung Christi: ‚Wo zwei oder drei in meinem Namen versammelt sind, da bin ich mitten unter ihnen' (Mt 18,20)" (Die Feier der Heiligen Messe, Allgemeine Einführung, 7)[8]. Der eigentliche Liturge ist also der Herr selbst, dem sich der Priester und die ganze Gemeinde als Mitliturgen bei aller geforderten tätigen Teilnahme so konsequent unterzuordnen haben wie auf ihre Weise die eucharistischen Gestalten von Brot und Wein, die ja die Unmittelbarkeit zum Herrn nicht hindern.

Wortgottesdienst am Ambo

Vor dem Evangelium heißt es wiederum: „Der Herr sei mit euch" (in seinem Wort). „Wann immer in der Kirche die Heilige Schrift gelesen wird, spricht Gott selbst zu seinem Volk und verkündet Christus, gegenwärtig in seinem Wort, die Frohbotschaft" (a.a.O., 9). Aber auch im auslegenden Wort der Predigt sowie in den antwortenden Rufen und Gesängen des Volkes und (an Feiertagen) im Glaubensbekenntnis spricht in menschlichen Sätzen Christus selbst. Das Wort Gottes bahnt sich seinen Weg durch das offene Ohr ins aufnehmende Herz und zum bekennenden Mund, der im Glaubensbekenntnis das verbindliche Jawort wagt.

Sakramentsgottesdienst am Altar

Dann wieder zu Beginn des Hochgebets: „Der Herr sei mit euch" (in seinem Sakrament). An seinem Ziel angelangt, will das Wort zur Tat, will die Wahrheit zur Liebe werden. Nur in solchem Überstieg bleibt das Wort sich selbst treu. „Im eucharistischen Hochgebet, dem Gebet der Danksagung und Heiligung, erreicht die ganze Feier ihre Mitte und ihren Höhepunkt. (...) Sinn dieses Gebetes ist es, die ganze Gemeinde der Gläubigen im Lobpreis der Machterweise Gottes und in der Darbietung des Opfers mit Christus zu vereinen" (a.a.O., 54). Auf dem Gestus der totalen Selbsthingabe, des Opfers liegt der ganze Ton. Selbstverständlich ist unsere Selbsthingabe in und mit Christus Antwort auf die Selbstmitteilung Gottes an uns, auf unsere Rechtfertigung

---

[8] Der Text fährt fort: „In der Meßfeier, die das Kreuzesopfer Christi zu allen Zeiten vergegenwärtigt, ist Christus wirklich gegenwärtig in der Gemeinde, die sich in seinem Namen versammelt, in der Person des Amtsträgers, in seinem Wort sowie wesenhaft und fortdauernd unter den eucharistischen Gestalten."

allein aus Gnade. Hier ist der Höhepunkt nicht nur des dritten Teils der Messe, der Eucharistiefeier im engeren Sinn, sondern der ganzen liturgischen Handlung erreicht. In Wahrheit ist darum die Kommunion weniger ein Aufnehmen Christi in uns, als vielmehr ein „Sich-kommunizieren-Lassen" von Christus, auf daß die Gemeinde eins mit ihm und untereinander werde.

Sendung vom Priestersitz her
Die Grenze der liturgischen Feier schließt den Raum nach innen, sie öffnet ihn zugleich nach außen, zum Alltag: der vierte Schritt. „Der Herr sei mit euch" (in eurem Dienst), heißt es vor dem Segen. Die Gemeindemitglieder sollen, in den verwandelt, den sie empfangen haben, Eucharistie für die Welt werden. Doch den Dienst ihres Herrn an den Brüdern, Schwestern und Fremden mitvollziehend, sind sie in Wahrheit nicht weniger beschenkt als die, denen sie dienen. „Was ihr für einen meiner geringsten Brüder getan habt, das habt ihr mir getan" (Mt 25,40). Gemäß dieser Zusage begegnet der Herr selbst denen, die ihm in anderen Menschen dienen.

Der Herr will also mit den Seinen gleichsam vierfach „kommunizieren". In der Gottesdienstgemeinschaft, im Wort, im Sakrament und in den Mitmenschen. Die einzig angemessene Antwort kann darum nicht anders lauten als Selbsthingabe in der liturgischen Feier und nicht weniger im Leben. Der Unterschied zwischen sakral und profan ist aufgehoben: Unser ganzes Leben soll Gottesdienst werden (vgl. Röm 12,1).

8.3.3.2 Würdigung

Wir wollen dies auf der Folie der Liturgiekonstitution würdigen: Der *Rang der Handlung* wird nicht zuerst von außen bestimmt durch die sogenannte „Sonntagspflicht". Diese kann nur eine Erinnerung an die innere Verpflichtung sein, die aus der Würde der Feier selbst kommt.
Die *Verteilung der liturgischen Rollen* ist sinnvoll und vielfältig. Doch wird der gesteckte Rahmen weithin nur unzureichend ausgefüllt. Viele fordern sogar, die Möglichkeiten müßten erweitert werden (Beteiligung von Laien an der gottesdienstlichen Verkündigung, Diakonat der Frau).
Die *Struktur* der Feier und die Symbolik sind wohl im großen und ganzen überzeugend. Denken wir, um den Fortschritt zu ermessen, beispielsweise an die Aufwertung der „Vormesse" zum Wortgottesdienst, die Einführung eines Bußakts zu Beginn der Messe und des „Gebets der Gläubigen" (Fürbitten) zum Abschluß des Wortgottesdienstes oder an die Erlaubnis der Kelchkommunion.

Wichtige Desiderate der Reformation sind hiermit auch katholischerseits angenommen: die sakramentale Würde des Wortes und das gemeinsame Priestertum aller Glaubenden.

8.3.4 Ungelöste Probleme

Weit bedrängender als die Desiderate für den Fortgang der Liturgiereform sind für Seelsorger/innen und Gemeinden die sich seit längerem anstauenden pastoralen Probleme, die mit liturgischen Feiern zusammenhängen, z.B.:

- Die Liturgie kann durch ihren schlichten (nicht: billigen) Vollzug nur gewinnen. Symbolhandlungen und bedeutsame Worte erweisen nach wie vor ihre Kraft, wenn die oft verschüttete Symbolfähigkeit des Menschen geweckt wird. Doch werden Worte und Symbole, gerade wenn (weil) sie verstanden werden, zum Ärgernis, sobald der Kontext nicht stimmt: Im Leben der Kirche muß glaubwürdig bezeugt werden, was in der Liturgie verkündigt und gefeiert wird.
- Wenn nicht das Grundsakrament Kirche, d.h. Kirche als lebendige Gemeinschaft der Liebe, wahrgenommen wird, muß die Feier der einzelnen Sakramente problematisch werden. Doch über die fällige Kirchenreform gibt es gegenwärtig scharfe Konflikte (vgl. Kehl 1990).
- Die nächste liturgische Feier bloß mit Anstand hinter sich zu bringen (eine nicht nur bei Firmung und Erstkommunionfeiern verbreitete Haltung), ist für alle Beteiligten unbefriedigend. Eine Abhilfe kann aber nur die Verstärkung des Gemeindeaufbaus sein, d.h. auch Gewinnung und Schulung geeigneter Mitarbeiter/innen, um die Menschen zu den Sakramenten hinzuführen und darüber hinaus sie auf ihrem Weg zu begleiten.
- Ökumenische Gottesdienste auch am Sonntagvormittag werden aus pastoraler Rücksicht immer häufiger gewünscht. Konfessionsverschiedene Ehepaare gehen oft gemeinsam zum Gottesdienst und empfangen gemeinsam das Herrenmahl. Die prinzipielle Nichtzulassung von wiederverheirateten Geschiedenen zu den Sakramenten ist für die meisten zu einem Ärgernis geworden. Viele Seelsorger nehmen, wenn sie keine günstige Gelegenheit für ein klärendes pastorales Gespräch fanden, in solch kritischen Situationen lieber eine unbefugte Spendung der Sakramente in Kauf, als den Bruch eines gutgläubigen Menschen mit der Kirche zu riskieren.

SCHLUSSREFLEXION

Neuntes Kapitel

Pastorales Handeln als Dienst der Kirche unterwegs

ANTON ZOTTL

Inhaltsverzeichnis

9.1 Lehren im Auftrag der Sozietät Kirche

9.1.1 „Sprachvermögen" als Berufskompetenz des Lehrers

Oft ist heute zu hören, der Religionsunterricht der christlichen Konfessionen solle doch gemeinsam für alle getauften Schüler organisiert werden. Gibt es nicht schon genügend theologische „Dokumente wachsender Übereinstimmung" (vgl. Meyer 1983 – 1992) zwischen den verschiedenen christlichen Konfessionen? Ist also nicht die einzig richtige Antwort auf diese moderne Situation ein „ökumenischer Religionsunterricht"?
Wenn man den Religionsunterricht als pastoralen Heilsdienst der Kirche versteht und als ein Handeln im Auftrag eben dieser Sozietät, dann wird man für ein solches Projekt nicht nur ein neues Unterrichtsmaterial herstellen müssen, das wirklich ökumenisch und nicht nur allgemein „christlich" ist. Denn eine „Religionskunde" oder „Religionsgeschichte" (wie das in Frankreich bei einer Elternbefragung 1989 als modernes Minimalprogramm gewünscht wurde) genügt weder dem Art. 7 Abs. 3, Satz 1 des GG noch dem Selbstverständnis der christlichen Kirche: Hier kann es nur um fallweise oder zusätzliche Unterrichtung, nicht aber um ein Wahlpflichtfach gehen. Ein „ökumenischer Religionsunterricht" wird auch vorher zu klären haben, auf welche Weise er Bildungshandeln einer konkreten Sozietät, nämlich der Kirche, sein kann, wenn er als ökumenischer Unterricht eben gerade keiner der großen Konfessionen zugeordnet wird. Das Problem eines ökumenischen Religionsunterrichts geht schließlich bis in die Frage der dienstrechtlichen Anstellung hinein, die zumindest im Bereich der Grundschule heute noch ungeklärt ist.
Religionsunterricht ist - wie das in den vorherigen Kapiteln bzgl. der vier Grundvollzüge der Kirche ausgeführt worden ist - das Bildungshandeln der Sozietät Kirche; er handelt also „im Auftrag". Dieses Bildungshandeln ist ein Dienst der Gemeinschaft am Leben des einzelnen Getauften in

- Verkündigung / Zeugnis,
- Feier / Liturgie,
- Dienst / Diakonie und
- Gemeindeaufbau / Koinonie.

Insofern ist dieses Handeln also in einem weiteren Sinn Sprache, Dialog, Kommunikation, Aufforderung, Tröstung, Symbol, Mit-Teilung, Hilfe, Orientierung, Sinnerschließung, Deutung von Wirklichkeit und vernunftgeleitete Reflexion, nicht bloße „Anstiftung", Hilfe zur Freiheit eigener Entscheidungen und nicht Unterwerfung unter ein System.
Sprechen ist also die Bezeichnung für ein menschliches Verhalten, das eigentlich Kommunikation ist. In dieser Kommunikation werden soziale

Beziehungen durch den Austausch von Zeichen realisiert: durch Wörter, durch Gestik, durch Symbole, Blicke, Kleidung, Gerüche und durch visuelle bzw. akustische Kunstgestaltungen. Wegen dieser Vielfalt des menschlichen kommunikativen Verhaltens gibt es eine Vielzahl von Zugängen, Interpretationen und Theorien, die versuchen, diese kommunikative „Sprachlichkeit" rational verständlich zu machen und modellhaft zu klären. Zu verweisen ist hier vor allem auf

- die *Transzendentalpragmatik* K.O. Apels, der vom „Apriori der Kommunikationsgemeinschaft" ausgeht (vgl. Apel 1973a und 1973b),
- die *Wissenssoziologie* von P.L. Berger und Th. Luckmann (vgl. Berger 1971),
- die *„Theorie des Kommunikativen Handelns"* von J. Habermas (vgl. Habermas 1981),
- die *ethische Philosophie von „Humanismus des anderen Menschen"* von E. Lévinas (vgl. Lévinas 1989) und
- die *theologische Handlungstheorie* von H. Peukert (vgl. Peukert 1976), R. Zerfaß (vgl. Zerfaß 1974), E. Arens (vgl. Arens 1992).

Es geht also um Kommunikation der kirchlichen „Politie", um Sprache und um symbolische Interaktion. Unter all diesen „Produkten", mit deren Hilfe wir als Menschen und als Christen miteinander kommunizieren, nimmt das „Wort" eine besondere Stellung ein. Und zwar in einem positiven und in einem negativen Sinn:

- *Positiv*: Das Wort ist eindeutiger in dem, was mitgeteilt werden soll - also eindeutiger im Inhalt. Und es ist besser als andere Kommunikationsmittel geeignet zur Tradierung und zur späteren Vergegenwärtigung der Offenbarung.
- *Negativ:* Worte und Begriffe neigen zur Intellektualisierung und zur existentiellen „Kälte". Das heißt: Begriffe zwingen das Denken des Menschen gleichsam in ein Korsett. Begriffe haben den Vorteil der Präzision – freilich um den Preis zu geringer Freiheit. Wir finden sie dagegen vor in der Sinnlichkeit (vgl. Lorenzer 1984), in Spiel und Subjektivität. Anders ausgedrückt: Mit Musik läßt sich der Mensch tiefer ergreifen als mit Begriffen ...

9.1.2 Trifft die menschliche Sprache die Wirklichkeit?

Hier fragen wir nicht nur nach der wahren Rede über die „göttliche Wirklichkeit", ob wir sie mit unserer Sprache wirklich auch treffen und richtig von ihr sprechen, sondern grundsätzlich: ob unserer menschlichen Rede tatsächlich eine Wirklichkeit entspricht oder ob es nur menschliche Meinungen und Traditionen sind, die unser Denken und unser Sprechen leiten – und „modisch“ irreführen. Je mehr unser Denken sich der eigenen Geschichtlichkeit bewußt wird, und je mehr wir feststellen, von wieviel einander widersprechenden und gegensätzlichen Interessen und Anschauungen unser Denken gesteuert wird, um so mehr erkennen wir die Begrenztheit menschlicher Wahrnehmung und die Fragwürdigkeit unseres Sprechens.

9.1.3 Zugänge zur Sprache

9.1.3.1 Die Zwischenmenschlichkeit der Sprache

Wenn das eben Gesagte wirklich unseren Erfahrungen entspricht, so erkennt man, daß Sprache nicht einfach vorhanden ist wie ein Instrument, das man allein für sich und seine Interessen verwenden kann. Sprache hat ihren Ursprung in der dialogischen Rede. Dies gilt für die Sprache selbst, aber auch für ihren Gebrauch.

Gegenüber den frühen Sprachmodellen (vgl. Casper 1975), welche die Sprache als Abbildung der Wirklichkeit zu begreifen oder als Spieltheorie (so der frühe und der späte L. Wittgenstein) zu verstehen suchten – und denen mehr eine instrumentelle Vorstellung zu eigen ist, in der ein Mitmensch eigentlich gar nicht vorkommt – hat man heute mehr ein wissenssoziologisches bzw. dialogisches und interaktionelles Verständnis (vgl. Casper 1975, 58ff).

Dies hat zunächst damit zu tun, daß die Sprache nicht nur hier und da verstehbar ist, sondern daß ihr eine Kraft zur Verallgemeinerung innewohnt. Diese geht über den Einzelfall hinaus und ist daher auch in völlig anderen Situationen verstehbar. Das ist das eine.

Das andere ist, daß die Sprache nicht einfach durch ein Subjekt, also durch einen sprechenden einzelnen hervorgebracht wird. Vielmehr richtet sie sich immer an jemanden – zumindest an einen anderen einzelnen: den Hörer. Ihm soll etwas zu verstehen gegeben werden. Genau deshalb wird ja gesprochen und darin liegt der Sinn des Sprechens und der Sprache.

9.1.3.2 Die Gesellschaftlichkeit der Sprache

Auch hier geht es um die Frage, inwieweit unsere menschliche Sprache die religiöse Wahrheit tatsächlich auch trifft. In einer ersten Antwort darauf haben wir auf die zwischenmenschliche Konstitution der menschlichen Sprache hingewiesen. Hier nun soll von der Gesellschaftlichkeit der Sprache die Rede sein. Daß dies hier betont wird, liegt vor allem daran, daß sich religiöse Rede – christlich verstanden – als *Artikulation der Offenbarung innerhalb einer Kommunikationsgemeinschaft* versteht. Dies muß man so interpretieren, daß man ohne diese „Kommunikationsgemeinschaft Kirche" Offenbarung nur vermuten kann oder sie eben ohne eine Letztbegründung „im Sprung" wagen muß (S. Kierkegaard). Die Frage ist, ob ein solches „Wagnis" dem Wahrheitsbedürfnis des Menschen entspricht.

Im Jahr 1969 erschien eine, bald vielzitierte, Wissenssoziologie mit dem Titel: „Die gesellschaftliche Konstruktion der Wirklichkeit" (hrsg. v. P.L. Berger/Th. Luckmann). In ihr ging es um das Wissen auf Grund der gesellschaftlichen Alltagswelt:

- um ihre *Objektivationen* (wie Institutionalisierungen, Traditionen und „Rollen" sowie deren Legitimationen durch Sinnwelten bzw. deren theoretische und gesellschaftliche Abstützungen) und
- um die *Wirkungen dieses Alltagswissens* im Subjekt (durch Internalisierungen dieses gesellschaftlich produzierten - und tradierten - Wissens durch die verschiedenen Formen der Sozialisation bzw. der Einführung und Anverwandlung in die eigene Identität).

Nach Meinung und Folgerung der beiden Autoren P.L. Berger und Th. Luckmann hat die Wissenssoziologie bzw. soziologische Theorie unmittelbare Bedeutung für die Sprachsoziologie, die Theorie des sozialen Handelns und die Religionssoziologie. In jedem Fall geht es um das Verhältnis zwischen Individuum und Gesellschaft, hier: um das Verhältnis des einzelnen Christen zu der ihm vorausliegenden kirchlichen Sozietät.

9.1.4 Die Intersubjektivität der Sprache

In den bisherigen Ausführungen stand im Hintergrund die Frage, inwieweit unsere Sprache und unser Sprechen die Wirklichkeit auch tatsächlich trifft. Dazu wurde hervorgehoben, daß der subjektive Sprecher immer schon einem anderen sprechenden und verstehenden Subjekt gegenübersteht, dessen eigenes Sprech- und Verstehensvermögen für jeden Dialogpartner unverfügbar, weil schlechthin ursprünglich ist. Man könnte deshalb sagen: Zur Wahrheitsfindung und zur wahren Rede braucht der einzelne den anderen.

Diese ursprüngliche Unverfügbarkeit des anderen ist das Lernpotential der kommunizierenden Subjekte: Es ereignet sich und wird zur Erfahrung, ohne daß diese Erfahrung „gemacht" werden kann. Sie kann nur „wahrgenommen" und dann aus dieser Wahrnehmung heraus artikuliert werden. Dieses Phänomen hat direkt mit der unverwechselbaren Existenz des einzelnen zu tun, die nicht weiter „hintergehbar", also faktisch der denkende Selbstvollzug des Subjekts ist (vgl. Hofmann 1988).

Wenn man B. Casper folgt (Casper 1975, 85ff), so liegt der Fortschritt von der Sprachspieltheorie Wittgensteins zur Theorie der Sprechakte darin, daß begriffen wird:

„Sprache und Wirklichkeit können gar nie wie zwei vorfindliche ontische Größen einander gegenübergestellt werden. Sprache und Wirklichkeit seien nicht zwei Dinge, die man zunächst gesondert betrachten und dann miteinander vergleichen könne. Vielmehr zeigen sich Sprache und Wirklichkeit immer schon derart ineinander verschränkt, daß die Sprache sagen will, was wirklich ist, und daß umgekehrt die Wirklichkeit als Wirklichkeit zur Sprache kommt - nur in der Sprache".

Diese Aussage ist von der Sprechakttheorie her zu verstehen. Kurz: Sprechakte wie „Ich danke dir" bringen eine eigene Wirklichkeit hervor, in welcher ein „regelgeleitetes intentionales Verhalten" sichtbar wird. In eben dieser Intentionalität verschmelzen subjektive Wahrhaftigkeit und objektive Wahrheit.

Das heißt jedoch nicht, daß Sprechhandlungen und Wirklichkeit einfach miteinander identisch werden, wie man ja an der Lüge bzw. an der Akzeptanz eine Aussage durch den anderen erkennen kann: Sprechakte können auch scheitern. Sie sind sowohl auf Wahrhaftigkeit als auch auf Akzeptanz angewiesen. Das heißt: Sie müssen sich bewähren. Sie müssen den anderen wirklich angehen bzw. intentional ihn auch meinen (vgl. a.a.O.).

Nach Wittgenstein (vgl. Wittgenstein 1971) sind solche kreativen Sprechakte und Sprachspiele nur möglich, wenn man sich auf etwas „verläßt". Diese Verläßlichkeit ist ebenso eine Verläßlichkeit des Sprechers, die sich natürlich nicht in einem einzelnen Sprechakt zu erkennen und zu erfahren gibt, sondern im Gefüge eines ganzen Systems von Sätzen, von dem her der einzelne Satz dann seine Glaubwürdigkeit und Verläßlichkeit hat.

Wenn dies ein Lehrender der Kommunikationsgemeinschaft Kirche bedenkt, dann erkennt er, daß es sich in der Glaubensrede und in der Rede der Theologie um das Phänomen einer „propositionalen Rede" handelt, innerhalb der die Sprachspiele und Sprechakte stattfinden. Man könnte auch sagen, es wird „propositionell" vorausgesetzt, daß hier (zumindest im wesentlichen) „Sinnvolles" gesagt, dargestellt oder angeregt wird. Ohne eine solche Proposition dessen, was Kommunikationsgemeinschaft Kirche sagt, feiert und tut, und ohne diese Proposition, die der Schüler in seinem Lehrer wahrnimmt und erfährt, ist „Wirklichkeit" im Vorgang des „Sprechens" (Symbolisierens, Dienens), im Dialog nicht wahrnehmbar.

9.2 Akzente der Pastoraltheologie

Pastoraltheologie ist weder eine Berufslehre für den Kleriker noch die Weitergabe von Praxiserfahrungen an Studierende der Theologie. Sie ist vielmehr eine theologische Wissenschaft vom gegenwärtigen und zukünftigen *Gemeinschaftsdienst der Kirche an der Lebenswelt der Menschen* (vgl. Mette 1986; Bäumler 1976): Eben dies ist der *Lebensvollzug der Kirche.* Sie gibt in diesem Dienst Zeugnis von der „Liebe des menschenfreundlichen Gottes" und macht sie praktisch. Und sie tut dies in erster Linie nicht durch den je einzelnen Getauften, sondern gemeinsam, also „teamhaft", sozietär und „politisch". Ist sie doch in *allen* Handlungs- und Lebensformen Communio und Nachfolge-*Gemeinschaft* der Sendung und Gesandtheit Jesu Christi. Er selbst handelt als der trinitarische Gott „mit dem Vater im Heiligen Geist", also grundsätzlich sozietär.

9.2.1 Das Spezifische des pastoraltheologischen Denkens

Die pastoraltheologische Reflexionsarbeit ist also nicht einfach eine Art von „Supervision" derer, die in der Pastoral tätig sind. Ebenso ist sie nicht nur eine spirituelle „Unterstützung" ihres Engagements - wenngleich die „Spiritualität der Seelsorge" (vgl. u.a. Nouwen 1989; Ruhbach 1987) die unverzichtbare und spezifische Qualität allen kirchlichen Engagements in den verschiedenen pastoralen Handlungsfeldern ausmacht. Vielmehr ist die Aufgabe der Pastoraltheologie diejenige einer jeden theologischen Disziplin: eine systematische, argumentierende, geschichtlich bewußte, den Offenbarungs- und Traditionsdaten verpflichtete, im zeitgeschichtlichen Kontext als Fragehorizont ansetzende und damit rational-ordnende Disziplin über die Lebenspraxis der gegenwärtigen, vergangenen und zukünftig zu erwartenden bzw. seinsollenden Kirche Gottes und über ihren Dienst an der Lebenswelt der Menschen[9]. Demgemäß spricht und denkt Pastoraltheologie

- vom *Dienst an der Menschwerdung des Menschen* durch seine Christwerdung,
- vom *Dienst an den vielfältigen Lebenskulturen* durch die Inkulturation der christlichen Denk- und Handlungsimperative und

[9] Das pastorale Konsultationsdokument der IV. Generalkonferenz des „Lateinamerikanischen Bischofsrates" (CELAM; Mai 1991) in Santo Domingo/Dominikanische Republik spricht von Neu-Evangelisierung, Förderung des Menschen und christlicher Kultur. Wir schließen uns dieser Umschreibung der pastoralen Handlungsziele und -felder an.

- *vom Dienst an der Bewahrung, Entfaltung und modernen Weiterentwicklung* der jeweiligen Geistes-, Kultur-, Religions- und Sozialgeschichte.

9.2.2 Pastoraltheologische Akzente des Konzils

Johannes XXIII. und mit ihm das Konzil wollten, daß die Kirche nicht nur zu den Menschen von sich her spricht, sondern daß sie auch lernen muß, diesen Menschen zuzuhören (das folgende nach Klinger 1990, 272–292; vgl. auch 2.2.1 und 2.2.2); daß sie nicht nur weitergibt, sondern auch annimmt; daß sie nicht „über" den Menschen thront, sondern unter ihnen lebt, sie begleitet und ihre Anliegen vertritt. Dies ist ein offensichtlicher Wechsel der Perspektive von Kirche. Sie blickt nicht auf die Menschenwelt hin: *Sie sieht ihre eigene Sendung - also sich selbst - nicht nur mit den Augen der Offenbarung, sondern ebenso mit den Augen des heutigen Menschen.*
Dies ist wohl der Sinn der Aussage Johannes' XXIII., daß das Dogma der Kirche *um so dogmatischer würde, je pastoraler es wird.* Human- und sozialwissenschaftliches Wissen und die empirisch gesicherte Erkenntnis der Welt des modernen Menschen sind für die theologische Lehre keinerlei „Verunreinigung"; sind nicht sekundäres Wissen einer nicht mehr von Gottes Autorität gesicherten Wahrheit. Sondern die Rede von Gott (theo-logein) wird sich gerade in der Zuwendung zur Menschenwelt der anthropologischen, psychischen, sozietären, kulturellen, krisenhaften und politischen Inhalte eben dieser Lehre und Verkündigung bewußt, indem sie darüber theologisch denken und sprechen lernt:
„Der Glaube erhellt nämlich alles mit einem neuen Licht, enthüllt den göttlichen Ratschluß hinsichtlich der integralen Berufung des Menschen und orientiert daher den Geist auf wirklich humane Lösungen hin" (GS 11). „Der Mensch ist der Weg der Kirche", sagt dazu Papst Johannes Paul II. (CA, Kap. VI).

9.2.3 Die pastorale Dimensionierung des religionspädagogischen Dienstes

Es wurde bereits gesagt: Nach unserem Selbstverständnis ist der pastorale Dienst ein sozietärer Dienst und ein Glaubenshandeln der kirchlichen Politie - also nicht das persönliche Glaubenszeugnis des Christen auf Grund seines Getauftseins. Pastoraler Dienst ist Dienst im Auftrag der Kirche, sei er nun der Dienst des „Einzelkämpfers" oder der Dienst im „Teamwork": In beiden Formen dient die Kirche der Lebenswelt der Menschen. Sie ist als trinitarische Kommunikationsgemeinschaft das theologische Apriori (die Vor-

gegebenheit) der Wahrheit und des zu bezeugenden und zu bekennenden Glaubens, der Hoffnung und der Liebe (vgl. Hofmann 1988, 213–234; Arens 1992, 110–162; Arens 1989).
Wir versuchen hier also, deutlich zu machen, daß die Praxis - also das Handeln – nicht als Folgerung eines zunächst theoretischen Bescheidwissens über Glauben, Hoffnung und Liebe verstanden werden darf. Vielmehr wird (nach 1 Kor 13) die Praxis des Handelns als Implikat jeglicher theologischer Theorie begriffen. Sie steht in ihrem Zentrum und gehört somit selbst zur theologischen Theorie.
Mehr noch: Die Praxis des Handelns ist selbst eine wesentliche Dimension der Wahrheit: Genau dies ist die Sinnspitze und das Spezifikum der Pastoraltheologie im Unterschied zu den historischen, exegetischen und systematischen theologischen Disziplinen.
Damit ist freilich auch gesagt und keineswegs ausgeklammert, daß selbstverständlich auch diese Fächer - wenn sie theologisch richtig betrieben werden - im Dienst des christlichen und kirchlichen Bezeugens und Bekennens, also der christlichen Lebenspraxis stehen. Die Wahrheit soll ja getan werden. Und ebenso ist damit nicht ausgeschlossen, daß nicht nur die Pastoraltheologie, sondern alle kirchlichen Lebens- und Arbeitsweisen - eben wenn sie der Lebenspraxis dienen - mehr oder weniger bewußt eingebettet sein müssen in den zeitlichen, kairologischen Kontext der menschlichen Lebenswelt: Anders können sie weder wirksam werden, noch wären sie für die Menschen verständlich. Denn die Existenz selbst kann ja niemals ausgeklammert, noch darf von ihr abgesehen werden.
Das Implikat von Kairologie und Praxis ist demnach keineswegs ein Privileg der Pastoraltheologie. Gleichwohl wird beides in ihr in besonderer Ausdrücklichkeit verhandelt und reflektiert (das folgende nach E. Arens 1992).

9.2.3.1 Die Wahrheit soll getan und nicht nur gedacht werden

Dieser Satz sagt, daß der christliche Glaube behauptet, seine Wahrheit sei Leben und nicht nur Reflexion und Lehre. Theo-*Logie* sei nur seine denkerische Regulation. Während der griechische Wahrheitsbegriff sich auf einen *Sachverhalt* bezieht, meint der biblische eine *Lebensform:* Glaube stützt, trägt, gibt Festigkeit und erweist sich als Treue und Verläßlichkeit, die man nicht niederhalten darf (vgl. Röm 1,18).

9.2.3.2 Offenbarung ist Heilshandeln in Christus

In diesem Sinn kann man eigentlich nicht sagen, man müsse die Wahrheit tun (vgl. Demmer 1989; Demmer 1991), und auch nicht, der Glaube eröffne wesentliche Handlungsmöglichkeiten oder er motiviere zum Handeln – wenngleich das nicht falsch ist. Vielmehr ist das Heilshandeln Gottes direkt und in sich ein heilendes Tun, das auf Wirkungen für den/die Menschen ausgerichtet ist. Im Vergleich: Medizinisches oder psychotherapeutisches Handeln eröffnet nicht nur Gesundung und Heilung, sondern betreibt sie, beginnt sie gerade auch dadurch, daß dieses Tun der Anfang (und nicht nur die Motivation und der Anstoß) von Selbstheilung ist. Aus diesem Grund ist das Glaubenszeugnis niemals unabhängig vom diakonischen Zeugnis einer direkten „Hilfe in Not" zu praktizieren: Diakonie ist nicht angewandte Verkündigung, sondern eine notwendige Weise des einen pastoralen Glaubenszeugnisses (vgl. 6.1.2), das somit in allen seinen Formen und kreativ-kommunikativen Ausgestaltungen „Verkündigung" ist.

9.2.3.3 Glaubenspraxis als Dramaturgie zu Gottes Heilshandeln

Man muß sich selbst daran erinnern, daß im christlichen Selbstverständnis (vgl. Arens 1989) die religiöse Lebenspraxis eigentlich ein Antwortverhalten, also eine „Re-Aktion" ist (vgl. Palaver 1992). Ersthandelnder ist immer Gott, in Schöpfung und Erlösung. Freilich niemals am Menschen vorbei, sondern „dramaturgisch" mit dem Menschen verschlungen. Dieses Ineinander der „Lebens-Praxis" (der Liebe) von Gott und Mensch wird man sicherlich als eine innige Verflechtung ansehen dürfen: als Schicksalsgemeinschaft (vgl. Whitehead 1979, Welker 1981).
Dadurch wird die religionspädagogische Pastoral zu einer *Heilsdramatik* anstelle der üblichen relativ harmlosen Rede vom „Bildungshandeln der Kirche". Diese Pastoral (wie jede andere auch) ist ein bezeugendes Tun – sowohl Gottes (!) als auch des/der Menschen. Dieses Bezeugen ist demnach nicht nur eine Handlung des Glaubens im üblichen Verständnis (Arens 1992, 131ff), sondern ein Prozeß gottmenschlicher Schicksalsgemeinschaft: also ein Prozeß gegenseitiger Liebe. Nach Arens gestaltet sich diese Dramatik im Wort (Kerygma), im Dienst (Diakonie), in Kritik, Einklage und Verheißung (Prophetie) und nicht zuletzt „pathisch" (Martyrium): Dies gilt nicht nur für den Menschen, sondern auch für Gott.

9.2.3.4 Pastorale Praxis als kontextuelles Bekennen

Dieses Bekennen meint zunächst, sich zum anderen zu bekennen. Insofern ist es eine Weise der Treue, der Gegenseitigkeit, der Verläßlichkeit und der Liebe.
Bekennen (im biblischen Befund) meint aber ebenso eine thematisierende Handlung (Arens 1989, 169ff), also die Versprachlichung von Existenz, von

persönlicher und kollektiver Not, von Schuld und Glauben, von Lebensweise und Lebensüberzeugung. Bekennen ereignet sich in bestimmten Situationen wie im Gottesdienst, in der Verfolgung, in der zwischenmenschlichen Auseinandersetzung (Konflikt und Kommunikation), in der „Lehre" und im Lehren, in Handlungszielen und in Handlungsstrategien des Lebens. Diese „Versprachlichungen" werden hier als pastorale Handlungen der Kommunikationsgemeinschaft Kirche verstanden.

9.2.4 Handlungsziele und -strategien

In diesem Zusammenhang ist es nicht müßig, sich die Frage zu stellen, welche Imperative oder Schwerpunktstrategien heute in diesem Ringen um das nachkonziliare Erbe festgehalten werden sollten. Folgende verdienen hervorgehoben zu werden (vgl. Steinkamp 1992).

9.2.4.1 Strategie 1: Eine Ethisierung des Christentums

Die eben genannten, konziliar auf den Weg gebrachten Ideale von
- Freiheit des Subjekts,
- subjektorientierter Glaubensautorität aller Glaubenden und
- Selbstverantwortlichkeit des einzelnen und des Gottesvolks

weisen zunächst auf eine notwendige „Ethisierung des Christentums" hin, in der sich nicht nur eine Anpassung an den aufklärerischen Begriff der Freiheit (Häring 1991, 245ff) ankündigt, sondern eine neue Gestalt des „Transzendierens" und damit eine *Transzendenzbewegung, in welcher sich das Subjekt, indem es sich auf Gott bezieht, auf ein Jenseits seiner selbst bezieht, dessen Zielpunkt die absolute Verpflichtung zur „praktischen" Verantwortlichkeit ist* (vgl. Rahner 1965, 215–237; Lévinas 1989).

9.2.4.2 Strategie 2: Die Aufmerksamkeit für die „Zeichen der Zeit"

Johannes XXIII. selbst verpflichtet das Konzil auf den „Kairos", auf die „Zeichen der Zeit"[10]. Vorsicht ist geboten gegenüber einer essentialistischen Vorstellung von geschichtlicher „Entfaltung" oder „Entwicklung" einer bereits in nuce vorhandenen Seinshaftigkeit von spirituellem Wert (Bedeutung), die nur noch „ausgefaltet" werden müsse. Diese Vorstellung wäre ebenso ungeschichtlich (weil in ihr kein Handeln und kein Ethos im Sinne einer Verantwortlichkeit für das Geschehen des Geschichtlichen möglich

[10] Der Zusammenhang dieses Ausdrucks ist die „Kontextualität" und gleichzeitige Solidarität zwischen Weltgeschichte und Heilsgeschichte, bzw. zwischen Christentum und Geschichte. Zeichen der Zeit sind „semeia" (vgl. ThWNT VII, 199 – 261).

ist) wie die Vorstellung einer seinshaften Vorgegebenheit, deren endzeitlich eschatologische Überbietung durch Gott selbst dann gar nicht mehr möglich ist und eigentlich auch nicht erwartet wird.
Diese „eschatologischen Vorbehalte" sollten allerdings nicht als Entlastung vom Handlungsdruck dienen - womöglich auch noch unter gnadentheologischen Exemptionen. Eschatologie vollzieht sich als Gottes Weltvollendung wahrscheinlich ebensowenig am Geheimnis der Inkarnation vorbei wie das Wirken des Pneumas an der Freiheit menschlicher Initiative und menschlichen Engagements. Es muß also - wie bereits im Jahr 1937 von M.-D. Chenu (vgl. Alberigo 1988) angeregt - zu einer theologischen Auswertung der „Zeichen der Zeit" kommen; diese muß man dann rational (also begründend und empirisch nachweisend) im Glauben verstehen, um das Handeln der kirchlichen Sozietät daraufhin auszurichten. Auf diese Verstehensbemühung kann mit Sicherheit nicht verzichtet werden.
Als mögliche „Zeichen der Zeit" führt Chenu z.B. an

- die Ausbreitung des Christentums,
- den Pluralismus der Kulturen,
- die geistlichen und geistigen Schätze Asiens,
- die ökumenische Sehnsucht und
- die Selbstverantwortlichkeit des einzelnen.

Nach H. Fries (vgl. Fries 1988) sollten folgende „Zeichen" im Licht des Evangeliums jeweils neu interpretiert werden:

- der Atheismus,
- die Frage nach den Menschenrechten und der Menschenwürde,
- die weltweite Sehnsucht nach Gerechtigkeit und Frieden,
- das weltweite Streben nach der Einheit der Menschheit (bei gleichzeitiger Regionalisierung des kulturellen Erbes, A.Z.),
- die verantwortliche, weil notwendige Selbstbegrenzung in Wirtschaft, Konsum und Technologie,
- die Hypertrophie kirchlichen Apparats mit vielfach entschwundener Transparenz auf dessen doch wesentlichen „Zeugnischarakter",
- die restaurativen Tendenzen innerhalb der Kirche gegen eine behauptete „Abfallsgeschichte" konziliarer und nachkonziliarer Öffnungen und
- eine erneut drohende „Bunkermentalität" bei gleichzeitig zunehmendem kirchlichen Wahrheitstriumphalismus (vgl. Klein 1988, 13–22; Schulze 1992).

9.2.4.3 Strategie 3: Für die Subjektwerdung des Menschen

Die Möglichkeiten, bestimmte Entwicklungen der Moderne revidieren zu können, nehmen bei der Unumkehrbarkeit verschiedener politischer, wirtschaftlicher, technischer und ökologischer Prozesse deutlich ab.
Ihre Perfektion ist bereits zu Macht- und Zerstörungspotentialen akkumuliert, deren Revision kaum mehr möglich oder wahrscheinlich ist - wohl nicht einmal durch ethische Innovationen der Menschheit und der Politik. Dennoch ist das Ethische wesentlich; zumindest im Sinne einer neuen öffentlichen Bewußtheit, einer gesteigerten Einsicht in die Selbstverantwortlichkeit und damit auch einer größeren Wachsamkeit im Blick auf das Ganze des Lebens - unabhängig vom Erfolg einer solchen „Trendwende" (vgl. Meadows/Randers 1992).

9.2.4.4 Strategie 4: Die Unumgehbarkeit der Intersubjektivität

Wer von der Subjektwerdung des Menschen überhaupt spricht, der darf nicht übersehen, was christliches Bewußtsein dazu zu sagen hat. Niemals - so erkennt man theologisch am fundamentalen Apriori der kirchlichen Kommunikationsgemeinschaft (Koinonia) - wird man in der christlichen Lebenspraxis verdrängen dürfen, *daß eine Rettung des Subjekts immer nur durch Teilhabe an anderen Subjekten,* d.h. durch ethisch-praktische Interaktion (vgl. Düsing 1986), zu verwirklichen ist. Dort kann das Subjekt zu seiner Identität finden, vielleicht sogar nur dort.
Diese Identitätsfindung setzt in der Intersubjektivität nicht nur den Dialog voraus, sondern (gemäß J. Habermas' Kommunikationstheorie) sowohl den Verzicht auf die Beherrschung (und Besiegung) des anderen als auch das Ethos einer Verständigungswilligkeit aller Beteiligten.

9.3 Die Eigenart der Pastoralwissenschaft

9.3.1 Einteilung der Wissenschaft vom pastoralen Handeln der Kirche

Die theologische Wissenschaft vom „pastoralen Handeln der Kirche" (nicht vom Handeln des einzelnen - sei er nun Amtsträger oder Laie) kann man wie folgt gliedern bzw. ordnen:

- In der *Einführung in die Pastoraltheologie* wird die wissenschaftliche Reflexionsarbeit der pastoraltheologischen Grundfragen versucht. Zur Sprache kommen hier

(1) die Anfänge und die Geschichte der Pastoraltheologie als Universitätsdisziplin,
(2) verschiedene (katholische und evangelische) handlungsregulative Ideen des handelnden Denkens und des denkenden Handelns der Sozietät Kirche,
(3) dann die wissenschaftstheoretischen Grundlagen dessen, was „Handlungswissenschaft" genannt wird,
(4) das Verhältnis von Theorie und Praxis,
(5) die Art und Bedeutung dessen, was „Erfahrung" genannt wird,
(6) der Praxisbezug aller Theologie,
(7) das Verhältnis der Pastoraltheologie zu den Human-, Sozial- und Geisteswissenschaften
(8) und schließlich verschiedene Teildisziplinen wie Pastoralpsychologie, Pastoralsoziologie, Pastoralmedizin, Pastoralpädagogik (Hodegetik), Pastoralphilosophie etc.

- Der erste Hauptteil der Pastoraltheologie ist die *Politologie der Kirche.* Hier wird über die „Institutionen", Lebensvollzüge, Ausfaltungen des einen Amts in je verschiedene Dienste, Lebensformen und Leitideen der „Polis" Kirche nachgedacht. Deutlich soll darin werden, daß kirchliche „Einrichtungen" und kirchliche „Handlungen" stets und notwendig Symbolisationen des Glaubens bzw. des Unglaubens sind: In diesen Symbolisationen „west" das „Pneuma des inkarnierten Christus" für den Menschen erfahrbar an. Es gewinnt darin Gestalt und ist selbst ein Verweis auf das und Zeugnis von dem, was uns in dieser Weltzeit nur als „Verheißung" gegeben ist. Zugleich aber sind diese „Symbolisationen des Pneumas" die menschlichen Antworten der glaubenden Kirche in aller Kontingenz und möglichen (sündigen) Schadhaftigkeit (d.h. Beschädigung)[11].
„Politologie der Kirche" ist demnach die Lehre von der durchaus vorläufigen Lebensgestalt der kirchlichen Koinonia auf den verschiedensten Ebenen ihrer „Institutionen" und unter den mannigfaltigsten Ansprüchen und Lebensbedingungen des kairologischen Moments (vgl. Duquoc 1985).
- So widmet sich dann der zweite Hauptteil der Pastoraltheologie der *Kairologie der Kirche:* Sie ist die Lehre von den Kennzeichen, Ereignissen und Prozessen der jeweiligen Gegenwart und Umwelt der Kirche, und sie leistet die Analyse dieser Phänomene unter dem Aspekt, daß in ihnen das herrliche „Mysterium dieser Welt" (vgl. Paulus 1990) - immer zugleich mit der defizitären, kümmerlichen, vergeßlichen und sündigen Qualität der Kirche und ihrer Christen - anwesend ist und wirkt.

[11] Dazu gehört z.B. die Gestalt der Liturgie, die religiösen Vergemeinschaftungen, die Konkretionen dessen, was als „Amt" oder als „Dienst" bezeichnet wird.

Kairos ist so der „gnadenhafte Moment" einer Zeit und eines Raums: dasjenige also, auf das man sich eben „pastoral" verstehen muß, um die Chance des Augenblicks (den Willen Gottes und das Wehen des Geistes unter der Conditio mundana) zu erfassen und mit ihm mitzuhandeln. Kairologie ist also nichts anderes als eine „theologische Gegenwartslehre" und deren kritische Analyse. Auch diese pastorale Kairologie wird (wie auch die kirchliche Politologie) nicht auf den einzelnen Christen, sondern auf die ganze Sozietät „Kirche" bezogen. Denn auf dieser Kommunikationsgemeinschaft gründet sich der praktische Glaube und die christliche Sendung.

- Schließlich wird in der *Pneumatologie der Kirche* über die Handlungsfelder, die Handlungsziele sowie über die einzelnen Praxisanforderungen und -bedingungen gesprochen. Es wird über adäquate Handlungsformen (Handlungsgestalten) nachgedacht bzw. es werden diese beschrieben. In dieser „Pneumatologie" geht es um die wichtigsten Dienstgestaltungen der pastoral handelnden Kirche, so also vorrangig um „Verkündigung, Liturgie, Gemeindeaufbau und diakonalen Dienst".

9.3.2 Objekte (Themen) der Pastoralwissenschaft

Drei Themenblöcke (Objekte) sind zu reflektieren: das *Materialobjekt,* das *Formalobjekt* und das *Zielobjekt.* Diese drei Themenblöcke entsprechen der eben genannten „Einteilung der Wissenschaft vom pastoralen Handeln der Kirche".

9.3.2.1 Das Materialobjekt: Die Kirche

Die *pastorale Politologie* thematisiert das Materialobjekt, die Kirche. Anders als in den systematischen Disziplinen wird Kirche hier verstanden in ihrer je geschichtlichen Gestalt und Konkretion: eben als spirituell vorläufige Gestaltwerdung des Mysteriums. So ist Kirche eine „spirituell-politische Sozietät". Gefragt wird u.a.: Welches waren und sind die *leitenden Ideen und Ziele* dieser Politie (in der Vergangenheit und Gegenwart), und zwar als Weltkirche, als Teilkirche und schließlich auch als Gemeinde bzw. Basisgruppe? Welche *Institutionen* hat diese „Polis" aus ihrem Glaubensbewußtsein herausgetrieben und ausgestaltet? Zum Beispiel die Schrift, die Sakramente, die Lebensformen der Kirche in Verkündigung, Liturgie und Diakonie, die wissenschaftliche Theologie, die verschiedenen Beratungs- und Entscheidungsorgane, das „Amt" in seinen je geschichtlichen Ausfaltungen, die kirchlichen Organisationen, Werke, Vereinigungen und Engagements

(Dritte Welt, Katastrophenhilfe, Mission, Caritas, Diakonie, Projektgruppen, geistliche Gemeinschaften etc.) u.v.a.m.

Wichtig ist die Erkenntnis, daß es einen Unterschied gibt zwischen der theologischen bzw. mystischen Beschreibung der Kirche, wie sie in der Exegese und in den systematischen Disziplinen (Fundamentaltheologie und Dogmatik) erarbeitet wird, und der empirisch-konkreten, endlichen und geschichtlichen Kirche, die durch den jeweiligen Zeitgeist und die gesellschaftlichen Bedingungen, durch wissenschaftliche Meinungen sowie durch modische Bedürfnisse und Sichtweisen mitgestaltet und bestimmt wird (vgl. oben 4. Kapitel).

So wird sie in der theologisch-exegetischen und systematischen Sprechweise „Braut" und „Leib Christi" genannt. Sie ist dort „die Stadt auf dem Berg", das „himmlische Jerusalem", der „Tempel des Heiligen Geistes" usf. Sie ist (wurzel- und anfanghaft) „einig, heilig, katholisch und apostolisch", hier jedoch (neben beispielhafter Leuchtkraft in ihren Lebens- und Umgangsformen) von reichlich „zufälliger" und „kontingent-brüchiger" Symbolisation: sehr überhol- und kritisierbar, ärgerniserregend und voll Neigung zur Beherrschung, Verführung und Entmündigung des Menschen, voll Aggression und pathologischem Masochismus. Pastoraltheologie hat es mehr mit dieser zuletzt genannten, kontingenten und „vorläufigen" Kirche zu tun: einer Gestalt voller Schönheit und voller Katastrophen.

9.3.2.2 Das Formalobjekt: Zeit und Raum

Zeit und Raum der Pastoraltheologie sind *die gegenwärtigen Lebens- und Handlungsbedingungen der Selbstvollzüge der Kirche,* also die *Kairologie* des kirchlich pastoralen Lebens. Kirche konkret ist nur die sichtbare, begrenzte und endliche (kontingente und sündige) Gestalt der Kirche. Hier ist sie „erfahrbar". Aber sie ist es nur dadurch, daß sie eingebettet ist in die Geschichte, die Kultur, das Gesellschafts- und Geistesleben einer Zeit, in die „allgemeine" Religiosität und in eine Fülle von Alltags- und Herrschaftsideologien, Modeströmungen und „Eintagstrends".

All dies ist nicht nur eine Conditio humana für die Kirche wie für alle menschlichen Lebenswelten und -vollzüge, sondern sie ist für sie theologisch konstitutiv. Sie muß deshalb auch in den je verschiedenen Bedeutungen (bzw. Bedeutungslosigkeiten) analysiert sowie für das Leben der Kirche und für ihre Verantwortung fruchtbar, d.h. folgenreich einsichtig gemacht werden.

9.3.2.3 Das Zielobjekt: Bezeugen und Bekennen

Zielobjekt der Pastoraltheologie ist das Zeugnishandeln der kirchlichen Gemeinschaft (d.h. der pastoralen Koinonia), die *Peumatologie*: die *pastoraltheologische Handlungslehre:*

- Erstens werden verschiedene pastorale *Handlungskategorien, -abläufe und -ziele des handelnden Subjektes „Kirche"* entwickelt. Es wird gefragt: Wer handelt? Der Amtsträger? Der beauftragte Laie? Alle gemeinsam in je spezifischer Eigenart? Was, wo, mit welchen Mithandelnden, warum, auf welche Weise, wann u.ä.?
- Zweitens geht es um die *verschiedenen pastoralen Handlungsfelder.* Es wird gefragt: Wo wird gehandelt? Auf welche Weise und nach welcher Methode wird gehandelt? Unter welchen Umständen? Durch welche Handlungen? Zu welchem Zweck? In welchen Grenzen und unter welchen Bedingungen u.ä.?
- Drittens geht es um die *Handlungsformen, -gestaltungen und -symbolisationen* wie z.B.: leibliches Handeln, dialogisch-responsoriales, kultisch-symbolisches, kategorial-religiöses, spirituelles, auf Erfahrung oder auf Begreifen ausgerichtetes, sprachliches, autoritatives, ratendes, begleitendes, intervenierendes, führendes (leitendes), schützendes, vorwegnehmendes, vorsorgendes und tröstendes Handeln, planendes und kontrollierendes Handeln etc.
- Viertens müssen die Handlungsziele formuliert werden, die sich im wesentlichen im theologischen Begriff der jesuanischen Reich-Gottes-Verkündigung (vgl. Moltmann 1981) wiederfinden.
  Hilfreich für systematische Reflexionen über diese vielfältigen pastoralen Handlungstheorien, -subjekte, -felder, -modalitäten und -ziele kann hier vielleicht der bekannte (Frage-)Vers Quintilians sein mit seiner Frageordnung:
  Quis? Quid? Ubi?
  Quibus auxiliis?
  Cur? Quomodo? Quando?
  Also: *Wer* handelt, *was* tut er, in *welchem Handlungsbereich,* mit *welchen Hilfsmitteln* und *Methoden,* unter *welchen Zielvorstellungen* und *Beweggründen,* in *welcher Weise* und *Formgestalt* und schließlich: zu *welchem Zeitpunkt?*

9.3.3 Charakteristik pastoraltheologischer Denkform

Das von uns hier gewählte Schema mit den drei Reflexionsschritten der sogenannten Theorie-Praxis-Vermittlung will (im Sinne Johannes' XXIII.)

die Vielfalt der pastoralen Dienste als *differente Einheit* von Sein, Denken und Handeln verständlich machen. Dies soll in den folgenden Kennzeichnungen (Charakteristika) skizziert werden.

9.3.3.1 Die synthetische Einheit als Wirkgefüge des Tuns

Die übliche Unterscheidung zwischen Theorie und Praxis ist im allgemeinen zu ungenau. Man kann ja kaum das Dogma als Theorie der Praxis bezeichnen, wenngleich es sicherlich gewisse Funktionen „regulativer Ideen" wahrnimmt. Schließlich gilt ja doch: *Das Verstehen des „Wortes" ist seine existentielle Akzeptanz* und damit *Nachfolge-Praxis.* Den Glauben verständlich machen und danach handeln ist als *Theorie*-Praxis nichts anderes als der *Vollzug des sozietär-gemeinschaftlichen Alltags der Kirche.* Wie jedes menschliche Leben beruht auch das Leben der kirchlichen Sozietät auf der inneren Einheit von drei Elementen, nämlich
den normativen Vorgaben (= das *Sein*),
dem Begründungszusammenhang (= das *Denken*) und
dem Verwertungszusammenhang (= das *Handeln*).
Diese Dreiteilung, die aus der „Philosophie de l'action" von Maurice Blondel stammt, appliziert ein Anliegen der Philosophie auf die Theologie, das ihr Papst Johannes XXIII. nahegelegt hat: Theologie ist um so dogmatischer, je pastoraler sie ist. Das Problem liegt in der Vermittlung. Denn alle Erfahrung vollzieht sich im Ineinanderspiel des Wirkgefüges von Existenzvollzug, Aktion und Denken. Kein Element ist hier vom anderen zu trennen. Jedes „ist" zugleich die anderen zwei. Von keinem kann auch nur theoretisch abstrahiert werden (vgl. Blondel 1965; Scherer 1965).
Für Blondel hat „L'Action" selbst eine einheitsstiftende, synthetische Kraft zwischen *Sein* und *Denken.* Das *Handeln* ist geradezu das „Vinculum" einer Vielheit von faktischen oder möglichen Wirkbezügen zwischen den beiden anderen Elementen. Erst das *Handeln* eröffnet verschiedene Welterfahrungen. Sie werden möglich „je nach der Dichte und der Fülle der Synthesen, welche die Aktion im Menschen in der Begegnung einer subjektiven und objektiven Innenkraft erzeugt" (Scherer 1965, 523).
„Im Grunde (ist *Handeln*) nichts anderes als der in Erscheinung tretende Verwirklichungs- und Anwesenheitsprozeß des *Seins,* vor allem in dem Sinn, daß im Zug der alles vermittelnden *Handlung* sich uns *Denken* und *Sein* immerzu und immer neu in der Handlungsvielfalt ihrer Gestalten vermittelt und in diesem Prozeß und durch diesen Prozeß das *Sein* uns selber vermittelt" (Scherer 1965, 523f).

9.3.3.2 Die Notwendigkeit „vitaler" Entsprechung

In unserem Zusammenhang wichtig ist Blondels Unterscheidung zwischen einem Denken, das sich vom konkreten Lebensgefüge losgelöst hat, und einer Einsicht, die *in der gelebten Existenz* entsteht. Nur diese zweite Weise der Erkenntnis wird dem faktischen Ineinanderspiel von Sein, Denken und Aktion gerecht. Die spontane *Motorik* der „Action" als „Selbstauszeugung" des Menschen und die nachfolgende *Reflexion* der „Action" (vgl. Spaemann 1990) ist dabei die dialektische Beziehung von Einigung und Zweiheit, in der Denken und Aktion aufeinander verwiesen sind. Denn die innere Dynamik des Denkens beruht auf der ständigen Vermittlung von „Action", einer Vermittlung, die stets neu unternommen werden muß, weil die Aktion als „Universale concretum" unerschöpflich ist.
Blondel kommt zu dieser „inneren Motorik" dadurch, daß er das einengende Moment zwischen Denken und Aktion (Erkenntnis und Leben) von der „erkenntnistheoretischen" in die „vitale" Entsprechung umwandelt. Dadurch vertieft er das Grundproblem, das die Beziehung von Mensch und Wirklichkeit darstellt: „Die erkenntnistheoretische Entsprechung wird eingeholt, wenn man beim Bedürfnis der ‚vitalen' Entsprechung ansetzt. Das Bedachte im Denken ist vor allem die ‚action' selbst" (a.a.O.[12]).

9.3.3.3 Dialektik von Denken und Handeln

Unsere Denkform neigt freilich dazu, das Wirkgefüge von Denken und Handeln entweder deduktiv, induktiv oder deskriptiv zu vereinfachen. Dabei stellt man sich vor, daß gemäß dem scholastischen Axiom „Agere sequitur esse" das Wirken/Handeln aus dem Sein folgt; daß also zu einem bereits Seienden zunächst das Denken und später dann das Handeln hinzukäme. Blondel meint nicht eine solche lineare Abfolge. Denn auch das zitierte philosophische Axiom will ja nur sagen, daß ein Seiendes gemäß dem Vollkommenheitsgrad seiner „Seinsstufe" handelt. Allgemein bedeutet das: Je höher ein Seiendes steht, desto innerlicher ist sein typisches Wirken. „Innerlicher" meint den intensiveren Selbstbesitz und die reflektiertere Wissensgegenwart. Das verursachende Tätigsein und der Übergang von der Potenz in den

[12] Zur Einwurzelung des Handelns in das konkrete Lebensgefüge der Existenz, zur Emergenz dieses Handelns aus eben dieser Existenz siehe auch Rosenzweig, F. Der Stern der Erlösung, Frankfurt 1990; Schmied-Kowarzik, W. Franz Rosenzweig. Existentielles Denken und gelebte Bewährung, Freiburg 1991, 27ff und überhaupt die dialogischen Denker M. Buber, H. Ehrenberg, E. Rosenstock, F. Ebner, E. Lévinas und Fr. Fischer. Überblick bei: Casper, B., Das dialogische Denken. Eine Untersuchung der religionsphilosophischen Bedeutung Franz Rosenzweigs, Ferdinand Ebners und Martin Bubers, Freiburg 1967. Weitere Literatur bei Schmied-Kowarzik, W.

Akt machen nicht das Wesen des Wirkens aus. Dieses vielmehr besteht darin, daß das Seiende sich im Tun des Seins vollzieht und also erst insofern „ist". Darin kommt dieses Seiende zu seiner vollen Wirklichkeit, während es ohne das Tun seines Seins sozusagen nur „schlummert".
Auch der Mensch als einzelner und in Vergesellschaftung besitzt erst „im Tun" seines Denkens und Wollens die voll entfaltete Wirklichkeit seiner selbst. *Er vollzieht sein Sein als Denken und Handeln.* Er gewinnt Einsicht durch Handeln und er handelt durch Einsicht.

9.3.3.4 Die Vorgegebenheiten

Natürlich hat das menschliche Tun Voraussetzungen, Vorgaben und Bedingungen: individuelle, biographische, objektive, sozietäre, klimatisch-geographische etc. Niemals gibt es eine Aktion des „reinen Anfangs". Aber diese Vorgegebenheiten sind nicht einfach statische Vorhandenheiten. Denn auch die Geschehnisse eines Lebens und die gemachten Erfahrungen bauen ständig und unaufhörlich und sozusagen *lebenslang* mit am Fundament des Seins eines Seienden. Es ist stets der Umgang mit den apriorischen Vorgaben *und* den aposteriorischen Begegnungen, aus denen dann das Sein entsteht, sich entfaltet bzw. aktiv hevorgebracht wird. Insofern muß man sagen, daß das Sein selbst ein Handeln ist, in dem der Mensch sich die Vorgaben und Nachgaben zu eigen macht und sie kreativ-denkerisch sowie freiwollend zu bewältigen und zu gestalten sucht. Bloße Deduktion hat mit dem Leben nichts zu tun. Das ist das Problem eines bloß hergeleiteten Glaubens-*Gehorsams.* Bloße Induktion und rezipierende Empirie ist blind und unterwirft sich der „Normativität des Faktischen". Und bloße Deskription täuscht Interessenlosigkeit vor, da es die Menschenwelt „chemisch rein" gar nicht gibt.
Dementsprechend müßte man also auch theologisch *handeln.* Man müßte Theologie nicht so sehr als ein Erkennen verstehen, sondern als ein Handeln, als denkerische „Action", als reflexives Wirken der Sozietät Kirche im Blick auf eben diese Sozietät und die von ihr zu Handlungsfeldern strategisch bestimmten Sozietäten. Dieses reflexive Handeln des „Gott-Denkens" verdankt sich also keinem Prinzip. Wäre dies so, so erwüchse es aus einer Abstraktion und nicht aus der lebendigen Existenz sowie dem fließend-erfahrenden Leben.
Deshalb ist Theologie zunächst keine Deduktion aus vorgegebenen Prinzipien, sondern die Symbolisation (einer versuchten Antwort) auf einen Ruf, eine Weisung oder eine animatorische Prophetie. Vielleicht ist Theologie nur so wirklich und wahrhaft eine „spekulative und ordnende Christlichkeit" im Rückgriff (!) und Vorgriff auf ihr Ethos universaler Verantwortlichkeit.

Dies gilt für die Kirche, und es gilt auch für das Christsein überhaupt. Denn dieses Christsein erwächst ja ebenfalls in und durch „Action" aus und durch seine existenzbestimmenden und -bestimmten Vorgaben. Besser: Es drängt Handlungen aus diesen Vorgegebenheiten hervor. Eben dadurch wird dieses Christsein begründet, daß es sich durch eigenes „Glaubenshandeln" (im aktiven Annehmen von Ruf, Weisung und animatorischer Prophetie) selbst als Seiendes konstitutiert.

Diese Selbsthervorbringung des „Christseins" im „Glaubenshandeln" tritt nicht eigentlich zu den hier bedachten Vorgegebenheiten hinzu, sondern ist vielmehr die Dynamik dieser Vorgegebenheiten selbst. Sie bestehen aus *Gemeinschaft, Ethos* und *Geist.* Genau dies zielt M. Blondel mit „vitaler Entsprechung" an, E. Lévinas mit dem „In-die-Pflicht-genommen-Sein durch den Anderen" und F. Rosenzweig mit der existentiellen Haltung kreatürlichen Menschseins als dem „Transzendentalen" (Bedingung der Möglichkeit) der seinshaften „Verwiesenheit" des Menschen (auf Gott) und damit auch als das „Transzendentale" jeglichen „Seins in Beziehung" (M. Buber).

9.3.3.5 Die Wahrheit Gottes in der Perspektive der Existenz

In der Pastoraltheologie als Wissenschaft geht es also um eine spezifische Denkbemühung und Reflexion. Sie handelt von der Kirche als einer Sozietät („Polis"), die wohl nicht *von*, aber doch *in* dieser Welt ist. In der reflektierenden Pastoraltheologie macht sich diese „Polis" ihre *spezifisch-praktische Existenzweise* bewußt. Diese Existenzweise ist daher nicht „objektiv" oder abstrakt, nicht kulturlos, geschichtslos, geschlechtslos oder sozietätslos. Vielmehr existiert sie nur in irdischen und welthaft-kontingenten Beziehungen. Dieses Nach-außen-gestreckt-Sein und diese „Exteriorität" zu sich selbst tritt nicht erst zu einem in sich ruhenden Ruhen des Seins hinzu, sondern ist seine innerste Bewegtheit. Niemals kann deshalb die Kirche wirklich *außerhalb von Welt* einen Standpunkt einnehmen. Die Rede von „Kirche und Welt" ist verführerisch. Sie täuscht sich selbst nahezu in ideologischer Blindheit über ihre nur scheinbare „irdische" Interessenlosigkeit, ihre Begierden, ihre „Wollungen", ihre Parteilichkeit und über ihren niemals chemisch reinen „Gegenüberstand" zur Welt.

Diese Nicht-Distanzierbarkeit von „Welt" reicht bis in die Theologie hinein. Dies wird deutlich, wenn man eine „Bürgerliche Theologie" mit einer „Elendstheologie" vergleicht. Beide Theologien sprechen von Gott. Aber sie sprechen von Gott so, wie es ihren Interessen entspricht. „Bürgerliche Theologie" spricht von Gott als dem Garanten der Stabilität, der Ordnung, der Sicherheit, des Bewahrens. Die „Elendstheologie" wird Gott anders

sehen: als jenen, der die Zustände ändert, der befreit, der herausruft, der vorangeht, der Verheißungen ausspricht etc.
Weil man niemals seiner eigenen Existenz, seinen Interessen und Begierden entkommen und sie auch nicht ausklammern kann (vgl. M. Blondels „vitale" Entsprechung), muß Pastoraltheologie (und jede Theologie) lernen, die (geoffenbarte) *Gnosis der Wahrheit Gottes aus der Perspektive der Existenz und ihrer Anfragen* zu betreiben. Abstrakte theologische Begriffe und Sprechakte haben ohnedies notwendig welthafte Implikate (=Konnotationen), die den theologischen Begriff oder die theologische Aussage erfüllen und daher immer mitgemeint sind. Also müssen sie eigentlich gar nicht „umgesprochen" oder „korreliert" werden. Es müßte genügen, die eben genannte *Wahrheit* im pastoralen und theologischen *Handeln* so zu symbolisieren, d.h. zu gestalten und dadurch so als nahezu „sinnliche" Wahrnehmungsfigur der Wahrheit so verstehbar oder erfahrbar zu machen, daß sie als die endlich gekommene „Rettung" (Problemlösung, Heilung, Orientierung, Hoffnung etc.) von jedermann „begrüßt" werden kann.

9.4 Die Eigenart pastoraltheologischer Arbeit

In diesem Abschnitt sollen wissenschaftstheoretische Probleme angesprochen werden (vgl. Pannenberg 1973). Dadurch kann deutlich gemacht werden, wie sich auch eine pastorale Religionspädagogik selbst definiert, worauf sie zu achten hat und in welchen Handlungszusammenhängen sich ihr eigenes Zeugnis und Bekenntnis vollziehen sollte.

9.4.1 Pastoralwissenschaft im Verhältnis zu anderen Disziplinen

Unter diesen „anderen Disziplinen" muß man sowohl theologische als auch profane verstehen. Begreift man letztere nicht einfach als notwendige Erweiterungen der Wahrnehmung bzw. Diagnostik der Phänomene der Lebenswelt, sondern als eine Weise der pastoraltheologischen Arbeit selbst, spricht man von Pastoralpsychologie, Pastoralsoziologie, Pastoralmedizin, Pastoralpädagogik, Pastoralphilosophie etc. Dabei erhebt sich die Frage, wie das Verhältnis einer theologischen Disziplin mit einer human-, sozial- bzw. geisteswissenschaftlichen Disziplin und Forschungsweise zu bestimmen ist. Negativ und abgrenzend gesprochen, kann dieses Verhältnis die traditionelle theologische Arbeit und Forschung nicht ersetzen und auch nicht kritisch relativieren. Es wäre also nicht möglich, daß theologische Rede unter die Normativität einer Humanwissenschaft insofern gerät, als diese darüber

befindet, worin die Wahrheit des biblisch überlieferten Gottesbildes besteht bzw. nicht besteht.
Positiv gesprochen, kann es aber wohl sein, daß z.B. das Leben der Kirche auch in der Perspektive sozialer und politischer Vorstellungen und Beschreibungen bedacht bzw. kritisiert wird. Da in jedem Fall religiöse immer zugleich weltliche Phänomene sind und daher religiöses Denken und theologische Aussagen immer unter den Bedingungen der Wissensbestände einer Zeit oder eines Menschen gemacht und formuliert werden, ist es sicher verläßlicher, dieses Denken ausdrücklich mit profanwissenschaftlichen Erkenntnissen zu bearbeiten. Dies gilt vor allem dann, wenn man diese Erkenntnisse selbst nicht absolut setzt, sie also nicht kritiklos und ideologisch verwendet. Im Verhältnis zur Philosophie hat das übrigens Theologie immer schon und bis in die neueste Zeit hinein getan.
Unter dieser Voraussetzung haben wir oben auch unser Verständnis von Pastoraltheologie formuliert: Wir haben z.B. (mit K. Rahner) von einer „Politologie der Kirche" bzw. von der „Sozietät Kirche" gesprochen. Wir haben den pastoralen Dienst der Kirche „kairologisch" formuliert, um anzudeuten, daß man die Gegenwartsbedingungen kirchlich-pastoralen Handelns kennen muß, um sagen zu können, wie nicht nur christusgemäß, sondern auch zeitgemäß und menschengerecht richtig gehandelt wird.
Dasselbe gilt von der Religionspädagogik: Der Doppelbegriff macht bereits deutlich, daß das Glaubenszeugnis im schulischen Unterricht nicht schon dadurch gelingt, daß es in religiöser Argumentation behauptet, offenbarungsgemäß zu sein. M.a.W. kann die pädagogische Kunst, die dialogisch-kommunikative und sprachliche Kompetenz nicht sprirituell beiseitegedrückt werden. Ebenso wird kein vernünftiger Mensch behaupten, man könne schulische Probleme mit Minderheiten durch häufigeren Sakramentenempfang lösen etc.
Wie nun kann man profanwissenschaftliche Erkenntnisse mit theologischen Erkenntnissen korrelieren bzw. dieses Verhältnis bestimmen. N. Mette und H. Steinkamp haben zur Verhältnisbestimmung vier Paradigmen vorgeschlagen, die hier in der notwendigen Kürze vorgestellt werden sollen (vgl. Mette/Steinkamp 1983):
(1) Das *„Ancilla"-Paradigma:* Eine solche Kooperationsform wurzelt in einer jahrhundertealten Tradition. Diese betrachtete die (scholastische) Philosophie als „Ancilla" (Dienerin) der Theologie, die sich selbst als „Superwissenschaft" verstand. Philosophie konnte daher nichts Wesentliches zur Wahrheitserkenntnis der Theologie beitragen, da diese ja in der mitgeteilten Wahrheit Gottes selbst bestand. Philosophie konnte sozusagen nur weltlich umformulieren, was religiös bereits bekannt war. In der Gegenwart findet sich diese „Ancilla" -Paradigma im Bereich der pastoralen Praxis. Hier wur-

den Gesprächsführung, Gruppendynamik, themenzentrierte Interaktion und verschiedene Meditationsformen als „Psychologie“ und „Soziologie“ im kirchlichen Kontext eingesetzt, ohne eine Erkenntniserweiterung für die Theologie einzubringen.

(2) Das *„Fremdprophetie“-Paradigma:* Hier rezipiert die Theologie nicht nur die Praxis, sondern jeweils ein ganzes Denk- und Theoriesystem mit seinen Werten und Wissensbeständen, weil man zu erkennen meint, daß darin eigentlich vergessene oder verdrängte Einsichten der christlichen Tradition selbst prophetisch wieder ins Bewußtsein gehoben und in Erinnerung gebracht worden seien. Dieses Paradigma wird übernommen in einer breiten Palette: von den Theoriemustern der Psychologie bis hin zu soziologischen Vorstellungen der Befreiungs- und politischen Theologie.

(3) Das *Paradigma der konvergierenden Optionen:* Dieses Paradigma macht sich zwei Einsichten bewußt. Erstens die Tatsache, daß jeder Erkenntnis- und Forschungsprozeß von Interessen gelenkt ist, durch welche das Erkennen bestimmt wird und umgekehrt; zweitens, daß wissenschaftsgeleitetes Handeln, insofern es sich seiner Interessen ausdrücklich bewußt ist, auf Grund gleichgelagerter Interessen konvergieren bzw. kooperieren kann. Ein Beispiel solcher konvergierender Optionen könnte man in einer Kooperation zwischen Greenpeace und Schöpfungstheologie sehen oder zwischen Amnesty International und der Bergpredigt.

(4) *Theologie als Human-(Sozial-)Wissenschaft:* Dieses Kooperationsparadigma entstand in der jüngsten Gegenwart auf Grund verschiedener Bewußtseinsveränderungen in der Gesellschaft. Diese Veränderungen haben die traditionellen Forschungs- und Studieneinrichtungen der Universität gesprengt und neue Wissenschaften konstituiert. Beispiele dafür sind Wirtschafts-*Geographie,* Rechts-*Medizin,* Forensische *Psychologie,* Literatur-*Geschichte,* Technische *Medizin,* Bio-*Chemie,* Politische *Ökonomie,* Gen-*Technologie,* Psycho-*Linguistik* u.ä.

Das genannte Paradigma ist freilich auch im Rahmen der wissenschaftlichen Theologie schon lange alltägliche Praxis z.B. in der Kirchen-*Geschichte:* Diese theologische Disziplin wird als Geschichtswissenschaft betrieben. Ähnliches gilt für Teilbereiche der Exegese, der Fundamentaltheologie und der Praktischen Theologie.

9.4.2 Entstehungsbedingungen der Pastoraltheologie

Man kann sich fragen, inwieweit man Ursachen dafür namhaft machen kann, daß neue Wissens-, Forschungs- und Lehrbereiche entstehen. Auf die Pastoraltheologie angewandt lautet die Frage: Welche historischen Bedingungen waren maßgebend für die Entstehung dieser neuen theologischen Disziplin? Diese historische Perspektive kann hier natürlich nur andeutungsweise angesprochen werden.

Pastoraltheologie als Universitätsdisziplin ist eine junge Wissenschaft. Eigentlich ist sie aus dem Ungenügen an der fachlichen Ausbildung des Seelsorgsklerus entstanden und ebenso aus der Müdigkeit bzw. dem Überdruß an der fruchtlosen und lebensfremden spekulativen Theologie der systematischen Fächer. Ihre Begriffsdebatten ließen immer subtilere Unterscheidungszuspitzungen und -spielereien erkennen, ohne daß gesagt werden konnte, was nun eigentlich das christliche Leben an dieser Form von „Theologie" gewinnt, wie sie kirchliches Leben begleitet und wie die Gestalt des religiösen Lebens tatsächlich auf das Lebensnotwendige und das Befreiende von Glauben, Hoffen und Lieben hinführt.

In diesem Abschnitt soll zurückgeblickt werden auf das Werden dieser Disziplin. Dabei muß man sich bewußt machen, daß es natürlich pastorales Denken und pastorale Begleitung und Wegweisung nicht erst seit dem 18. Jh. gibt. Bereits in der frühkirchlichen Zeit finden wir reichliche Literatur, die sich mit pastoralen Überlegungen, Anweisungen und Anregungen beschäftigt - freilich auch vielfach selbstreinigende Kritik an pastoralen Fehlformen übt und „blinde" Stellen der pastoral Verantwortlichen aufweist und zu überwinden sucht.

Im wesentlichen kann man freilich sagen, daß die Literatur der frühen Kirchengeschichte (Väterzeit) in erster Linie an Fragen der Spiritualität interessiert ist - vielleicht gleichrangig mit Fragen der Katechese. Zu nennen wären hier u.a. folgende hervorragende und weiterwirkende Schriften.

Streitschriften, pastorale Anweisungen und Katechesen

- Das Apostolische Symbolum und seine lehramtlich-konziliare Weiterentwicklung zur autoritativen Glaubensformel christlicher Letztverbindlichkeit in Predigt, Kommentar und Katechese
- Die inkulturierenden Kampfschriften der Apologeten des 2. Jh.: Justin, Apologie des Christentums; Irenäus von Lyon, Entlarvung und Widerlegung der falschen Gnosis, Adversus haereses; Didache der zwölf Apostel; Barnabasbrief

Katechetische Theologie und kirchliche Tradition

- Hippolyt, Traditio apostolica; Clemens von Alexandrien, Paidagogos, Stromata; Origenes, Contra Celsum - Gegen Celsus (= älteste Dogmatik über die Hauptlehren des Christentums); Tertullian, De praescriptione haereticorum (= wichtigste Schrift über die kirchliche Tradition); Cyprian von Karthago, De catholicae ecclesiae unitate - Über die Einheit der Kirche;

Lactantius, Divinae institutiones - Die göttlichen Einrichtungen (= älteste Gesamtdarstellung des Glaubens)
- Die „24 Katechesen" des Cyrill von Jerusalem für Taufbewerber und „De catechizandis rudibus" von Augustinus, verfaßt als „narrative Theologie" zum Erstunterricht der Katechumenen

Asketische und pastoral-liturgische Schriften
- Gregor von Nazianz, De fuga sua
- Johannes Chrysostomus, De sacerdotio
- Gregor der Große, Liber regulae pastoralis

(1) *Pastoraltheologie als Universitätsdisziplin:* Die pastoralen Anweisungen und Reflexionen sind also so alt wie das pastorale Handeln der Kirche selbst (vgl. Zottl 1986 – 1988). Als Universitätsdisziplin wird das Lehr- und Forschungsfach jedoch erst durch Kaiserin Maria Theresias Initiative 1772 akut anläßlich einer Untersuchung über die Zustände der Hochschulen in den österreichischen Erblanden: Alle Bischöfe und Prälaten des Reiches werden um Vorschläge für eine neue theologische Studienordnung gebeten.

(2) Die *Gründe für erste Reformversuche* liegen
- in den ungenügenden Lehr- und Studienplänen,
- in der offensichtlich unzureichenden theologischen und kulturellen Bildung des Klerus angesichts vielfacher Mißbräuche in den Pfarrgemeinden und im religiösen Leben überhaupt,
- in bestimmten Erwartungshaltungen des Staates der Kirche gegenüber und
- in der mangelnden Distanzierungsfähigkeit des Klerus wegen einer nicht reflektierten, sondern zumeist pragmatistischen Pastoralpraxis.

Die bereits 1752 versuchte Neuregelung der Studien scheitert vor allem deshalb, weil sie den Klerus in zwei qualitativ verschieden ausgebildete Gruppen spaltet, nämlich in „niedere" und in „höhere" Theologen, in die „Theologi speculativi" und die „Theologi morales". Das Ziel dieser Ausbildungsordnung ist freilich nicht primär diskriminierend, sondern von dem Bewußtsein bestimmt, daß der weltfremde Wust artifizieller Spekulation dem konkreten Seelsorger für seine Praxis eigentlich nichts ein- und wegen der Ausblendung der christlichen Alltagswelt aus der Theologie seine pastorale Qualifikation nicht voranbringt.

Der Klerus ist somit dem überall wuchernden Mystizismus und dem dekadenten Wunderglauben weder theologisch noch menschlich gewachsen. F. Dorfmann berichtet von erschütternden Formen des Aberglaubens unter

den Christen, von Geisterfurcht und einer folkloristischen Exorzismuspraxis. Zuhauf gibt es „weinende Madonnen", puppenspielartige Bekleidungszeremonien für Heilige, abstrusen Kirchenschmuck, Mißbräuche in den pfarrlichen (und vielfach auch bruderschaftlichen) Finanzverwaltungen durch verschiedene zweckentfremdete Geldverwendung.
Man predigt unter dem Erwartungsdruck, in den Gottesdiensten unterhalten zu müssen. Witze werden erzählt, Zorn- und Polterausbrüche inszeniert. Und die literarischen „Klassiker" kommen weitaus mehr zu öffentlicher Autorität als die Schrift und die christlichen Schriftsteller.
Zudem ist der Klerikerstand für den Staat in erster Linie nicht mit dem Dienst am Glauben befaßt, sondern soll für die Gesellschaft Lehrer und Erzieher sein. Kirche wird als „Staatsanstalt" begriffen. Sie habe dementsprechend nicht für theologische Ausbildung zu sorgen, sondern vorrangig für „Bildungsgüter" wie Finanz- und Polizeiwissenschaften. Kompetenz wird erwartet für die Unterstützung von Maßnahmen zur Förderung der Industrie und des Handels, der öffentlichen Ordnung und der moralischen Anständigkeit. Dementsprechend handhabt man auch die Verlags-, Zeitungs- und Schulbuchzensur.
Positiv erweist sich das Anliegen, die Theologie selbst bodenständiger und lebensnäher zu gestalten und sie von unnützen „Grillen" und Überspitzungen zu reinigen. In diese Jahre fällt dann auch die Aufhebung des Jesuitenordens und – vor allem durch Josef II. – der Eingriff in Pfarrliturgie und mönchisches Leben.
Andererseits muß man aber auch sehen, daß diese Zeit nicht einfach „aufgeklärt", sondern erneut wahrhaft fromm sein will. Unterhalb der beschriebenen Dekadenz und folkloristischen Überwucherung findet sich (vor allem in Süddeutschland, Böhmen und in Österreich selbst) eine echte Sehnsucht nach Verinnerlichung. Dies wird nicht nur in der jansenistischen Bewegung sichtbar, sondern auch in einer sehr verschiedenen Bewertung des „irdischen" Lebens und Handelns.
B. Pascal reißt Natur und Übernatur als füreinander bedeutungslos auseinander. 1640 schreibt C. Jansenius seinen „Augustinus"; er ist gegen jeden päpstlichen Zentralismus und gegen die Macht der Jesuiten. Er steht deshalb von 1642 bis 1715 unter kanonischer Verurteilung. Die Tendenz geht allgemein zur utopischen Erträumung einer „Église primitive".
All dies fördert bestimmte Akzente der Aufklärung, deren offene Tendenz zur menschlichen und gesellschaftlichen Harmonie man theologisch gleichwohl auch zwischen Gnade und Eigenverantwortung erreichen möchte. So wird auf dem Gebiet der pastoralen Ausbildung auch ein Plan erarbeitet, der sich in „besseren Staatsdienern" auch „bessere Seelsorger" erhofft und umgekehrt.

(3) *Der universitäre Beginn:* Der Abt von Brevnov bei Prag, der Benediktiner Franz Stephan Rautenstrauch offeriert der kaiserlichen Hofkanzlei 1774 seinen Entwurf zur universitären Studienreform, der sich gegen mancherlei Intriganz tatsächlich durchsetzen kann und angenommen wird (vgl. Klostermann 1974, 42 – 51).
Die Studiendauer wird auf fünf Jahre für alle Theologen ausgedehnt, wobei in den ersten beiden Jahren verschiedene Vorbereitungs- bzw. Hilfswissenschaften (wie Geschichte, Sprachen und Hermeneutik) gelehrt werden, im dritten und vierten Jahr Systematik und Kirchenrecht und schließlich im fünften Jahr dann „die zur Ausübung der Theologie dienenden Wissenschaften".
Ausbildungsziel ist der kompetente Seelsorger und der Staatsdiener bzw. der „Erzieher". Man will also „gute Bürger" und „gute Christen" in einem. Das Problem liegt in der gegenseitigen Funktionalisierung von Staat und Kirche, also in Einmischung und Indienstnahme bei verschiedener Interessenslage. So schreibt der Wiener Pastoraltheologe F. Giftschütz (1748–1788) problemlos in sein Lehrbuch: „Es ist Aufgabe der Seelsorger (...), die Untergebenen im Frieden, in der Ruhe zu erhalten (...), allen Geist der Empörung zu ersticken (...) und die Pflichten gegenüber der höchsten staatlichen Gewalt (*die da sind: Treue, Gehorsam, Ehrerbietung und Abgaben!*) zu entwikkeln, denn der gute Christ ist allemal auch ein guter Staatsbürger" (Klostermann 1974, 17).
Rautenstrauchs Grundriß benennt drei Hauptaufgaben des Seelsorgers. Er ist

- Lehrer - in Katechese und Homilie, also in der Verkündigung -,
- Mittler - in der Verwaltung und Ausspendung der Sakramente, also in der Liturgie - und
- Vorsteher - im Dienst der spirituellen und sittlichen Erbauung, also in der Lebens-Diakonie.

(4) *Das historische Umfeld:* Die Neugestaltung der theologischen Studien ist also tatsächlich eine Frucht der Aufklärung und des Jansenismus. Opponiert werden abartige Formen des Barockkatholizismus. Man votiert für einen (jansenistischen) „Gottesdienst des Herzens" und für das pädagogische Konzept einer aufgeklärten Anthropozentrik.
Dies alles freilich fällt nicht einfach zufällig vom Himmel: Es hat seine Ursachen. Vor allem auch in der Theologie:

(5) *Die Folgen einer theologischen „Theorie" ohne „Praxis":* Nach dem Konzil von Trient ist die kirchliche Wissenschaft so sehr mit der „Lehre" beschäftigt, daß sich die große Masse des pastoralen Schrifttums fernab und

außerhalb der wissenschaftlichen Vermittlung und kritischen Überprüfung entwickeln muß. So wird die Praxis auf Beichte, Kirchenrecht und Moralkasuistik reduziert (und vereinfacht). Die veränderte Zeit und ihre Fragen gehen daher nur sehr dürftig in die theologischen Problemstellungen ein.
Andererseits werden die Reformbestrebungen von Trient eben durch die Ausblendung pastoraler Anfragen und Bedürfnisse in ihr Gegenteil verkehrt: Die Liturgie wird so sehr zur Klerusliturgie, daß sich die sogenannte „Volksfrömmigkeit“ selbständig macht und ins Private bzw. Privatistische abwandert. Ihr gegenüber erscheint die sakramentale Liturgie von einer solch übermächtigen „objektiven“ Wirksamkeit, daß der Absturz in Magie nicht lange auf sich warten läßt. Diese Reduktion bringt – ganz im Sinne der Aufklärung – als Leitidee des Religiösen die Beseitigung jeglichen Leids, also eine „Glückseligkeits-Pastoral“ hervor bei gleichzeitigem Vorrang von Fragen der moralistischen Korrektheit und Formalität.

(6) *Pastoraltheologie als aufklärerische Krisenwissenschaft:* Das Auseinanderdriften von „Theorie“ und „Praxis“ wird in der Aufklärung zum Zwang der radikalen Revision dieser Entwicklung:

- Josef II. löst die nicht im Sozialdienst stehenden Klöster auf.
- Man verlangt von der Theologie Antwort auf die bedrängenden Fragen der Zeit.
- Die Liturgie wird „entblättert“, um das Wesentliche wieder deutlich zu machen.
- Gleichzeitig wird dadurch die historische Bedingtheit religiöser Gestaltungen und Gebräuche sowie damit Geschichte und ihre Kraft zur Relativierung sichtbar.
- All dies lastet als Aufgabe und Krisenmanagement nunmehr auf der Pastoraltheologie.

(7) *Pastoraltheologie mißrät zur „Applikations-Theologie“:* Da Krisen zumeist negativ erfahren werden, wird auch im 18. Jh. allgemein ein verläßliches Regelwissen erwünscht. So strebt auch Rautenstrauch eigentlich keine theologische Grundlegung der pastoralen Praxis an, sondern – auch im Staatsinteresse – eine bessere Effizienz durch bessere Ausbildung. Da es zur theologischen Auseinandersetzung nicht kommt, gewinnt eine neue Form hierarchischer Klerikalisierung bald die Oberhand, die meint, sich die Mühe der zeitbedingten Erfahrung gar nicht erst machen zu müssen, da ohnedies alles theologisch bereits fest im Griff und damit in der Hand des Klerikertheologen sei – im Sinne eines übernatürlichen Geheimwissens. So kommt es

- zur Minimalisierung des Zeithaften zugunsten des Überzeitlichen,
- zur Nichtbeachtung der Bedeutung und der Möglichkeit irdischen Scheiterns,
- zur Mißachtung der (theologisch doch geforderten) Vorläufigkeit und Überholbarkeit aller Geschehnisse,
- zur Blindheit für das Ewige *im* Zeitlichen,
- zur Opposition zwischen Vernunft und Glauben,
- zur Kontroverse zwischen Dogma und Geschichte sowie
- zur Auseinandersetzung zwischen Beharrung und Fortschritt.

Denn „das Veränderliche kann nicht wahr (d.h. nicht theologisch relevant) sein".

(8) *Das neue Bewußtsein:* All dies bereitet ein neues wissenschaftliches Klima und zeigt einen Paradigmenwechsel an: Der Mensch und die Bedeutung seiner eigenen Geschichte werden deutlich. Aber ebenso seine Allmacht, sich die Natur zu unterwerfen. Gleichzeitig wendet der Mensch diese „Potenz" auch auf sich selbst an: Es geht um die eigene Veredelung und sittliche Vollendung. In der Pastoral erscheint für diese Zielvorgabe ein neues Christusbild: Christus ist Weisheitslehrer zur moralischen Vollendung des Menschen.

Aber neben der genannten jansenistischen und aufklärerisch pädagogischen Wurzel wirken in dieser Anfangszeit freilich auch andere Antriebe mit, wie z.B. die „Deutsche Bewegung" mit ihrer Vision einer Einheit von Literatur, Philosophie und Kunst (1780–1820) und natürlich der Einfluß des „führenden Kopfes" jener Zeit, I. Kant (1724–1804), nach dem dann die Periode des „Sturm und Drang" und die Romantik beginnt. Deshalb ist der aufklärerische Höhepunkt Kant zugleich auch ihre *De-Finition,* indem er auf die Grenzen der Ratio in seinen bekannten vier Fragen hindenkt:

- Was kann ich wissen? (Metaphysik)
- Was kann ich tun? (Moral)
- Was kann ich hoffen? (Religion)
- Was ist der Mensch? (Anthropologie)

Wichtig ist, daß die Spitzenfrage die dritte ist: die Frage nach der Möglichkeit des Glaubens und der Religion überhaupt.

Dies alles gilt freilich nicht nur für Deutschland, sondern auch für England und Frankreich. Auch hier erwacht inmitten der „Aufklärung" ein neuer Sinn für das Individuum und für das Gewicht von Affektivität und Innerlichkeit. Man entdeckt die Bedeutung nicht nur von Geschichte, sondern auch von allem, was Tradition heißt. Nur Voltaire, Diderot und die großen Bestandssicherer des Wissens, die Enzyklopädisten, scheinen in Zynismus und Skepsis zu versinken, betreiben aber eben darin auch das Geschäft

Kants und seiner reinigenden Warnung vor der Blindheit gegenüber der Grenzenhaftigkeit des Menschen.
Es wächst der Sinn für das Subjekt und für dasjenige, was nicht in rein gegenständliche Rationalität auflösbar ist. Man opponiert jeglichen, vor allem aber den bürgerlichen Regelzwang, Fortschrittsoptimismus mit seiner Vernünftelei. Was normierende Kraft besitzt, ist das Vitale, das Natürliche, das Seelische, das Sinnliche und das Dionysisch-Leidenschaftliche. J.-J. Rousseau (1712–1778) sieht die Natur nicht in ihrer Bedrohlichkeit, muß sie nicht mehr domestizieren, sondern findet in ihr Heilung. J.G. Hamann (1730–1788) findet ebenso die „Stimme Gottes" in der Leidenschaft, nicht in der spekulativen Theozentrik.
J.W. Goethe (1749–1832) und J.G. Herder (1744–1803) entdecken ihre Ehrfurcht vor dem Wort (der Bibel), betonen die Erfahrung statt bloßer Abstraktion und die natürliche Humanität als „liebstes Evangelium".
In der Schweiz dichtet der Protestant Matthias Claudius (1740–1815) gegen eine kalte Begrifflichkeit an und Fr.W. Schelling (1775–1854) wird in Landshut zum „zweiten Augustinus" und „zweiten Aquinaten" durch seine Wiederentdeckung der „göttlichen Uroffenbarung": „Alle Erkenntnis quillt wie jede Erkenntnis und Kultur aus der Überlieferung" - wodurch Schrift und Heilsgeschichte erneut bewußt werden. Offenbarung ist für ihn keine „objektive Gegebenheit", sondern kommt aus der subjektiven Ergriffenheit, der Betroffenheit und stammt von dem „Gott in uns". Insofern ist Offenbarung unabgeschlossen. Ist sie denn nicht identisch mit dem Prozeß der Überlieferung überhaupt, fragt man?
Diese Historie zeigt eine Tendenz der Theologie auf die menschliche Lebenswelt hin, in der ja schließlich der pastorale Dienst der Kirche geschieht.

9.5 Teildisziplinen und regulative Ideen der Pastoraltheologie

Regulative Ideen sind solche Zielvorstellungen, auf die das menschliche Handeln ausgerichtet ist. Man kann auch sagen: Es sind formale Bestimmungen des Handelns bzw. dessen Inhalt. Bevor hier einige dieser regulativen Ideen vorgestellt werden, soll kurz gesagt werden, welche Teildisziplinen zu einer umgreifenden Pastoraltheologie bzw. Praktischen Theologie heute gezählt werden (Zerfaß 1976, 92–107).

9.5.1 Teildisziplinen der Pastoraltheologie

Nach Zerfaß lassen sich die Teildisziplinen der Pastoraltheologie entweder unter dem Gesichtspunkt der Spezialisierung oder unter dem der historischen Dignität ordnen.

- Nach dem *Spezialisierungsniveau* gehören zur Pastoraltheologie: Katechetik/Religionspädagogik, Liturgik, Homiletik und Seelsorgswissenschaft. Diese Handlungsfächer können einem bestimmten Rollenträger (Beruf) kirchlicher Praxis zugeordnet werden.
- Nach der *historischen Dignität* ist das Kirchenrecht die älteste praktisch-theologische Disziplin kirchlicher Praxis. Im 20. Jh. eröffnen sich neue Handlungsfelder wie etwa Missionswissenschaft, Christliche Soziallehre, Pastoralpsychologie, Pastoralsoziologie, Tourismuspastoral, Medienpastoral, Kirchliche Kunst und Architektur etc.

9.5.2 Regulative Ideen des pastoralen Handelns

Nach R. Zerfaß werden gegenwärtig folgende handlungsleitende Ideen und „Modelle“ genannt:

- Regulative Ideen, die sich mit der *„politischen“ Praxis der Kirche* selbst befassen (K. Rahner, K. Barth, G. Sauter), d.h. mit ihrem „Selbstvollzug“ in der Gegenwart. Man könnte sagen, es handle sich hier um „Politologien der Kirche“. In diesen Politologien werden die Eigenart, Organisation, und Handlungsweise der Kirche nach innen und nach außen bedacht, wobei sowohl die Weltkirche als auch die Ortskirche thematisiert werden.
- Regulative Ideen, die sich mit der *religiös vermittelten Praxis in der Gesellschaft* befassen (G. Otto). Dabei kommt nicht nur die kirchliche Religiosität in den Blick, sondern auch die religiöse Tiefendimension der Gesellschaft selbst. Dieses Programm zeigt ein hohes gesellschaftspolitisches Bewußtsein. Man muß wissen, daß sich in dieser Perspektive in besonderer Weise die Frankfurter Schule und das kritische Bewußtsein der 70er Jahre artikulieren und umsetzen.
- Regulative Ideen, die sich mit *Prozessen der Selbstorganisation von Kirche* befassen und die eben genannte Tiefendimension des Christlichen in der Gesellschaft bearbeiten (Chr. Bäumler, Y. Spiegel). Das Hauptaugenmerk liegt dabei auf den institutionalisierten Formen des Kirchlich-Christlichen.
- Regulative Ideen der *pfarrlichen und gemeindlichen Dienste* (J. Goldbrunner). Dabei werden „Funktionen“ und Dienste“ verstanden als Formation der Gemeinde für ihre Sendung auf dem „Acker der Welt“. Pasto-

ralpsychologisch spricht J. Goldbrunner vom Ziel der Ich-, der Du-, der Wir- und der Gottfindung.

- Eine wichtige regulative Idee des pastoralen Handelns sammelt sich in der sogenannten *Handlungstheorie* (R. Zerfaß, O. Fuchs), die in der Weise eines Regelkreises (Abbildung 8) denkt.

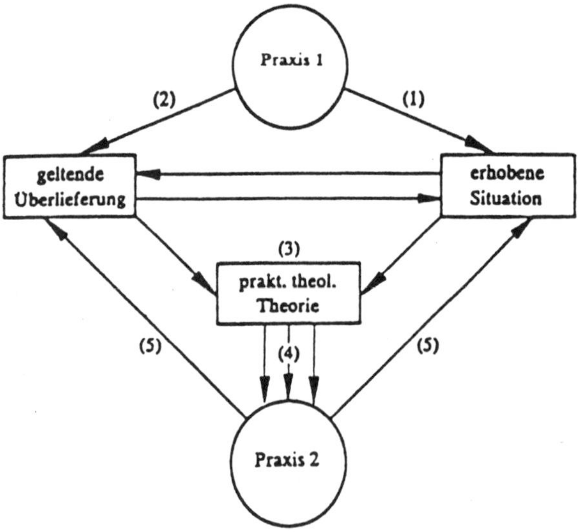

Abb. 8

Rolf Zerfaß, in: Klostermann/Zerfaß, Praktische Theologie heute, Matthias-Grünewald-Verlag, Mainz 1974.

In diesem Regelkreis wird ausgegangen
(1) von einer herrschenden *Praxis 1,* und aus ihr heraus wird
(2) die *empirische Situation* mit der *geltenden Überlieferung* vermittelt.
(3) Aus dieser Gegenüberstellung wird eine *praktisch-theologische Theorie* kritisch entwickelt und schließlich
(4) ein Koordinatensystem erstellt, innerhalb dessen man zu einer neuen, nunmehr „pastoraleren" *Praxis 2* findet, in deren denkerisch verarbeiteten Erfahrung
(5) die *geltende Überlieferung* und die *erhobene Situation* neu verstanden werden kann.

9.6 Handlungsfelder der Pastoral

Auch diese Handlungsfelder gehören zu sehr differenten Inhalten pastoraler Theologie und pastoralen Handelns. Sie können wie folgt aufgelistet werden (nach R. Zerfaß):

9.6.1 Handlungsfeld „Kommunikation“

(1) *Praxisbereiche:*
Predigt
Gottesdienst
Sakramente und Kasualien
Medienarbeit

(2) *Stichworte:*
Sprache (Sprachereignisse/Sprachbarrieren)
Hören
Beziehung (Emotionalität, Interaktion)
Öffentlichkeit (Mediengesellschaft, Kirche als „Subsystem“)
Autorität (Botschaft, Sendung, Amt)
Manipulation (Sprache und Herrschaft)
Tradition und Situation (Hermeneutik)
Funktion der Verkündigung (Innovation oder Stabilisierung)
Feier und Fest (Musik, Kunst, Gesang)
Ausdruck (Gebärde, Kunst, Tanz)

9.6.2 Handlungsfeld „Bildung“

(1) *Praxisbereiche:*
Familienerziehung
Vorschulerziehung
Gottesdienst
Sakramente und Kasualien
Medienarbeit
Religionsunterricht
Gemeindekatechese
Jugendarbeit
Erwachsenenbildung
Öffentlichkeitsarbeit

(2) *Stichworte:*
Religiöses Sprechvermögen
Hören
Beziehung (Emotionalität, Interaktion)
Öffentlichkeit (Mediengesellschaft, Kirche als „Subsystem“)
Autorität (Botschaft, Sendung, Amt)
Manipulation (Herrschaft, Tradition, Hermeneutik)

Innovation und Stabilität
Feier und Fest (Musik, Kunst, Gesang)
Ausdruck (Gebärde, Kunst, Tanz)
Glaube und Lernen
Religion und Emanzipation
Erlösung und Identitätsfindung
Religiöse Erziehung und Sozialisationsprozesse

9.6.3 Handlungsfeld „Seelsorge“

(1) *Praxisbereiche:*
Einzelseelsorge (Kranke, Schuldiggewordene)
Beratung und Seelenführung
Gruppenseelsorge

(2) *Stichworte:*
Pastorale Krisenintervention
Pastorale Psychotherapie
Glaube und Individuation
Angst, Einsamkeit und Schmerz als christliche Herausforderungen

9.6.4 Handlungsfeld „Caritas/Diakonie“

(1) *Praxisbereiche:*
Kinder- und Jugendfürsorge
Ehe- und Familienberatung
Kategoriale Pastoral mit Alten, Behinderten etc.
Pastorale Begleitung für Menschen unterwegs
Entwicklungshilfe
Gefangenenhilfe, Amnesty International

(2) *Stichworte:*
Glaube und Handeln
Einzelhilfe
Hilfe zur Selbsthilfe
Methoden der Sozialarbeit im kirchlichen Raum
Verbände, Vereine

9.6.5 Handlungsfeld „Ortsgemeinde"

(1) *Praxisbereiche:*

Territorialgemeinden
Personalgemeinden (Militär/Krankenhaus/Studenten)
Basisgemeinden
Aktionsgemeinschaften
Arbeitsgemeinschaften

(2) *Stichworte:*

Gesellschaftliche Position, Funktion und Rolle der Gemeinde
Theologisches Selbstverständnis (Herde oder Sauerteig)
Kirche und Wohnwelt
Schichtgebundenheit und Immobilismus
Gemeindeleitung
Kerngemeinde und Randgemeinde
Laienverantwortung / Räte

9.6.6 Handlungsfeld „Universalkirche"

(1) *Praxisbereiche:*

Kirchenleitung (Bistum, Weltkirche)
Mission und Partnerdiözesen / Gemeinden
Ökumene
Kirchliche Verwaltung
Kirche und Öffentlichkeit
Katholische Verbände / Organisationen / Vereine
Kirchenpolitik
Kirche und Parteien
Kirche und Staat (Kirchensteuer etc.)
Medien, religiöse Literatur, Kunst
Liturgische Bücher

(2) *Stichworte:*

Bürokratie, Planung, Innovationen, Gremien
Organisation, Institutionalisierung
Konflikt- und Streitkultur in der Kirche
Menschenrechte nach innen und außen
Gewaltenteilung, Rechtsschutz, Appellationsinstanzen

ANHANG

I. Mögliche Prüfungsthemen für LPO I-Studierende

1.1 Theologie im Spannungsfeld zwischen Anspruch und Wirklichkeit

Entwickeln Sie das Verhältnis von „Volk Gottes“ und „Hierarchie“ nach der Heiligen Schrift und den Dokumenten des Zweiten Vatikanischen Konzils (Kirchen- und Pastoralkonstitution).

1.2 Kirche - ein Reizwort im Kontext des schulischen Religionsunterrichts

„Liebe zur Kirche und Kritik schließen einander nicht aus“ (Die deutschen Bischöfe).
Erläutern Sie diesen Satz vor dem Hintergrund kirchenkritischer Schülereinstellungen und -aussagen.

2 Volk Gottes unterwegs - die Vision des II. Vatikanum

- Die einen sagen: die Kirche soll etwas für die Armen tun; die anderen sagen: die Kirche soll sich auf den Gottesdienst konzentrieren - warum sind beide Thesen falsch?
- „Seelsorge vom Altar aus!“
  Warum ist dieses Prinzip zwar gut gemeint, aber gefährlich einseitig?

3 Die kirchlichen Grundvollzüge - im Horizont der Gottesherrschaft

Wie lassen sich die Grundvollzüge kirchlichen Handelns aus der Bibel ableiten und wie sind sie einander innerlich zugeordnet?

4 Kirche und Katholizismus in der Bundesrepublik Deutschland

- Wie hat sich seit dem Ende der 60er Jahre das Gesicht der Kirche in Deutschland verändert und was kann man daraus folgern?

- Was können uns die Humanwissenschaften über die Situation an der kirchlichen Basis sagen?
- Welche Rolle kommt – praktisch und theologisch – den Verbänden in der Pastoral der Kirche von Deutschland zu?
- Was hat der Caritasverband mit der Kirche zu tun? Wie ist er entstanden, wie finanziert er sich und was ist sein theologisch-spiritueller Anspruch?
- Wie sieht der Pluralismus in der deutschen Kirche heute faktisch aus und welcher Sozialgestalt des Christentums kommt in Zukunft „ein Stück empirisch verantwortbarer Hoffnung" zu?

5 Martyria: Zeugnis des Glaubens - im Wort und Leben

- Was kennzeichnet die Verkündigung der Kirche unter den Bedingungen der gegenwärtigen Gesellschaft?
- Welche Bedeutung hat der schulische Religionsunterricht im Rahmen einer Pastoral distanzierter Kirchenglieder?
- Was heißt „distanzierte Kirchlichkeit" und was bedeutet dieses Einstellungs- und Verhaltenssyndrom für den schulischen Religionsunterricht der Gegenwart?
- „Die Kirche Jesu Christi wird in Zukunft entweder missionarisch oder nicht (mehr) sein" (Karl Rahner). - Erläutern Sie das evangelisatorische Anliegen dieser These und seine Konsequenzen für Verkündigung, Liturgie, Diakonie und Koinonie.
- Predigt - Religionsunterricht - Katechese. – Wo liegen Gemeinsamkeiten und Spezifikat der drei Handlungsfelder kirchlicher Verkündigung?
- Das eine Zeugnis der Kirche in Verkündigung, Liturgie, Gemeindeaufbau und Diakonie. – Zeigen Sie die gegenseitigen Implikationen dieser Grundvollzüge der Kirche.
- Das Verhältnis von Kirche und Welt im Licht des Zweiten Vatikanischen Konzils. - Welche praktischen Konsequenzen hat diese Sicht für das katechetische und religionspädagogische Handeln?

6 Diakonia: Option für die Armen

- Was ist christliche Diakonie? – Bestimmen Sie die Grundelemente und entwickeln Sie von daher die Aufgaben einer diakonischen Kirche!
- Barmherzigkeit und Gerechtigkeit gehören in der Diakonie zusammen. – Begründen und beschreiben Sie diesen Zusammenhang! Wählen Sie eigene Beispiele!

- Worin besteht die diakonische Dimension des Religionsunterrichts? – Besprechen Sie diese Frage im methodischen und inhaltlichen Bereich!
- Welche Bedeutung hat der Optionsbegrif für christliches und kirchliches Leben? – Wählen Sie eigene Beispiele aus Familie, Schule und Gemeinde!
- Welche Bedeutung hat die Gottesbeziehung in der Diakonie? Welche Konsequenzen ergeben sich daraus für die Verkündigung und für den Religionsunterricht?
- Worin besteht die Diakonie Jesu und welche Konsequenzen hat diese Rückbesinnung auf die Gestaltung kirchlicher Gemeinden?
- Die christliche Diakonie hat entgrenzende Wirkung. – Begründen Sie die theologische und praktische Notwendigkeit dieser Aussage und charakterisieren Sie in diesem Zusammenhang die Verantwortung der Kirche für die Gesellschaft!

7 *Koinonia: Sammlung der Zerstreuten*

- Mit welchen theologischen Argumenten läßt sich Koinonia/Communio als eigenständiger kirchlicher Grundvollzug legitimieren?
- Wo und wie spricht die Heilige Schrift von den „Gemeinden des Anfangs"? Charakterisieren Sie die fünf wichtigsten Aspekte des koinonischen Gemeindeverständnisses.
- Das II. Vatikanum hat die Koinonia-Ekklesiologie wiederentdeckt. Welche Ursachen sind dafür ausschlaggebend gewesen und warum folgte auf die anfängliche Woge der Begeisterung eine so jähe Ernüchterung?
- Ecclesia semper reformanda. – Inwieweit bringt die Kenntnis vom frühkirchlichen Gemeindeleben Lösungshilfen zur aktuellen Erneuerung von Kirche und Gemeinden? Kennen Sie Beispielssituationen?
- Bringt die Koinonia-Option für Kirche und Gemeinden die Auflösung christlicher Identität oder eine neue Glaubwürdigkeit des kirchlichen Handelns? Was meint die Formulierung „Andersartigkeit ist Reichtum in Unterschiedenheit"?

8 *Leiturgia: Verherrlichung Gottes - Heiligung des Menschen*

- Die Eucharistiefeier ist „Quelle und Gipfel allen Lebens in der Kirche" (vgl. SC 10). – Stellen Sie die Bedeutung dieses Satzes für das Leben der christlichen Gemeinde und der Christen dar. Welche Rolle spielt dabei der Sonntag?

- Sakramentenspendung steht heute in der Spannung zwischen Laxismus und Rigorismus. Nennen Sie Kriterien einer pastoral und theologisch verantwortlichen Praxis anhand eines Sakramentes.
- Zeigen Sie das Proprium christlichen Betens und Feierns auf.
- Wie unterscheiden Sie die drei traditionellen Orte von Liturgie (Familie, Gemeinde, Wallfahrt) im Christentum und Judentum?
- „Sakramente sind für den Glaubenden Zeichen der Nähe und Liebe Gottes mitten in seinem Leben" (Gemeinsame Synode, Sakramentenpastoral). – Stellen Sie die Bedeutung und die Grenze dieses Satzes dar und konkretisieren Sie ihn am Beispiel eines einzelnen Sakraments.
- „In den einzelnen Sakramenten entfaltet sich das sakramentale Wesen der Kirche in den konkreten Situationen des menschlichen Lebens" (Gemeinsame Synode, Sakramentenpastoral). – Zeigen Sie die Gültigkeit dieses Satzes allgemein und am Beispiel eines einzelnen Sakramentes auf.
- Seit dem II. Vatikanum haben sich in der Theologie und Pastoral der Sakramente viele Veränderungen vollzogen. Stellen Sie dies am Beispiel eines der Sakramente dar und nehmen Sie kritisch dazu Stellung.
- In welchem Verhältnis steht die kirchliche Liturgiereform zum gesellschaftlichen Traditionsbruch?
- Stellen Sie die Sakramente der Eingliederung (Taufe/Firmung/Eucharistie) als Elemente kirchlicher Sozialisation dar. Bearbeiten Sie ein Sakrament exemplarisch im Blick auf den Religionsunterricht.
- Wie verhalten sich Beten/persönlicher Gottesdienst und liturgische Feier in der Gemeinde zueinander? Stellen Sie verschiedene Formen und Fehlformen des Betens und Feierns dar und nennen Sie Beurteilungskriterien.

9 Pastorales Handeln als Dienst der Kirche unterwegs

- Was heißt: „Lehren im Auftrag der Kirche"?
  (1) Zur Berufskompetenz des Religionspädagogen.
  (2) Stellen Sie die Sprache als gesellschaftliche Wirklichkeit dar.
  (3) Was bedeutet „Religiöse Kommunikation"?
- Welches sind die Kennzeichen und Akzente der Pastoraltheologie?
  (1) Inwieweit ist der religionspädagogische Dienst kirchliche Pastoral?
  (2) Zeigen Sie die spezifische Denkweise der Pastoraltheologie.
  (3) Die Theorie der Theologie und die „Existenzverwurzelung der Wahrheit".
- Schildern Sie verschiedene pastorale Handlungsziele und Handlungsstrategien.
  (1) Die „Überzeitlichkeit des Gottesglaubens" und die „Zeichen der Zeit".

(2) Welche Menschenorientierung zielt die Pastoral an: in der „Subjektwerdung" und im Dienst zur Kompetenz an der „Intersubjektivität" des Menschen?
(3) Warum bedarf es heute einer „Ethisierung des Glaubens"?

- Die zentralen Themen (Objekte) moderner Pastoraltheologie ist die innere Verschränkung von: Kirche - Zeit/Raum - Bezeugen und Bekennen.
  (1) Stellen Sie die gegenseitige Bedingung von *Sein, Denken* und *Tun:* die „Aktion" in der Philosophie von Maurice Blondel dar.
  (2) Zeigen Sie die Wahrheit Gottes in der Perspektive der menschlichen endlichen Existenz.
  (3) Worin besteht die „vitale" Entsprechung des Glaubens?
- Zeigen Sie die spezifische Eigenart pastoraltheologischer Arbeit.
  (1) Verschiedene Kooperationsformen zwischen Theologie und Human- und Sozialwissenschaften in der Vergangenheit, Gegenwart und Zukunft.
  (2) Skizzieren Sie die geschichtlichen Entstehungsbedingungen der wissenschaftlichen Pastoraltheologie.
  (3) Schildern Sie die wesentlichen Schritte in der Geschichte der Pastoraltheologie.
- Was verstehen Sie unter den Teildisziplinen und den „regulativen Ideen" pastoralen Handelns?
- Zeigen Sie die verschiedenen Handlungsfelder der Pastoral und deren Reflexion in der wissenschaftlichen Pastoraltheologie.

II. Abkürzungsverzeichnis

CA	Johannes Paul II., Enzyklika *Centesimus Annus.*
CD	Zweites Vatikanisches Konzil, Dekret über die Hirtenaufgabe der Bischöfe *Christus Dominus.*
DH	Zweites Vatikanisches Konzil, Erklärung über die Religionsfreiheit *Dignitatis humanae.*
DV	Zweites Vatikanisches Konzil, Dogmatische Konstitution über die göttliche Offenbarung *Dei Verbum.*
EN	Paul VI., Enzyklika *Evangelii Nuntiandi.*
GS	Zweites Vatikanisches Konzil, Pastorale Konstitution über die Kirche in der Welt von heute *Gaudium et spes.*
HV	Paul VI., Enzyklika *Humanae Vitae.*
LG	Zweites Vatikanisches Konzil, Dogmatische Konstitution über die Kirche *Lumen Gentium.*
NA	Zweites Vatikanisches Konzil, Erklärung über das Verhältnis der Kirche zu den nichtchristlichen Religionen *Nostra aetate.*
SC	Zweites Vatikanisches Konzil, Konstitution über die heilige Liturgie *Sacrosanctum Concilium.*

Diak	Diakonia. Internationale Zeitschrift für die Praxis der Kirche, Mainz/Wien 1970ff.
HerKorr	Herder-Korrespondenz, Freiburg 1946ff.
KatBl	Katechetische Blätter, München 1875ff.
LJ	Liturgisches Jahrbuch, Münster 1951ff.
LS	Lebendige Seelsorge, Freiburg 1950ff.
Orien	Orientierung. Katholische Blätter für weltanschauliche Information, Zürich 1947ff.
PThI	Pastoraltheologische Informationen, hrsg. v. Beirat der deutschsprachigen Pastoraltheologen, Frankfurt/M. 1970ff.
QD	Quaestiones Disputatae, hrsg. v. K. Rahner und H. Schlier (seit 1985: H. Fries u. R. Schnackenburg), Freiburg 1958ff.
StZ	Stimmen der Zeit (bis 1914: Stimmen aus Maria-Laach), Freiburg 1871ff.
ThPr	Theologia practica, Hamburg 1966ff.
ThQ	Theologische Quartalschrift, Tübingen 1819ff, Stuttgart 1946ff, München 1969ff.
ThWNT	Theologisches Wörterbuch zum Neuen Testament, begr. v. G. Kittel, hrsg. v. G. Friedrich, 10 Bde., Stuttgart 1933-1979.

TThZ	Trierer Theologische Zeitschrift (bis 1944: Pastor Bonus), Trier 1888ff.
GL	Gotteslob. Katholisches Gebet- und Gesangbuch. Stammausgabe, hrsg. von den Bischöfen Deutschlands und Österreichs und der Bistümer Bozen-Brixen und Lüttich, Stuttgart 1975.
GG	Grundgesetz für die Bundesrepublik Deutschland.

III. Ausgewählte Stichworte

IV. LITERATURVERZEICHNIS

Adam, A., Grundriß Liturgie, Freiburg u.a. 1985.

Adreßbuch für das Katholische Deutschland, Paderborn 1993.

Alberigo, G., Christentum und Geschichte im II. Vatikanum, in: E. Klinger/K. Wittstadt (Hrsg.), Glaube im Prozeß, Freiburg 1988, 143–158.

Allgemeine Einführung in das Meßbuch, in: Die Feier der Heiligen Messe. Meßbuch für die Bistümer des deutschen Sprachgebietes, Einsiedeln u.a. 1976, 19*–69*.

Amery, C., Die Kapitulation oder der real existierende Katholizismus, München 1988.

Apel, K.O., Transformation der Philosophie, Bd. 1: Sprachanalytik, Semiotik, Hermeneutik, Frankfurt/M 1973a.

Apel, K.O., Transformation der Philosophie, Bd. 2: Das Apriori der Kommunikationsgemeinschaft, Frankfurt/M 1973b.

Arens, E., Christopraxis. Grundzüge theologischer Handlungstheorie, Freiburg 1992.

Arens, E., Bezeugen und Bekennen. Elementare Handlungen des Glaubens, Düsseldorf 1989.

Arnold, F.X. u.a. (Hrsg.), Handbuch der Pastoraltheologie, 5 Bde., Freiburg 1964–72.

Arntz, N. (Hrsg.), Retten, was zu retten ist? Die Bischofskonferenz von Santo Domingo zwischen prophetischem Freimut und ideologischem Zwang, Luzern 1993.

Bach, U., Boden unter den Füßen hat keiner. Plädoyer für eine solidarische Diakonie, Göttingen 1980.

Bach, U., Kraft in leeren Händen, Freiburg 1983.

Bach, U., Dem Traum entsagen, mehr als ein Mensch zu sein. Auf dem Weg zu einer diakonischen Kirche, Neukirchen-Vluyn 1986.

Bach, U., Ich bin einmalig - du auch, Berlin 1990.

Bach, U., Getrenntes wird versöhnt. Wider den Sozialrassismus in Theologie und Kirche, Neukirchen-Vluyn 1991.

Baumgartner, K. u.a. (Hrsg.), Mit Außenseitern leben. Eine Herausforderung für die Christen, Regensburg 1988.

Baumgartner, K., Aus der Versöhnung leben. Theologische Reflexionen – Impulse für die Praxis, München 1990.

Bäumler, Chr. u.a. (Hrsg.), Methoden der empirischen Sozialforschung in der Praktischen Theologie. Eine Einführung, Mainz 1976.

Beck, U., Risikogesellschaft. Auf dem Weg in eine andere Moderne, Frankfurt/M 1986.

Berger, P.L. u.a. (Hrsg.), Die gesellschaftliche Konstruktion der Wirklichkeit. Eine Theorie der Wissenssoziologie, Stuttgart ^{2}1971.

Beschlüsse der Diözesansynode Rottenburg-Stuttgart 1985/86. Weitergabe des Glaubens an die kommende Generation, hrsg. vom Bischöflichen Ordinariat Rottenburg, Ostfildern, ^{3}1986.

Biemer, G./Biesinger, A., Theologie im Religionsunterricht. Zur Begründung der Inhalte des Religionsunterrichts aus der Theologie, München 1976.

Biser, E., Theologie als Therapie. Zur Wiedergewinnung einer verlorenen Dimension, Heidelberg 1985.

Blasberg-Kuhnke, M., Das Miteinander in der Gemeinde, in: L. Karrer (Hrsg.), Handbuch der praktischen Gemeindearbeit, Freiburg u.a. 1990, 248–263.

Blondel, M., Die Aktion. Versuch einer Kritik des Lebens und einer Wissenschaft der Praktik, Freiburg 1965.

Brechtken, J., in: Kat Bl 11, 1988, 776–784.

Brox, N., Bruder – Brüderlichkeit – Gemeinde, in: E. Hesse u.a. (Hrsg.), Koinonia. Kirche und Brüderlichkeit, Wien 1968, 31–46.

Bucher, R., Verkündigung, in: U. Ruh u.a. (Hrsg.), Handwörterbuch religiöser Gegenwartsfragen, Freiburg 1986, 484–488.

Bühl, W.L., Krisentheorien. Politik, Wirtschaft und Gesellschaft im Übergang, Darmstadt 1984.

Bundschuh-Schramm, Ch., Einheit und Vielheit der Kirche. Ökumene im konziliaren Prozeß, Stuttgart 1983.

Bußmann, M., Reich Gottes historisch, in: P. Eicher (Hrsg.), Neues Handbuch theologischer Grundbegriffe, Bd. IV, München 1985, 38–58.

Casper, B., Sprache und Theologie. Eine philosophische Einführung, Freiburg 1975.

Christentum 2000 (Themenheft), in: ThPr 28 (1993), 257–332.

Daiber, K.-F., Diakonie und kirchliche Identität. Studien zur diakonischen Praxis der Volkskirche, Hannover 1988.

Degen, J., Diakonie im Widerspruch. Zur Politik der Barmherzigkeit im Sozialstaat, München 1985.

Demmer, K., Moraltheologische Methodenlehre, Freiburg 1989.

Demmer, K., Die Wahrheit leben. Theorie des Handelns, Freiburg 1991.

Dialog statt Dialogverweigerung. Wie in der Kirche miteinander umgehen. Diskussionsbeitrag der Kommission 8 „Pastorale Grundfragen“ des ZdK, in: A. Schavan (Hrsg.), Dialog statt Dialogverweigerung. Impulse für eine zukunftsfähige Kirche, Kevelaer 1994, 25–76.

Die Eingliederung von Kindern im Schulalter in die Kirche. Studienausgabe für die katholischen Bistümer des deutschen Sprachgebietes, Freiburg u.a. 1986.

Die Feier der Heiligen Messe. Meßbuch für die Bistümer des deutschen Sprachgebietes, Einsiedeln u.a. 1976.

Die Feier der Kindertaufe in den katholischen Bistümern des deutschen Sprachgebietes, hrsg. im Auftrag der Bischofskonferenzen Deutschlands, Österreich und der Schweiz, Freiburg u.a. 1971.

Düsing, E., Intersubjektivität und Selbstbewußtsein. Behavioristische, phänomenologische und idealistische Begründungstheorien bei Mead, Schütz, Fichte und Hegel, Köln 1986.

Duquoc, Ch., Kirchen unterwegs. Versuch einer ökumenischen Ekklesiologie, Fribourg 1985.

Egger, K./Pissarek-Hudelist, H., Öffentlichkeit und Verkündigung, in: F. Böckle u.a. (Hrsg.), Christlicher Glaube in moderner Gesellschaft. Enzyklopädische Bibliothek, Teilband 28, Freiburg 1982, 61–83.

Eichenberger, A., Verkündigung in einer Welt technisierter Kommunikation, in: G. Schüepp (Hrsg.), Handbuch zur Predigt, Zürich u.a. 1982, 85.

Eicher, P. u.a. (Hrsg.), Auf der Seite der Unterdrückten? Theologie der Befreiung im Kontext Europas, Düsseldorf 1989.

Emeis, D., Sakramentenkatechese, Freiburg u.a. 1991.

Feifel, E. u.a. (Hrsg.), Handbuch der Religionspädagogik. Ein evangelisch-katholisches Gemeinschaftswerk, 1974.

Feifel, E., Verkündigung, in: P. Eicher (Hrsg.), Neues Handbuch theologischer Grundbegriffe, Bd. IV, München 1985, 241–251.

Feifel, E. u.a. (Hrsg.), Tradierungskrise des Glaubens, München 1987.

Forster, K. (Hrsg.), Befragte Katholiken. Zur Zukunft von Glaube und Kirche, Freiburg 1973.

Forster, K. (Hrsg.), Priester zwischen Anpassung und Unterscheidung. Auswertungen und Kommentare zu den im Auftrag der Deutschen Bischofskonferenz durchgeführten Umfragen unter allen Welt- und Ordenspriestern in der Bundesrepublik Deutschland, Freiburg 1974.

Forster, K., Pastoralsoziologische Betrachtungen zu kirchendistanzierter Religiosität, in: LS 29, 1978, 225–235.

Forster, K., Gesellschaftliche Bedingungen der Seelsorge, in: LS 30, 1979, 293–304.

Fries, H., Zeichen der Zeit, in: N. Klein u.a. (Hrsg.), Biotope der Hoffnung. Zu Christentum und Kirche heute, Olten 1988, 13–22.

Fries, H., Glaubenserfahrungen - Glaubenskonsequenzen, Graz 1989a.

Fries, H., Leiden an der Kirche, Freiburg 1989b.

Frisch, H.-J., Leitfaden Gemeindepastoral, Düsseldorf 1992.

Fuchs, O., „Umstürzlerische“ Bemerkungen zur Option der Diakonie hierzulande, in: Caritas (85). Jahrbuch des Deutschen Caritasverbandes, Freiburg 1985, 18–40.

Fuchs, O., Jugend und Liturgie im Horizont der Evangelisierung, in: LJ 37, 1987, 156–187.

Fuchs, O., Die Entgrenzung zum Fremden, in: ders. (Hrsg.), Die Fremden, Düsseldorf 1988, 240–301.

Fuchs, O., Dabeibleiben oder Weggehen? Christen im Konflikt mit der Kirche, München 1989.

Fuchs, O., Heilen und befreien. Der Dienst am Nächsten als Ernstfall von Kirche und Pastoral, Düsseldorf 1990.

Fuchs, O., Was ist Neuevangelisierung?, in: StZ 210, 1992, 465–472.

Fuchs, O., Ämter für eine Kirche der Zukunft. Ein Diskussionsanstoß, Luzern 1993a.

Fuchs, O., Im Brennpunkt: Stigma. Gezeichnete brauchen Beistand, Frankfurt/M 1993b.

Fürst, W., Communio als Prinzip pastoraler Theologie und pastoraler Praxis, in : LS 37, 1986, 238–248.

Gabriel, K. (Hrsg.), Zur Soziologie des Katholizismus, Mainz 1981.

Gabriel, K., Zur Sozialform des neuzeitlichen Katholizismus, in: Orien 50, 1986, 153–157.

Gabriel, K., Von der vordergründigen zur hintergründigen Religiosität. Zur Entwicklung von Religion und Kirche in der Bundesrepublik, in: R. Hettlage, Die Bundesrepublik. Eine historische Bilanz, München 1990, 255–279.

Gabriel, K., Christentum zwischen Tradition und Postmoderne (Reihe: QD 141), Freiburg u.a. 1992

Garijo-Guembe, M.M., Gemeinschaft der Heiligen. Grund, Wesen und Struktur der Kirche, Düsseldorf 1988.

Gemeinsame Synode der Bistümer der Bundesrepublik Deutschland. Offizielle Gesamtausgabe, Bd. 1 (=Beschlüsse), hrsg. v. L. Bertsch u.a., Freiburg u.a. 1976.

Gemeinsame Synode der Bistümer in der Bundesrepublik Deutschland. Offizielle Gesamtausgabe, Bd. 2 (=Arbeitspapiere der Sachkommissionen), hrsg. v. L. Bertsch u.a., Freiburg 1977.

Gorschenek, G. (Hrsg.), Katholiken und ihre Kirche in der Bundesrepublik Deutschland, München 1980.

Gotteslob. Katholisches Gebet- und Gesangbuch. Stammausgabe, hrsg. von den Bischöfen Deutschlands und Österreichs und der Bistümer Bozen-Brixen und Lüttich, Stuttgart 1975.

Griesl, G., Praktische Theologie als Lehre vom Selbstvollzug der Kirche, in: F. Klostermann u.a. (Hrsg.), Praktische Theologie heute, München 1974, 141–149.

Guardini, R., Vorschule des Betens, Mainz u.a. ^{8}1986.

Habermas, J., Theorie des kommunikativen Handelns, 2 Bde., Frankfurt/M 1981.

Hach, J., Gesellschaft und Religion in der Bundesrepublik Deutschland. Eine Einführung in die Religionssoziologie, Heidelberg 1980.

Häring, H., in: HerKorr 45, 1991, 24–31.

Hainz, J., Koinonia. „Kirche" als Gemeinschaft bei Paulus, Regensburg 1982.

Hauck, H., Art. Koinòs, in: ThWNT, Bd. III, 1938, 789–810.

Heidenreich, H., Evangelisierung in Europa, in: PThI 8, 1988a, 25–39.

Heidenreich, H., Mosaiksteine zum Evangelisierungsprozeß, in: PThI 8, 1988b, 173–183.

Heinz, H., Kirche im Dialog – Dialog in der Kirche. Zur Aktualität der Enzyklika Pauls VI. „Ecclesiam suam", in: A. Schavan (Hrsg.), Dialog statt Dialogverweigerung. Impulse für eine zukunftsfähige Kirche, Kevelaer 1994, 79–89.

Hemmerle, K., Dein Herz an Gottes Ohr. Einübung ins Gebet, Freiburg 1986.

Hertel, P., „Ich verspreche euch den Himmel". Geistlicher Anspruch, gesellschaftliche Ziele und kirchliche Bedeutung des Opus Dei, Düsseldorf 1990.

Hild, H. (Hrsg.), Wie stabil ist die Kirche? Bestand und Erneuerung, 2 Bde., Gelnhausen 1974.

Hobelsberger, H., Ministrantenarbeit zwischen Liturgie und Jugendarbeit, Regensburg 1990.

Hofmann, P., Glaubensbegründung. Transzendentalphilosophie der Kommunikationsgemeinschaft in fundamentaltheologischer Sicht, Frankfurt/M. 1988.

Hollweg, A., Gruppe - Gesellschaft - Diakonie. Praktische Erfahrung und theologisches Erkennen, Stuttgart 1976.

Instruktion über die Kindertaufe der Kongregation für die Glaubenslehre (Reihe: Verlautbarungen des Apostolischen Stuhls Nr. 24), Bonn 1980.

Institut für Demoskopie Allensbach, Religionsunterricht heute. Eine Befragung von Religionslehrern über Aufgaben, Möglichkeiten, Gestaltung und Resonanz des Religionsunterrichts, Unveröffentlichtes Manuskript 1988a.

Institut für Demoskopie Allensbach, Religionsunterricht - zwei Perspektiven. Schüler und Lehrer über den katholischen Religionsunterricht, Unveröffentlichtes Manuskript 1988b.

Institut für Demoskopie Allensbach, Vertrauenskrise der Kirche? Eine Repräsentativerhebung zu Kirchenbindung und Kirchenkritik 1989.

Kaiser, J. Chr., Kirchliche Vereine und Verbände, in: Evangelisches Kirchenlexikon II, Göttingen 1989, 1267–1272.

Kasper, W./Lehmann, K., Die Heilssendung der Kirche in der Gegenwart, Mainz 1970.

Kaufmann, F.X., Kirche begreifen. Analysen und Thesen zur gesellschaftlichen Verfassung des Christentums, Freiburg 1979.

Kehl, M., Kirchenerfahrungen. Zur gegenwärtigen Polarisierung in der Kirche, in: StZ 208, 1990, 435–446.

Kehl, M., Die Kirche. Eine katholische Ekklesiologie, Würzburg 1992.

Kirchliches Handbuch. Amtliches Statistisches Jahrbuch der katholischen Kirche Deutschlands, Bd.XXXII 1991 u. 1992, Bonn 1994.

Klauck, H.J., Die Autorität des Charismas, in: E. Klinger/R. Zerfaß (Hrsg.), Die Kirche der Laien. Eine Weichenstellung des Konzils, Würzburg 1987, 25–37.

Klauck, H.J., Gemeinde - Amt - Sakrament, Würzburg 1989.

Klauck, H.J., Volk Gottes und Leib Christi oder: Von der kommunikativen Kraft der Bilder. Neutestamentliche Vorgaben für die Kirche von heute, in: G. Koch u.a. (Hrsg.), Wozu Kirche? Wozu Gemeinde? Kirchenvisionen, Würzburg 1994, 9–39.

Klauser, T., Kleine abendländische Liturgiegeschichte, Bonn 1965.

Klein, N., Biotope der Hoffnung. Zu Christentum und Kirche heute, Olten 1988.

Klinger, E. u.a. (Hrsg.), Die Kirche der Laien. Eine Weichenstellung des Konzils, Würzburg 1987.

Klinger, E., Armut. Eine Herausforderung Gottes. Der Glaube des Konzils und die Befreiung des Menschen, Zürich 1990.

Klostermann, F. u.a. (Hrsg.), Praktische Theologie heute, München 1974.

Knobloch, S./Haslinger, H., Mystagogische Seelsorge. Eine lebensgeschichtlich orientierte Pastoral, Mainz 1991.

Krewani, W.N., Emmanuel Lévinas. Denker des Anderen, Freiburg u.a. 1992.

Krockauer, R., Kirche als Asylbewegung. Diakonische Kirchenbildung am Ort der Flüchtlinge, Stuttgart 1993.

Kuhnke, U., Koinonia. Zur theologischen Rekonstruktion der Identität christlicher Gemeinde, Düsseldorf 1992.

Lévinas, E., Humanismus des anderen Menschen, Hamburg 1989.

Lim, P., Leben aus der Communio mit Gott und untereinander. Zur ekklesiologischen und praktischen Bedeutung des Communio-Prinzips für eine evangelisatorische Pastoral, Würzburg 1991.

Lohfink, G., Wie hat Jesus Gemeinde gewollt? Zur gesellschaftlichen Dimension des christlichen Glaubens, Freiburg ^{2}1982.

Lorenzer, A., Das Konzil der Buchhalter. Die Zerstörung der Sinnlichkeit. Eine Religionskritik, Frankfurt/M 1984.

Maier, H., Vergegenwärtigung des Glaubens: Die Zukunft des Glaubens. Gemeinsame Studientagung der Deutschen Bischofskonferenz und des Zentralkomitees der deutschen Katholiken vom 16. Nov. 1988 (Reihe: Arbeitshilfen der DBK 65), Bonn 1988, 7–21.

Meadows, D. u. D./Randers, J., Die neuen Grenzen des Wachstums. Die Lage der Menschheit. Bedrohung und Zukunftschancen, Stuttgart 1992.

Merklein, H., Die Gottesherrschaft als Handlungsprinzip. Untersuchung zur Ethik Jesu, Würzburg 1978.

Mette, N., Zwischen Reflexion und Entscheidung. Der Beitrag Karl Rahners zur Grundlegung der Praktischen Theologie, in: TThZ 87, 1978, 26–43. 163–151.

Mettc, N/Blasberg-Kuhnke M., Kirche auf dem Weg ins Jahr 2000. Zur Situation und Zukunft der Pastoral, Düsseldorf 1986.

Mette, N./Steinkamp, H., Sozialwissenschaften und praktische Theologie, Düsseldorf 1983.

Meyer, H. (Hrsg.), Dokumente wachsender Übereinstimmung. Sämtliche Berichte und Konsenstexte interkonfessioneller Gespräche auf Weltebene, 2 Bde., Paderborn 1983–1992.

Moltmann, J., Diakonie im Horizont des Reiches Gottes. Schritte zum Diakonentum aller Gläubigen, Neukirchen-Vluyn 1981.

Nellessen-Schumacher, T., Sozialprofil der deutschen Katholiken. Eine konfessionsstatistische Analyse, Mainz 1978.

Neuner, P., Der Laie und das Gottesvolk, Frankfurt/M 1988.

Nölle-Neumann, E./Köcher, R., Die verletzte Nation. Über den Versuch der Deutschen, ihren Charakter zu ändern, Stuttgart 1987.

Nouwen, H., Schöpferische Seelsorge, Freiburg 1989.

Palaver, W. (Hrsg.), Dramatische Erlösungslehre. Ein Symposion, Innsbruck 1992.

Pannenberg, W., Wissenschaftstheorie und Theologie, Frankfurt/M 1973.

Pasolini, P.P., Freibeuterschriften. Aufsätze und Polemiken über die Zerstörung des einzelnen durch die Konsumgesellschaft, Berlin 1979.

Paulus, E., Liebe, das Geheimnis der Welt. Formale und materiale Aspekte der Theologie Eberhard Jüngels, Würzburg 1990.

Peukert, H., Wissenschaftstheorie - Handlungstheorie - Fundamentale Theologie. Analysen zu Ansatz und Status theologischer Theoriebildung, Düsseldorf 1976.

Pottmeyer, H.J., Kontinuität und Innovation in der Ekklesiologie des II. Vatikanums, in: ThQ 160, 1980, 277–294.

Pottmeyer, H.J., Ist die Nachkonzilszeit zu Ende?, in: StZ 203, 1985, 219–230.

Rahner, K., Schriften zur Theologie II, Einsiedeln 1957.

Rahner, K., Schriften zur Theologie VI, Einsiedeln 1965.
Rahner, K., Strukturwandel der Kirche als Aufgabe und Chance, Freiburg 1972.
Rahner, K. u.a. (Hrsg.), Kleines Konzilskompendium: Sämtliche Texte des II. Vatikanum mit Einführungen und ausführlichem Sachregister, Freiburg [15]1981.
Ratzinger, J./Lehmann, K., Mit der Kirche leben, Freiburg 1977.
Rees, W., Der Religionsunterricht und die katechetische Unterweisung in der kirchlichen und staatlichen Rechtsordnung, Regensburg 1986.
Ruhbach, G., Theologie und Spiritualität. Beiträge zur Gestaltwerdung des christlichen Glaubens, Göttingen 1987.
Sakramentenpastoral im Wandel. Überlegungen zur gegenwärtigen Praxis der Feier der Sakramente - am Beispiel von Taufe, Erstkommunion und Firmung (Reihe: Die deutschen Bischöfe. Pastoralkommission Nr. 12), hrsg. v. Sekretariat der BBK, Bonn 1993.
Schaeffler, R., Kleine Sprachlehre des Gebetes, Einsiedeln u.a. 1988.
Scherer, N., Nachwort, in: M. Blondel, Die Aktion. Versuch einer Kritik des Lebens und einer Wissenschaft der Praktik, Freiburg 1965, 518–543.
Schibilsky, M. (Hrsg.), Kursbuch Diakonie, Neunkirchen-Vluyn 1991.
Schilling, H., Kritische Thesen zur „Gemeindekirche", in: Diak 6, 1975, 78–99.
Schmidbauer, W., Die hilflosen Helfer, Reinbek 1977.
Schmidtchen, G., Zwischen Kirche und Gesellschaft. Forschungsbericht über die Umfragen zur Gemeinsamen Synode der Bistümer in der BRD, Freiburg u.a. 1972.
Schmidtchen, G., Protestanten und Katholiken. Soziologische Analyse konfessioneller Kultur, Freiburg 1973.
Schmitt, K.H., Religionsunterricht und Evangelisierung, in: KatBl 114, 1989, 856–864.
Schnackenburg, R., Gottes Herrschaft und Reich, Eine biblisch-theologische Studie, Freiburg 1959.
Schulz, E., Im Auftrag des Menschenfischers. Gemeindepastoral im Jahr 2000, München 1993.
Schulze, G., Die Erlebnisgesellschaft. Kultursoziologie der Gegenwart, Frankfurt/M. 1992.
Schütz, Chr. (Hrsg.), Praktisches Lexikon der Spiritualität, Freiburg 1988.
Seckler, M. u.a., Literarische und religiöse Sprache, in: Christlicher Glaube in moderner Gesellschaft, Teilband 2, Freiburg 1981.
Seckler, M., Das Reich-Gottes-Motiv in den Anfängen der Katholischen Tübinger Schule (J.S. Drey und J.B. Hirscher), in: ThQ 168, 1988, 257–282.

Seitz, N. u.a. (Hrsg.), Gottesdienst und öffentliche Meinung. Kommentare und Untersuchungen zur Gottesdienstumfrage der VELKD, 1977.

Spaemann, R., Reflexion und Spontaneität. Studien über Fénelon, Stuttgart 1990.

Stachel, G., Glaubensvermittlung, in: U. Ruh (Hrsg.), Handwörterbuch religiöser Gegenwartsfragen, Freiburg 1986, 150–155.

Steigleder, K., Das Opus Dei - eine Innenansicht, Freiburg [2]1983.

Steinkamp, H. (Hrsg.), Die Zeichen der Zeit erkennen. Lernorte einer nachkonzilaren Sozialethik, Paderborn 1992.

Stenger, H., Für eine Kirche, die sich sehen lassen kann, in: E. Schulz u.a. (Hrsg.), Den Menschen nachgehen. Offene Seelsorge als Diakonie in der Gesellschaft, St. Ottilien 1987, 65–78.

Stenger, H. (Hrsg.), Eignung für die Berufe der Kirche. Klärung - Beratung - Begleitung, Freiburg 1988.

Suhl, A. (Hrsg.), Der Wunderbegriff im Neuen Testament, Darmstadt 1980.

Völkl, R., Nächstenliebe. Die Summe der christlichen Religion?, Freiburg 1987.

Wanke, J., „Die Kirche hat die Wirklichkeit Gottes zu bezeugen". Überlegungen eines Bischofs zur seelsorgerlichen Lage, in: HerKorr 36, 1982, 436–442.

Welker, M., Universalität Gottes und Relativität der Welt, Neukirchen-Vluyn 1981.

Werbick, J., Zurück zu den Inhalten?, in: Religionspädagogische Beiträge 25, 1990, 43–67.

Whitehead, A.M., Prozeß und Realität. Entwurf einer Kosmologie, Frankfurt/M 1979.

Wiederkehr, D., Grundvollzüge christlicher Gemeinde, in: Handbuch der praktischen Gemeindearbeit, hrsg. v. L. Karrer, Freiburg 1990, 15–38.

Wittgenstein, L., Philosophische Untersuchungen, Frankfurt/M 1971.

Zerfaß, R., Praktische Theologie als Handlungswissenschaft, in: F. Klostermann (Hrsg.), Praktische Theologie heute, Mainz 1974, 164–177.

Zerfaß, R., in: G. Biemer/A. Biesinger, Theologie im Religionsunterricht, München 1976.

Zerfaß, R. (Hrsg.), Mit der Gemeinde predigen. Beispiele - Berichte - Überlegungen, Gütersloh 1982.

Zerfaß, R., Was sind letztlich unsere Ziele?, in: Erfahrungen mit Randchristen, hrsg. v. d. Katholischen Glaubensinformation, Freiburg 1985, 43–65.

Zerfaß, R./Roos, K., Art. Gemeinde, in: G. Bitter u.a. (Hrsg.), Handbuch religionspädagogischer Grundbegriffe, Bd. 1, München 1986, 132–142.

Zerfaß, R./ Poensgen, H., Predigt/ Verkündigung, in: Chr. Bäumler u.a. (Hrsg.), Gemeindepraxis in Grundbegriffen. Ökumenische Orientierungen und Perspektiven, München 1987, 354–368.

Zerfaß, R., Lebensnerv Caritas. Helfer brauchen Rückhalt, Freiburg 1992.

Zottl, A. u.a. (Hrsg.), Wege der Pastoraltheologie, 3 Bde., Eichstätt 1986 - 1988.

Zottl, A., Metaphysik der Koinonia. Pastoralphilosophische Überlegungen zum ethischen Fundament kirchlichen Christseins. Vorlesungsmanuskript Eichstätt WS 1990/91.

Zulehner, P.M., „Denn du kommst unserem Tun mit deiner Gnade zuvor ..." Zur Theologie der Seelsorge heute. Paul M. Zulehner im Gespräch mit Karl Rahner, Düsseldorf ^{2}1984.

Zulehner, P.M., Pastoraltheologie, 4 Bde., Düsseldorf 1989–1990.

Zulehner, P.M./Fischer, J./Huber, M., „Sie werden mein Volk sein". Grundkurs gemeindlichen Glaubens, Freiburg Düsseldorf 1985.

Zum Berufsbild und Selbstverständnis des Religionslehrers (Reihe: Die deutschen Bischöfe - Kommission für Erziehung und Schule Nr. 3), hrsg. v. Sekretariat der DBK, Bonn 1983.